# 药品专利链接与专利延长

国家知识产权局专利局专利审查协作江苏中心◎组织编写

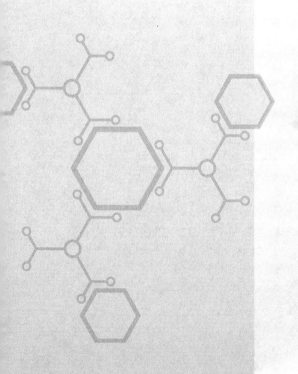

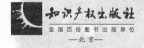

知识产权出版社
全国百佳图书出版单位
—北京—

图书在版编目（CIP）数据

药品专利链接与专利延长/国家知识产权局专利局专利审查协作江苏中心组织编写. —北京：知识产权出版社，2021.1（2023.2 重印）

ISBN 978 - 7 - 5130 - 7281 - 6

Ⅰ. ①药… Ⅱ. ①国… Ⅲ. ①药品—专利制度—研究—中国 Ⅳ. ①D923. 424

中国版本图书馆 CIP 数据核字（2020）第 210637 号

内容提要

本书立足于促进我国药品专利相关法律的完善，详细分析了专利链接制度所涵盖的专利挑战、橙皮书、专利期延长、市场独占期等内容，同时对美国、日本、欧洲等国家和地区的专利链接和数据保护等制度进行了分析，试图找到适合我国药品创新的专利链接制度，鼓励制药企业保护药品创新，为我国公众尽快提供更好、更有效的药品。

策划编辑：卢海鹰

责任编辑：王玉茂　　　　　　　　　　责任校对：谷　洋

封面设计：博华创意·张冀　　　　　　责任印制：刘译文

## 药品专利链接与专利延长

国家知识产权局专利局专利审查协作江苏中心　组织编写

出版发行：知识产权出版社有限责任公司　　　网　址：http://www.ipph.cn

社　址：北京市海淀区气象路 50 号院　　　　邮　编：100081

责编电话：010 - 82000860 转 8541　　　　　责编邮箱：wangyumao@ cnipr. com

发行电话：010 - 82000860 转 8101/8102　　发行传真：010 - 82000893/82005070/82000270

印　刷：北京九州迅驰传媒文化有限公司　　经　销：各大网上书店、新华书店及相关专业书店

开　本：787mm×1092mm　1/16　　　　　印　张：16. 25

版　次：2021 年 1 月第 1 版　　　　　　　印　次：2023 年 2 月第 2 次印刷

字　数：332 千字　　　　　　　　　　　定　价：80. 00 元

ISBN 978 - 7 - 5130 - 7281 - 6

# 编　委　会

# 出版说明

本书编写团队来自国家知识产权局专利局专利审查协作江苏中心。具体分工如下：

毛　丹：第一章第一节至第三节

李洪雪：第一章第四节，第六章第二节

姚　旻：第二章，第五章第一节至第五节

刘健颖：前言，第三章，第五章第七节至第八节，第六章第一节、第三节

王　茜：第四章，第五章第六节

曹　维：第七章（部分）

房长进：第六章第一节，第八章第一节、第四节（部分），第十章第一节

徐　寅：第七章（部分），第八章第二节（部分），第九章第一节

董　潜：第八章第二节（部分）

李军勇：第八章第三节、第四节（部分）

王　岩：第八章第四节（部分）

王炜晨：第九章第二节，第十章第三节，附录 1～2

吴江明：第十章第二节

何华山：附录 3～4

闫娜、李彦涛、张磊：全书审校

# 前　言

药品是一种特殊的商品，其特殊在于与百姓的生命健康息息相关。为此，各国都将药品纳入了严格的行政监管范围，以立法建立各项制度，通过市场和行政措施多方面来平衡鼓励药品创新和降低药品价格，保证药品的可及性。

专利制度是影响医药行业发展的一项重要制度。自1993年开始将药品纳入专利保护范畴起，我国的制药工业取得了长足发展，业界对专利制度在保护药品创新发展方面的积极作用也达成了越来越广泛的共识。在此基础上，我国专利相关立法也紧跟国内制药行业发展，借鉴国际先进经验，例如，Bolar例外等相关规则陆续被引入专利法。

美国和欧洲是全球制药行业的高地，其在药品专利相关制度方面的探索有很多值得我国借鉴之处，最典型的是"药品专利链接制度"与"药品专利延长制度"。随着我国医药创新水平不断提高，业界对引入以上制度的呼声越来越高。

中共中央和国务院对药品专利链接制度和专利延长制度的建立给予了高度支持。2017年10月，中共中央办公厅、国务院办公厅印发《关于深化审评审批制度改革鼓励药品医疗器械创新的意见》，指出要"探索建立药品审评审批与药品专利链接制度，降低侵权风险"。2019年11月，中共中央办公厅、国务院办公厅印发《关于强化知识产权保护的意见》，再次提出探索建立药品专利链接制度、药品专利期限补偿制度。至此，关于是否要建立药品专利链接制度与药品专利延长制度的争议被画上了句号。

从2020年开始，药品专利链接和专利延长制度的建立进入了快车道。2020年1月签署的《中华人民共和国政府和美利坚合众国政府经济贸易协议》第1.11条就对中国建立药品专利链接制度达成了协议。2020年10月17日，习近平主席签发第55号主席令，通过了新修改的专利法，其中第42条增加第3款，规定了药品专利期限补偿，第76条规定了专利链接制度，并要求"国务院药品监督管理部门会同国务院专利行政部门制定药品上市许可审批与药品上市许可申请阶段专利权纠纷解决的具体衔接办法，报国务院同意后实施"。

本书的编写组通过对美国、欧洲、日本与专利链接和专利延长相关的法律、法规，乃至对药品监管部门的指南和药品审评中心的操作手册等进行了细致的梳理，较为系统地介绍了药品专利链接和药品专利延长制度的各项流程，希望能够为我国制定具体实施办法提供借鉴和参考。

本书共分为两大部分。第一部分为第一章至第六章，涉及药品专利链接制度，重点对美国的药品专利链接制度进行了介绍。第二部分为第七章至第十章，涉及药品专利延长制度，重点对欧洲、美国和日本的药品专利延长制度进行了介绍。

在药品专利链接制度方面，简要介绍了专利链接制度的由来，并对美国、日本和韩国的专利链接制度进行了介绍，然后重点以美国为例，从橙皮书列表、专利声明、30 个月遏制期、180 天市场独占期四个阶段对专利链接制度的流程进行了详细的介绍，内容涵盖了美国法典、美国联邦法规、美国食品药品监督管理局（FDA）的相关指南，以及美国药品审评中心（CDER）的手册中对专利链接制度的各项规定。该部分还结合立普妥（Lipitor）、帕罗西汀（Paroxetine）及格列卫（Gleevec）3 款药品的实例，对专利链接流程进行了展示。

在药品专利延长制度方面，对专利延长制度的起源与发展进行了介绍，详细阐述了美国、欧洲、日本专利延长制度的沿革和具体规定，重点阐述了专利延长的实质条件、专利延长期限的计算等。该部分还结合立普妥（Lipitor）、利妥昔单抗（Rituximab）及曲妥珠单抗（Trastuzumab）的专利延长实例阐述了专利延长制度的价值。

最后，本书以附录的形式展现了中国在建立药品专利链接与专利延长制度方面的探索。

# 缩略词对照

| | | |
|---|---|---|
| AIA | America Invention Act | 美国发明法案 |
| ANDA | Abbreviated New Drug Application | 简化新药申请 |
| CAFC | Court of Appeals for the Federal Circuit | 美国联邦巡回上诉法院 |
| CBD | Congress Budget Office | 美国国会预算办公室 |
| CJEU | Court of Justice of the European Union | 欧盟法院 |
| EMA | European Medicines Agency | 欧洲药品管理局 |
| FDA | U. S. Food and Drug Administration | 美国食品药品监督管理局 |
| FTC | U. S. Federal Trade Committee | 美国联邦贸易委员会 |
| IPR | Inter Party Reexaminiation | 多方复审 |
| IPHC | Intellectual Property High Court of Japan | 日本知识产权高等法院 |
| MFDS | Ministry of Food and Drug Safety | 韩国食品药品安全部 |
| MHLW | Ministry of Health, Labour and Welfare | 日本厚生劳动省 |
| MMA | Medicare Prescription Drug, Improvement and Modernization Act | 医疗保险处方药，改进和现代化法案 |
| NCE | New Chemical Entity | 新化学实体 |
| NDA | New Drug Application | 新药申请 |
| NHI | National Health Insurance | 国民健康保险 |
| NME | New Molecular Entity | 新分子实体 |
| NPOs | National Patent Office | 国家专利局 |
| OGD | Office of Generic Drug | 仿制药办公室 |
| PMDA | Pharmaceuticals and Medical Devices Agency | 日本医药品医疗器械综合机构 |
| PTA | Patent Term Adjustment | 专利期调整 |
| PTE | Patent Term Extention | 专利期延长 |
| USPTO | U. S. Patent and Trademark Office | 美国专利商标局 |
| RLD | Reference Listed Drug | 参考上市药物 |
| SPC | Supplemetary Patent Certificate | 补充保护证书 |
| USC | United States Code | 美国法典 |

# 目　录

# 第一章　专利链接制度的由来和影响

2020 年 1 月，中美两国签署了《中华人民共和国政府和美利坚合众国政府经济贸易协议》，其中第一章就药品知识产权问题达成协议。中国将建立药品专利纠纷相关制度，允许专利权人、被许可人或上市许可持有人在被指控侵权的产品获得上市许可前提起诉讼，而这正是专利链接制度的核心。

专利链接制度或者说药品专利链接制度，是在药品领域存在的一项特殊机制，其将仿制药的审批与原研药品专利状态链接起来，这是与药品审批的特殊性相关的。一方面，新药研发具有难度大、耗时长、投入高等特点，加上其在研发成功后较容易被仿制，对知识产权保护具有高度依赖性。另一方面，药品直接关系到广大公众的生命健康，对药品的知识产权保护需要适度和平衡，以避免不当地影响药品可及性，甚至危及公共健康。[1]

专利链接制度的目的是在仿制药上市前对可能的专利争端加以早期解决，从而平衡原研药公司和仿制药公司的利益，促进制药行业的发展。

## 第一节　专利链接制度的由来

专利链接制度起源于美国 1984 年的《药品价格竞争与专利期补偿法案》，即 Hatch – Waxman 法案。该法案的出台是美国医药产业百年发展历程中具有里程碑意义的事件。

### 一、Hatch – Waxman 法案出台背景

20 世纪初期，美国的药品监管依据的是 1906 年通过的《纯粹食品和药品法案》（PFDA）。该法案并不要求药物在上市前在动物或者人体上进行安全性检测，也不要求提供有效性证据。

1937 年，安全性未经实验证实的磺胺酏剂在美国上市后导致 100 余名患者死亡。

---

[1] 邱福恩. 中美经贸协议仿制药专利侵权 "快速救济措施" 研究：基于药品专利链接和临时禁令措施的国际比较 [J]. 中国发明与专利, 2020, 17 (4)：19 – 26.

"磺胺酏"事件促使美国国会于1938年通过了《联邦食品、药品和化妆品法》(Federal Food, Drug, and Cosmetic Act, FDCA),授权美国食品药品监督管理局(FDA)在新药上市前就其安全性进行审查。

1959～1961年,欧洲出现了"反应停"事件,出现大量畸形婴儿,而美国得益于《联邦食品、药品和化妆品法》对药品安全性的要求得以幸免。"反应停"事件促使美国更加重视药品安全工作,于1962年通过了《卡法尔－哈里斯法案》,要求制药企业提供仿制药和原研药的临床试验,除证明安全性外,还需要证明有效性。

《卡法尔－哈里斯法案》的实施虽然对药品的安全性和有效性提供了强有力的保障,但也对制药行业产生了诸多不良影响。由于该法案对原研药和仿制药实施无差别监管,即使在原研药已经被证实安全和有效之后,提交仿制药申请时仍然需要提交安全性和有效性的临床试验数据,大大增加了仿制药的成本,并且由于仿制药公司在原研药专利到期前无法进行临床实验,进一步延迟了仿制药的上市时间,变相推高了药品价格。高昂的药品价格不仅使患者难以承受,也大大增加了政府卫生支出。

FDA于1980年确立了所谓的"Paper－NDA"政策,允许仿制药申请在有限范围内援引原研药的数据。援引限制条件包括:来自于1962年以前获得批准的产品;对安全和有效数据的援引仅为已公开发表文献。由于仅较少一部分数据符合条件,这一政策并未发挥预期减少药品研发投入的实质效果。❶

1983年,*Roche v. Bolar*案成为行业的转折点。1983年,Bolar制药公司在仿制罗氏制药(Roche)的原研药盐酸氟西泮时,在专利有效期届满前从加拿大进口原料药并根据FDA的审批要求进行试验。罗氏制药对Bolar公司提起专利侵权诉讼,联邦巡回上诉法院认定Bolar公司的行为不属于专利法意义上的"不视为侵权的实验研究",判定Bolar公司侵权。但法院同时提出,禁止仿制药在原研药专利保护期终止前进行试验研究,实际上是延长了原研药的专利保护期。这一矛盾在当时并没有明确可参照的法律法规,因而联邦巡回上诉法院希望可以通过立法解决这一问题,并将该意见提交至国会。

## 二、Hatch－Waxman 法案的出台

为了解决美国制药行业面临的困境,美国于1984年通过了《药品价格竞争与专利期补偿法案》。

《药品价格竞争与专利期补偿法案》也被称为 Hatch－Waxman 法案,源自于该法案的提案人参议员 Orrin G. Hatch 和众议员 Henry A. Waxman 的名字。

---

❶ 陶田甜, 邵蓉. 美国505(b)(2)路径对我国改良型新药政策改革的启示 [J]. 中国药学杂志, 2019, 54 (16): 1355 – 1360.

据曾担任美国专利商标局（USPTO）局长的 Gerald J. Mossinghoff 介绍，专利期补偿的概念其实早在 1978 年就已被提出，里根政府时期还就相关问题起草了议案，但未能获得众议院的通过，此后，Henry A. Waxman 接手了这项议案。[1]

民主党众议员 Henry A. Waxman 时任白宫卫生小组委员会的主席，共和党参议员 Orrin G. Hatch 时任参议院劳工委员会主席，该委员会对 FDA 和药品审批程序进行司法管辖。[2] 二人分别代表了仿制药公司和原研药公司的利益。他们把原研药公司和仿制药公司的行业领袖聚在一起，经过激烈的讨论终于就各方意见达成共识。[3]

相关议案最早在 1983 年 6 月提出，经过多次修订后，于 1984 年 9 月获得众议院通过。《药品价格竞争与专利期补偿法案》终于在 1984 年 9 月 24 日由时任美国总统里根签署颁布，成为公共法（Public Law 98 - 417 - SEPT. 24, 1984）。

## 三、Hatch - Waxman 法案相关制度简介

Hatch - Waxman 法案共分为三章。第一章涉及"仿制药申请"，作为对《联邦食品、药品和化妆品法》的修订，并入《美国法典》第 21 编第 9 章。第二章涉及"专利期延长"，作为对美国专利法的修订，并入《美国法典》第 35 编。第三章涉及"纺织纤维制品鉴别法及羊毛产品标签法修正案"，并入《美国法典》第 15 编。

Hatch - Waxman 法案中与药品审批及药品专利相关的主要制度包括简化新药申请制度、试验数据保护制度、专利期延长制度、专利链接制度、Bolar 例外制度及拟制侵权制度。

### （一）简化新药申请制度

针对之前《卡法尔 - 哈里斯法案》存在的对仿制药申请临床实验要求过严的问题，Hatch - Waxman 法案规定，仿制药申请需提供证明该仿制药的给药途径、剂型以及规格与参比制剂（原研药）一致的资料，证明该仿制药与参比制剂生物等效的资料，而不再要求提交更多的临床实验数据。该制度也被称作简化新药申请制度（ANDA）。FDA 依据该仿制药相对应的原研药已提交的安全性与有效性数据来批准仿制药的上市，从而大大降低了仿制药的研发成本和审批周期。

### （二）试验数据保护制度

简化新药申请制度虽然对仿制药公司有极大的激励作用，但其允许仿制药公司采取"搭便车"的方式，触动了原研药公司的利益。在原研药专利权不存在或不稳

---

[1] 王鑫，甄橙. 美国 Hatch - Waxman 法案研究 [J]. 东岳论丛，2017, 38 (1): 165 - 173.
[2] 程永顺，吴莉娟. 探索药品专利链接制度 [M]. 北京：知识产权出版社，2019.
[3] 王鑫，甄橙. 回忆美国 Hatch - Waxman 法案制定过程中的博弈 [J]. 中国卫生人才，2017 (9): 90 - 91.

定的情况下，存在被仿制药公司快速侵蚀市场的风险。

新药研发具有投入大、周期长、风险高的特点，其主要原因在于新药的获批需要大量的试验数据来证明新药的安全性和有效性。药品试验数据是无形的知识财产，理应获得相关的保护。❶

为了弥补制度上的漏洞，保护原研药公司的研发积极性，Hatch – Waxman 法案引入了试验数据保护制度。针对 1982 年 1 月 1 日至该法案颁布之日（1984 年 9 月 24 日）之间获批的含有新的有效成分的新药申请，自其被批准之日起 10 年内，不得批准参照该药品的仿制药上市申请；对于法案颁布之后获批的含有新的有效成分的新药申请，自其被批准之日起 5 年内，其他申请人不得提交参照该药品的仿制药申请。上述规定给予原研药 5 年或者 10 年的数据保护期，在数据保护期内，仿制药公司不能使用原研药公司的试验数据作为仿制药上市的依据。该法案还进一步对增补新的临床试验数据以及涉及专利挑战的药品对应的数据保护期作了详细规定。

作为与专利制度并行的一项药品知识产权保护制度，试验数据保护制度进一步强化了原研药的保护力度，尤其是对没有专利保护或者专利稳定性存在争议的产品，试验数据保护制度提供了另一道安全屏障。

## （三）专利期延长制度

专利期延长制度是对原研药公司的另一重大利好。

塔夫茨大学药物研究中心的数据显示，每一种新药的平均成本（包括药物失效成本和时间成本）为 26 亿美元，平均耗时 14 年，而新药研发成功率仅为 18%。❷正是由于新药研发周期长、风险高的特点，制药公司更加期待通过专利保护来保证药品上市后的回报周期。而出于行业竞争的考虑，制药企业往往在新药发现的早期即已申请相关专利，以平均 14 年的研发周期为例，该药物上市后距离其 20 年的专利保护期仅剩余 6 年，远远无法满足企业对收回成本和获得利润的需求，也就无法保证企业的创新积极性。

为此，Hatch – Waxman 法案引入了专利期延长制度（Patent Term Extension, PTE）。该法案规定的专利期延长需要符合一定的条件：①提交延长申请时专利尚未到期；②该专利从未进行过延期；③该产品在商业化销售或使用前，已经通过了强制审查（获得 FDA 的批准）等。该法案还规定，药品被批准之日后的剩余专利期加上补偿后的专利期，总时限不得超过 14 年。

值得一提的是，Hatch – Waxman 法案规定的专利期延长制度（PTE）仅用于补偿企业为获得 FDA 的批准而准备申报资料的过程导致的专利期损失。美国还存在一

---

❶ 杨莉，宋华琳，赵婕. 药品试验数据保护与专利保护之平行并存性研究 [J]. 中国新药杂志, 2013 (22)：2600 – 2615.

❷ 程永顺，吴莉娟. 探索药品专利链接制度 [M]. 北京：知识产权出版社, 2019.

种专利期调整制度（Patent Term Adjustment，PTA），其是在 1999 年的《美国发明人保护法案》中规定的，适用于美国专利商标局的专利审查过程导致的专利期损失，并不局限于医药领域。

### （四）专利链接制度

为了提前解决原研药和仿制药可能的专利纠纷，以 Hatch－Waxman 法案为基础，美国建立了以橙皮书列表、专利声明、遏制期、首仿药市场独占期为体系的专利链接制度。其中，尤以专利挑战为核心内容。当仿制药公司在提交仿制药申请资料中认为原研药的专利无效而发起专利挑战时，原研药公司可以到法院起诉仿制药公司侵权，从而在仿制药上市前解决专利纠纷。

### （五）Bolar 例外制度以及拟制侵权制度

拟制侵权制度与 Bolar 例外制度是紧密相关的。

根据美国专利法第 271 条（35 U. S. C. §271）的规定，除该法另有规定外，在专利保护期内，任何人未经许可在美国境内制造、使用、许诺销售或销售取得专利权的发明的，即为侵害专利权。*Bolar v. Roche* 案中，联邦巡回上诉法院（CFCA）认为，为仿制药申请进行的试验是有商业目的的，因而判定 Bolar 公司侵害了 Roche 公司的专利权。

针对 *Bolar v. Roche* 案件中反映出的仿制药公司无法在原研药专利到期前进行仿制药相关试验的窘境，Hatch－Waxman 法案引入了如下规定：基于规范药品制造、使用或销售的联邦法律的要求，仅为了药品开发和提交上市审批资料而制造、使用和销售专利产品的，不视为侵权。该条规定被补充进了美国专利法第 271 条，通常称为 Bolar 例外制度。

Bolar 例外制度为仿制药公司提前进行相关试验扫清了法律上的障碍，但也成为专利链接制度体系中的一个障碍。在缺乏明文规定的情况下，仿制药公司向 FDA 提交仿制药上市申请的行为究竟是否属于 Bolar 例外制度规定的不侵权行为存在不确定性。如果认为属于 Bolar 例外制度，则原研药公司无法在专利链接制度的框架下提出专利侵权诉讼；而如果认为不属于 Bolar 例外制度，该提交申请资料的行为也不属于传统意义上的制造、使用、许诺销售或销售专利产品的侵权行为。

为此，Hatch－Waxman 法案又创造性地引入拟制侵权制度。根据《联邦食品、药品和化妆品法》提交的申请，且该申请的药品或用途受一项专利保护的，如果该申请之目的为依据该法令获得批准，以便在专利到期之前进行制造、使用或销售产品的活动，将会被认定为侵权。拟制侵权制度为专利挑战中的侵权诉讼提供了法律依据。与传统意义上的侵权不同的是，因药品并未正式上市销售，拟制侵权并不要求侵权一方承担相应的赔偿责任。

Hatch – Waxman 法案在制度设计上处处体现利益的平衡，既有保护仿制药公司的简化新药申请制度和 Bolar 例外制度，也有鼓励创新药的试验数据保护制度和专利期延长制度，而专利链接制度更是利益平衡的极致体现。

# 第二节　主要国家专利链接制度模式

药品专利链接制度是 Hatch – Waxman 法案确立的重要制度之一，目前除美国外，也被包括韩国、日本、加拿大、澳大利亚、新加坡等国采用。

## 一、美国专利链接制度简介

美国的专利链接制度主要包括橙皮书列表、专利声明、遏制期和首仿药市场独占期等内容。

### （一）橙皮书列表

《美国法典》第 21 编第 355 条（《联邦食品、药品和化妆品法》第 505 条）规定，在提交新药申请时，申请人应当在注册申请中一并提交该申请药品相关专利的专利号和到期日，这些专利需为保护该药品的专利或者保护该药品用途的专利，并且在其他人未经授权制造、使用或销售该药品时可以依据该用途专利合理地提起专利侵权诉讼。该条进一步规定了在新药申请获批之前，后续获得授权的专利可以补充到新药申请资料中。FDA 需定期将上述专利信息加以公开，而橙皮书就是公开的载体。

橙皮书（Orange Book）是指《经治疗等同性评价批准的药品》（*Approved Drug Products with Therapeutic Equivalence Evaluation*）一书，因其封面为橙色而得名。橙皮书收录的都是通过 FDA 批准的经安全性和有效性评价的药品，共包括 4 部分[1]：经批准通过了治疗等效性评估的处方药；经批准的因为不在现有 OTC 药物目录而未被新药申请（NDA）或简化新药申请（ANDA）批准上市的非处方药；经生物制品评估研究中心根据 FDCA 第 505 条批准的药物；有特殊用途而不因为安全性或有效性而未上市的药物，如出口用、军队用等。橙皮书中每种药品收录的信息都包括该药品的活性成分、剂型、给药途径、药品名称、适应证、强度等。同时，在附录部分给出药品的申请批号、批准日期等专利和与试验数据保护制度相关的市场独占期信息。

橙皮书列表是引发专利链接的基础。

---

[1] 陈娇，等. 美国橙皮书制度给我国发展通用名药的启示 [J]. 现代药物与临床，2012，27 (5)：484 – 487.

## （二）专利声明

根据《美国法典》第 21 编第 355 条（FDCA 第 505（j）（vii）条）的规定，仿制药公司通过简化新药申请制度（ANDA）提交申请时，需要针对原研药登记在橙皮书中的专利——作出专利状态声明，该声明涉及 4 种情况：（Ⅰ）未提交专利信息；（Ⅱ）专利已过期；（Ⅲ）专利即将到期；（Ⅳ）专利无效，或该申请仿制药的生产、使用或销售不会侵犯该专利权。进一步地，该条第（viii）项规定，如果原研药的用途专利未涵盖仿制药申请寻求批准的药品用途，仿制药公司需对此提交一份声明进行说明。

仿制药通过上述 4 种方式之一获得上市许可，即构成专利链接。对于提交第Ⅰ、Ⅱ段声明的仿制药申请，FDA 将在符合审批要求后直接批准。对于提交第Ⅲ段声明的仿制药申请，FDA 将在专利到期后予以批准。而如果仿制药公司提交第Ⅳ段声明的仿制药申请，则进入专利挑战环节。

## （三）遏制期

仿制药公司在提出第Ⅳ段声明后，应向 FDA 提出其未侵权或原研药专利无效的声明及相关证明资料，还需要在提交 ANDA 后 20 日内通知所有专利权人和新药上市许可证持有人，陈述专利权无效或者不侵犯专利权的理由。专利权人可在获得通知后 45 日内提起专利侵权诉讼。若专利权人在 45 日期限之内并未提起诉讼，FDA 将不中止仿制药上市审查；若专利权人于时限内提出侵权诉讼，FDA 将搁置对 ANDA 审查，待法院作出判决。搁置的时限最长为 30 个月，也被称为"30 个月遏制期"❶，其间 FDA 并不停止对仿制药材料的技术评审。

如果在 30 个月内相关药物专利过期，则仿制药申请人可以变更其声明内容，由第Ⅳ段声明变更为第Ⅱ段声明。FDA 经审查认为符合条件的，可以作出批准 ANDA 的决定；如果在 30 个月内法院认定专利无效或不侵权的（包括原研药公司和仿制药公司达成对仿制药公司有利的和解），即专利挑战成功，且 ANDA 符合审批要求，则该 ANDA 会被 FDA 批准生效。若诉讼在 30 个月内仍未解决，则 FDA 会对符合要求的 ANDA 颁发临时性批件。若法院随后判决 ANDA 申请人败诉，则临时批件将会撤销。如果仿制药公司在临时批件生效期间生产、销售相关药物，仿制药公司还应承担相应的侵权责任。若法院判决 ANDA 申请人胜诉，则 FDA 将颁发正式批件。❷

---

❶ 陈敬，史录文. 美国药品专利链接制度研究［J］. 中国新药杂志，2012，21（22）：2591-2599.
❷ 程永顺，吴莉娟. 创新与仿制的平衡与发展：评 Hatch-Waxman 法案对美国医药产业的贡献［J］. 科技与法律，2018（1）：1-9.

### （四） 首仿药市场独占期

为了鼓励仿制药公司去挑战原研药专利，第一家根据第Ⅳ段声明成功挑战原研药专利并获得上市许可的仿制药公司，将享有 180 天的市场独占期。在这 180 天内，FDA 不会再批准其他仿制药公司的上市申请。❶ 如果同日有多家企业提交含有第Ⅳ段声明的仿制药申请，则由同日首仿企业共同分享 180 天的市场独占期。

180 天市场独占期通常始于以下两个日期中的最早日期：①药物首先在市场上销售；②法院裁定该专利无效或未侵权。

## 二、日本专利链接模式简介

### （一） 日本专利链接模式概况

日本当前运作中的药品专利制度中包含专利链接的特点，最明显的特点是相关部门在仿制药的审批时会审核其药品对应的专利是否届满，当认为其药品侵犯相应的专利权时不予批准上市。但日本的专利链接系统又与美国的专利链接系统有很大的差别。例如，不存在类似于美国 ANDA 申请制度，没有类似于美国橙皮书的公开透明的药品专利信息系统，对于首仿药也无市场独占期的激励机制等。更重要的是，日本实质上没有颁布过关于专利链接制度的法令。因此，也有研究者认为，日本实质上并没有建立起专利链接制度。❷ 总体而言，日本的专利链接模式确实起到了专利链接的实施效果，而且经过多年的实施，其专利链接系统并不因缺乏立法的支持而影响其稳定的运作，在促进医药产业的良性发展尤其是激励药品的创新研发等方面起到了很大的作用。

在日本，专利链接的运作包括两个阶段，即药品注册部门的审批许可与国民健康保险（NHI）药价收录。❸ 日本实行全民医保制度，药品销售前进入 NHI 价格清单具有必要性，采取这种运作模式可能有助于避免专利诉讼的争端。

日本的专利链接系统是依据日本厚生劳动省（MHLW）管辖的相关部门发布的通告和备忘录来运作的。2009 年，MHLW 医政局经济课长、医药食品局审查管理课长联合发布了 "就医疗用后发医药品（仿制药）在药事法承认审查及药价收录有关药品专利的处理"（医政经发第 0605001 号/药食审查发第 0605014 号）的通告，其

❶ 高鹏，曹志明，尚言明. 美国药品专利链接制度研究 [G] //专利法研究 2016. 国家知识产权局条法司. 北京：知识产权出版社，2019.

❷ 程永顺，吴莉娟. 探索药品专利链接制度 [M]. 北京：知识产权出版社，2019.

❸ MASASHI S M. Patent Linkage Practice in Japan [EB/OL]. [2020 – 04 – 30]. http：//www. nakapat. gr. jp/ja/publications_eng/masashi – shimura – coauthored – the – article – patent – linkage – practice – in – japan – which – was – published – in – patent – the – journal – of – the – jpaa/.

是对 1994 年 10 月 4 日药食审查第 762 号通告的修订,其内容包括对于侵犯专利权而不允许批准上市的情形的一般性规定;同年,其又发布了"后发医药品(仿制药)药价基准之收载等"(医政经发第 0115001 号)的通告,其涉及仿制药进入 NHI 药价清单之前关于原研药与仿制药之间事前协调的相关规定。

### (二) 药品注册审评审批的相关部门

日本厚生劳动省与日本医药品医疗器械综合机构(PMDA)共同负责管理自临床研究至审评各个环节、上市后阶段的评价、安全性监测等广泛事务。MHLW 下设医疗政策局、医疗服务局、药品安全与环境健康局等多个机构,MHLW 所管辖的社会组织包括 PMDA 等多个独立行政法人。PMDA 是一个独立行政法人,受 MHLW 的委托,PMDA 主要致力于以下三个方面的工作:向受到药物不良反应影响的人群提供救济服务,进行药物和医疗器械审评,以及药物安全性信息管理。

### (三) 专利与药事审批关系的一般性规定

在仿制药的审批中,PMDA 视其对应的原研药专利存续情况来确定是否批准。具体而言:①如果原研药品作为活性成分的物质专利尚未过期,那么仿制药品的上市申请不会获得批准。②如果原研药品只有部分的适应证、剂型、用法用量存在处于存续期间的专利,则需要考虑仿制药申请中涉及的适应证、剂型等是否落入所述专利的范围。如果仿制药涉及的特定适应证、剂型等不存在专利,可以获得批准;反之,则不被批准。这需要仿制药的申请人事前进行充分确认。

### (四) 仿制药从申请到批准上市销售的流程❶

(1) 仿制药公司申请制造、销售审批,此时,PMDA 会与申请人确认专利信息。

(2) 批准公开发布约 3 周前,日本制药团体联合会的主页上会刊出将要批准的仿制药种类、申请人等信息。这时原研药公司第一次知晓自己产品的仿制药批准信息。

(3) 获得 MHLW 的制造、销售批准后,仿制药与原研药公司之间就是否侵犯原研药的专利权等问题进行事前协调。

(4) 在指定期限内(批准日起 2 个月后),双方分别将事前协调的结果提交给MHLW。

(5) 根据事前协调的结果,仿制药公司可以在药价收载的 1 个月前决定是否撤回药价收载的申请。

(6) 药价收录,3 个月内开始销售(见图 1 - 1)。

---

❶ 渡边美乃利. 日本医药政策:专利保护的现状以及对策 [R]. 日本正林国际特许商标事务所, 2018.

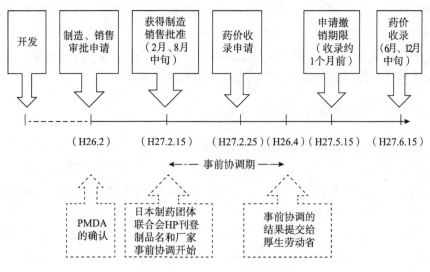

图 1 - 1　日本仿制药上市流程

## （五）关于原研药公司与仿制药公司的事前协调制度

在仿制药申请获得制造、销售许可后，提出国民健康保险（NHI）药价收录的申请之时，原研药公司与仿制药公司之间通常要进行关于是否侵犯专利权事项的事前协调。在协商过程中，原研药公司与仿制药公司只是各自提出自己的主张，无论协商结果如何，均需要报告给 MHLW。如果 MHLW 认为存在很高的诉讼可能性，其可能导致相应的仿制药品不能稳定供应，MHLW 将可能不批准仿制药的 NHI 药价收录。若 MHLW 批准仿制药公司的 NHI 药价收录后，原研药公司可以向法院提起专利侵权诉讼。根据事前协调的结果，也有一些仿制药公司可能因为某些原因撤回药价收录的申请。例如，考虑到后续原研药公司提起专利侵权诉讼时没有胜诉把握，或者可能赶不上药价收录后 3 个月内要开始销售的期限要求等。

在具体实践中，即使事前协调没有达成妥协而结束，仿制药公司被药价收录的实例也很多。在这种情况下，MHLW 可能会要求仿制药公司提交誓约书，承诺即使之后发生诉讼时，接到原研药公司的禁令要求，也不能停止仿制药品的供应。因为一旦发生专利纠纷，也很可能对仿制药的供应产生不利影响。只要在药品稳定供应上没有问题，MHLW 就不会参与到当事人的纠纷中。归根结底，MHLW 促成事前协调干预的目的仅是确保药品的稳定、可持续供应。

## （六）仿制药公司在审批过程中对相关专利的考虑

原研药公司在新药申请过程中，需要提交"医药品专利信息报告票"，其记载的是与已经允许上市的处方药的有效成分相关的产品专利或用途专利的信息，但上述

"医药品专利信息报告票"的提交是任意的，且内容一般不公开。❶ PMDA 对申请注册的仿制药公司进行审查，如果 PMDA 发现可能存在专利侵权的问题，仿制药公司上市申请的审批视情况可能会停止或暂停。如果原研药公司认为第三方的药品上市请求可能侵犯其专利权，也可以提出暂停仿制药品审批的请求。PMDA 会要求仿制药品申请人就潜在侵权的若干问题进行答复，并考虑其答复理由是否充分。如果认为其答复理由不充分，PMDA 将停止仿制药的批准程序。如果 PMDA 批准仿制药公司的制造、销售申请，也不意味着被批准的仿制药实质上没有发生专利侵权，专利权人可以向相关法院提起专利侵权诉讼。在专利权人对仿制药公司提起专利侵权诉讼时，其可能是基于药品行政审批部门未审批过的其他相关专利，也可能是药品行政审批部门已审批过的专利。❷❸

在具体实践中，在考虑仿制药的审批所需平均周期的基础上，允许仿制药公司在提交药品制造、销售请求的同时提交一份关于在"障碍专利"到期日前不侵权的法律声明。相应地，在其声称的"障碍专利"的专利届满时，如果符合其他条件，其制造、销售请求即能得到批准，从而加快仿制药审批许可获得的时间。在此过程中，仿制药公司为准备药品审批进行的制造等行为并不会涉及侵权，这一点与美国等多数国家和地区的规定类似（如 Bolar 例外制度）。

另外，对于已上市药品的专利信息系统，日本尚缺乏类似美国的橙皮书系统记载较完备的上市药品的专利信息以供查询参考。对于原研药公司提交的"医药品专利信息报告票"并没有具体的要求，新药上市许可持有人可在获得制造、销售许可后，先提交涉及活性化合物本身的专利信息，在其他专利被批准后可以陆续提交，这些专利信息供 PMDA 审批时参考。❹ 而日本"橙皮书"（相关网站 http：//www.jp‑orangebook.gr.jp/data/dataindex.shtml）提供了药品的信息查询，但其收集的主要是药品质量再评价的数据，不提供美国橙皮书的收录与查询药品专利信息的功能。总体来说，与美国相比，日本的专利链接系统存在的问题之一是缺一个完整、公开透明的药品专利信息系统。对此，美国在跨太平洋伙伴关系协定（Trans‑Pacific Partnership Agreement，TPP）中提议，日本需要提供一种机制，以方便识别已批准药品覆盖的专利，为药品专利权人建立一个通知系统，使上市审批的自动停止程序以及在专利有效期内阻止涉嫌侵权的产品的程序正式化。❺

---

❶ 邵红，郭煜，韦嵘，等. 金杜知识产权保护蓝皮书：各国专利链接制度比较研究以及在我国建立专利链接制度探讨［R］. 金杜律师事务所，2020.

❷ KINGHAM R. The Life Sciences Law Review［M］. 7th ed. London：Law Business Research Ltd.，2019：233‑235.

❸ Global Guide to Patent Linkage 2019［R］. Baker McKenzie，2019.

❹ BUCKNELL D G. Pharmaceutical, Biotechnology, and Chemical Inventions：World Protection and Exploitation（Volume Ⅱ）［M］. New York：Oxford University Press，2011.

❺ KIllÇ B，KIM M，MAYBARDUK P. Comparative Analysis of the United States' TPP Intellectual Property Proposal and the Japanese Law［EB/OL］.（2014‑01‑31）［2020‑04‑30］. HTTP：//www.citizen.org/access.

### 三、韩国专利链接制度简介

根据 2010 年韩国与美国签订的自由贸易协定，韩国着手建立专利链接制度，并于 2015 年 3 月开始全面实施。韩国的专利链接制度与美国类似，主要包括绿色清单制度、专利声明、遏制期、首仿药市场独占期等内容。

#### （一）绿色清单制度[1]

原研药公司需要向韩国食品药品安全部（MFDS）申请将与其批准上市（包括生产、销售和进口）产品相关的专利信息登记在专利清单上，并由 MFDS 向公众公开。韩国的专利清单也被称为"绿色清单"。

登记在绿色清单中的专利类型包括药物化合物、剂型、药物组合物和药物用途。列入绿色清单的专利必须是与获批上市的药品活性成分及其含量、剂型、适应证等直接相关，或与该药物用药方法直接相关的专利。而且，列入绿色清单中的专利还应当与上市药品安全性、有效性和质量直接相关。

MFDS 会评估原研药公司提交的专利的有效性，如果未达到某些标准，就会删除相关专利。第三方如仿制药公司，也可以针对创新药申请人提交的专利提出异议。

#### （二）专利声明[2]

申请仿制药上市时，仿制药申请人必须针对列举在绿色清单中的每一项专利作出以下 6 项声明之一：

（1）该专利已到期；

（2）专利期届满前不寻求上市；

（3）专利权人以及列举的实体承认免除仿制药申请人的通知义务；

（4）韩国知识产权法庭或者法院对列举的专利已作出判决；

（5）列举的专利与正在寻求上市的仿制药无关；

（6）列举的专利无效，或者即使有效但不会被侵犯。

#### （三）遏制期

如果申请人作出第（6）项声明，仿制药申请人必须在申请之日起 20 日内通知专利权人（专利挑战通知）。专利权人在收到专利挑战通知之日起 45 天内向 MFDS 部长提出仿制药销售的遏制期请求（专利持有人必须先向法院起诉专利侵权）。遏制

---

[1] 邱福恩. 韩国药品专利链接制度介绍及对我国制度的启示 [J]. 电子知识产权, 2019, 328（3）：22-28.
[2] 北京务实知识产权发展中心. 建立药品上市申报与专利保护衔接机制研究报告（务实研（2016）第002 号）[EB/OL].[2020-04-30]. http://www.bipi.org/index.php/12/55.html.

期的有效期为自专利权人收到通知之日起 9 个月，但遏制期不能阻止仿制药审批，只能阻止仿制药销售。

## （四）首仿药市场独占期

第一个完成专利挑战的仿制药申请人，能够获得 9 个月的市场独占期。第一完成专利挑战的人是指最先得到法院有利判决或者专利无效判决或者不侵犯专利权判决的，并且该有利判决是在专利权人收到专利挑战通知之日起 9 个月内作出的。

# 第三节　专利链接制度的演进

虽然 Hatch – Waxman 法案已充分考虑各方利益的平衡，对专利链接制度提出系统的设计，但在实际实施过程中还是出现许多问题，这也促成专利链接制度的进一步完善。

## 一、专利链接制度中的漏洞

### （一）遏制期滥用

专利链接制度在设计之初并未明确规定可以登记在橙皮书中的专利的相关标准。对于登记在橙皮书上的专利，FDA 对其与原研药的相关性并不进行实质审查，仅如实登记于橙皮书而已。因此许多企业在专利过期或即将过期时，经常会提出一些与原研药的成分、配方、用途等关系不大的专利，要求登记在橙皮书上，这些专利包括代谢物专利、包装专利、中间体专利等。原研药公司可就这些专利分别再对仿制药公司提出多次诉讼，从而多次触发 30 个月的遏制期，这些遏制期的叠加可以延缓仿制药上市，从而使原研药公司保持市场垄断地位。❶

在 GSK 公司诉 Apotex 公司专利侵权案中，Apotex 公司在 1998 年 3 月提交了含有第Ⅳ段专利声明的针对 GSK 公司的帕罗西汀的仿制药申请，GSK 公司随即对 Apotex 公司提出侵犯专利的诉讼，获得了 30 个月的遏制期。同时 GSK 公司将与帕罗西汀相关的 9 项专利补充到了橙皮书上，而后依据其中 4 项专利分别获得了 30 个月的遏制期，叠加后的遏制期长达 65 个月。

### （二）反向支付

反向支付是药品专利和解过程中的一个独特现象。专利侵权诉讼过程中，当侵权事

---

❶ 曹志明. 美国药品专利链接制度存在的问题 ［J］. 中国发明与专利，2017，14（9）：97 – 100.

实基本确定、案件结果大致可以预期时，为节省诉讼成本，往往由专利侵权人付给专利权人一笔费用，双方达成和解，结束诉讼。但是药品专利诉讼和解协议中往往会出现相反的情况，即专利权人付给专利侵权人一笔费用以达成和解，被称为反向支付。❶

在专利链接制度设计之初，首家通过第Ⅳ段专利声明进行专利挑战成功的企业，可以获得 180 天的市场独占期。在这段时间内，FDA 不会通过其他仿制药的上市申请，彼时市场上除了原研药之外，只有一个仿制药。该项规定的漏洞在于，如果首仿药公司没有在市场独占期内上市其仿制药，则市场上仍然只会有原研药销售。在实际操作中，确实有许多被侵权的原研药公司与首仿药公司达成和解，通过反向支付给被控侵权的首仿药企业一笔费用来推迟首仿药的上市时间，而这 180 天的市场独占期则限制其他仿制药的进入，从而使原研药公司继续占据市场垄断地位。

根据美国联邦贸易委员会（FTC）的报告，2010 年度原研药企业和仿制药企业达成的和解协议从 2009 年的 19 个增加到 31 个，协议涉及 22 个产品，年销售额达 93 亿美元。这些协议延迟仿制药上市达 17 个月，使消费者每年多花费 35 亿美元。由此可见，反向支付的问题仍然不断影响着市场的公平竞争以及消费者所需要承担的医疗成本。❷

## 二、专利链接制度的完善

针对专利链接制度在实践中出现的问题，美国于 2002 年、2003 年分别通过了《更容易获得可支付药品法》（以下简称"GAAP 法案"）和《医疗保险处方药，改进和现代化法案》（以下简称"MMA 法案"），对 Hatch – Waxman 法案作出了修订。

### （一）对橙皮书专利的限制

对于在橙皮书上登记的专利内容加以限制，将可以列入橙皮书的专利限定为活性化合物、配方、组合物、药品用途等，不能列入橙皮书的专利包括制造方法、外包装、代谢物、中间体等，以避免无关专利限制仿制药申请，同时还提供了一种从橙皮书中删除不适当专利的机制。仿制药公司提出专利挑战时，只需对申请日之前列在橙皮书中的专利提出挑战即可。❸

### （二）对遏制期的限制

每种药品（而非每件专利）只能以仿制药企业提出 ANDA 之前已列在橙皮书上的专利为基础提出一次 30 个月的遏制期。如果之后原研药公司在橙皮书中增加了新的专利，仿制药公司必须再进行声明，即使在后声明也是第 Ⅳ 段声明，也不能再触

❶ 相靖. 美国药品专利反向支付问题的反垄断法规制研究 [J]. 知识产权, 2019（11）：87 – 96.
❷ 陈敬, 史录文. 美国药品专利链接制度研究 [J]. 中国新药杂志, 2012, 21（22）：2591 – 2599.
❸ 曹志明. 美国药品专利链接制度存在的问题 [J]. 中国发明与专利, 2017, 14（9）：97 – 100.

发遏制期。

### (三) 对首仿药市场独占期的限制

MMA 法案修改了仿制药 180 天市场独占期的启动方式，只能是上市，而没有其他方式。

MMA 法案规定首仿药在以下几种情况下将丧失 180 日的市场独占期：(i) 仿制药未在通过审批后的 75 日内上市；(ii) 仿制药公司自提起注册申请之日起 30 个月内未获得准予上市许可；(iii) 仿制药公司撤销了 ANDA 申请；(iv) 仿制药公司与原研药公司达成和解协议，经美国联邦贸易委员会（FTC）或法院判决和解内容违反反托拉斯法❶；(v) 与申请 ANDA 审查的仿制药相关专利的专利期已届满。

### (四) 确认不侵权之诉

专利链接制度的初衷在于将药品专利纠纷在仿制药上市前加以解决，但如果在仿制药申请人已依法通知原研药公司其依第Ⅳ段声明提出上市申请，原研药专利权人在获知仿制药申请后 45 日内并未提起专利侵权诉讼，则失去专利链接制度的本意。

在 2003 年 MMA 法案颁布后，ANDA 申请人被允许随第Ⅳ段声明通知书一起发送保密访问意向书（OCA）。OCA 的目的是向原研药公司提供足够多的信息，用于非侵权评估。一旦未能在 45 天内起诉仿制药公司，仿制药公司可以向法院提出确认不侵权之诉。发起确认不侵权之诉的条件包括：通知函必须寄出；45 天诉讼期已过；原研药公司未在 45 天之内提起诉讼；ANDA 申请人发送了 OCA。❷

## 三、需要进一步关注的问题

尽管通过一系列修正案对专利链接制度进行了完善，但仍有许多问题没有彻底解决。

### (一) 产品跳转

产品跳转（Product Hopping）是指制药企业在其原研药专利即将到期之前，通过对药品进行外在形式的小幅修改，排除、限制未来可能面临的仿制药竞争。❸

这种小幅修改一般涉及改换药剂形式、改换分子形式（例如不同的立体构型），或是将两种或两种以上单独销售的药品组合起来包装销售。这些小幅调整并没有使药物

---

❶ 欧阳雪宇. 药品专利链接制度研究［D］. 北京：中国政法大学，2018.
❷ UPADHYE S. Generic Pharmaceutical Patent and FDA Law［M］. Thomson Reuters，2016.
❸ 孙晋，钟原. 美国药品行业"产品跳转"的反垄断规制：现状、争议及启示［J］. 学习与实践，2017（9）：75－83.

的疗效发生实质的变化,但它使相应的仿制药不再具备原研药的医疗等效性和生物等效性,从而需要重新向 FDA 提交 ANDA 申请,这一过程通常又将会耗费数年。❶

## (二) 授权仿制药

按照生产依据的注册批件不同,仿制药又被分为独立仿制药 (Independent Generics, IGs) 和授权仿制药 (Authorized Generics, AGs)。前者是利用已有原研临床试验数据进行注册后生产的药品;而后者是直接使用原研药的注册批件进行生产的药品。由于 AGs 就是拥有专利权的原研药厂商的产品,与 IGs 必须等到原研药专利终止后才能上市不同,AGs 可以在原研药专利终止前上市。❷

面对仿制药公司抢占市场份额的挑战,原研药企业往往会在专利到期前通过授权给其子公司或与其他仿制药公司合作的方式,实现仿制的自我授权。这样做不仅可以使授权仿制药率先上市,打击其他仿制药公司生产的积极性,同时还可以提高仿制药的市场价格,使其在专利保护期后也能获得高额利润,从而缓解专利到期的危机。❸

由于授权仿制药甚至可以更早地上市参与竞争,很大地削弱了独立仿制药公司 180 天的市场独占期的利益。例如,美国 Apotex 公司经 FDA 批准获得了生产销售抗抑郁药物帕西利 (Paxil) 仿制药 180 天的市场独占期,因为葛兰素史克公司推出了授权的仿制药 Paxil 参与竞争,2004 年 Apotex 公司的律师称授权仿制药削弱了 Apotex 180 天的市场独占期,使 Apotex 公司在市场独占期获益减少至预算的约 2/3,仅达到约 4 亿美元。❹ 授权仿制药的竞争甚至导致某些仿制药公司获得的收益不足以填补其药品开发和申报的成本,因而反对者认为授权仿制药扰乱了正常的竞争秩序,也不符合 Hatch – Waxman 法案实施的初衷。

# 第四节 专利链接制度的影响

从 1984 年 Hatch – Waxman 法案引入药品专利链接制度至今,已有 30 余年,这 30 余年来制药行业究竟发生了哪些变化呢?

## 一、仿制药产业兴起

通过对 1984 年 9 月 30 日 Hatch – Waxman 法案出台至 2016 年 1 月 11 日 FDA 批

---

❶ 孙晋,钟原. 美国药品行业"产品跳转"的反垄断规制:现状、争议及启示 [J]. 学习与实践,2017,(9):75 – 83.

❷ 刘立春,朱雪忠. 中国制药企业在美国市场中应对授权仿制药竞争的策略研究 [J]. 中国药学杂志,2013,48 (14):1217 – 1222.

❸ 曾杨欢. 品牌药超高定价的反垄断规制 [J]. 价格理论与实践,2018 (7):15 – 18.

❹ AERTS F. Pharmaceutical Patents Issues and Considerations [M]. New York:Nova Science Publishers Inc.,2013.

准的 NDA 和 ANDA 申请的数据对比分析，在符合条件的 210 种原研药中，仅有 17%
没有对应的仿制药获批，83% 的原研药均有仿制药品种上市，并且有 63% 的原研药
有 4 种以上仿制药获批（见图 1 - 2）。❶

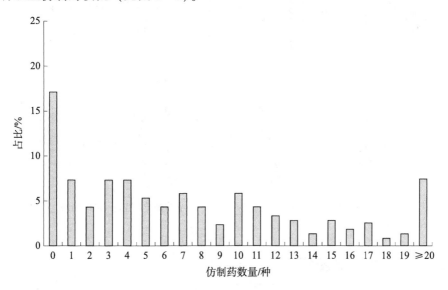

图 1 - 2　1984 ~ 2016 年美国原研药与仿制药数量对应分布

　　仿制药的上市时间也明显缩短了。根据美国国会预算办公室（CBO）的计算，
1984 年，从原研药的专利到期至仿制药上市平均需要 3 年；采用 ANDA 程序后，该
周期缩短到了 3 个月以下。❷ 经 FDA 批准，许多仿制药在原研药专利到期后可以立
即进入市场。例如，葛兰素史克广受欢迎的心血管药物卡维地洛（达利金）在 2007
年 9 月失去专利保护，几乎在同一时间，十几个仿制药竞争对手就进入市场，导致
价格立即下跌；1 个月之内，仿制药就占了卡维地洛 85% 的市场，价格大大低于其
原研药品专利到期之前的价格。❸

　　仿制药的市场份额在施行专利链接制度后也不断攀升。根据分析，1984 年即 Hatch -
Waxman 法案通过的那一年，美国只有 18.6% 的处方药属于仿制药，❹ 之后仿制药处方量
占比进一步提高，到 2016 年美国仿制药占药品处方量比例约 90%（见图 1 -3）。❺

　　❶ GUPTA R，BS，BA，et al. Generic Drug Approvals Since the 1984 Hatch - Waxman Act ［J］. JAMA Internal
Medicine，2016，E1 - E3.
　　❷ HOLDORD D A，LIANG B A. The Growing Influence of Generic Drugs：What is Means to Pharmacists and
Physicians ［EB/OL］. （2006 - 12 - 31）［2020 - 04 - 30］. http：//www. centad. org/seminar/4. % 20Generics/
GrowingInfluencePowewrPak2006. pdf.
　　❸ LOO J. Industry Surveys，Healthcare：Pharmaceuticals ［EB/OL］. （2014 - 12 -31）［2020 - 04 - 30］.
https：//gskkr. files. wordpress. com/2015/01/healthcare - pharma. pdf.
　　❹ FRANK R. The Ongoing Regulation of Generic Drugs ［J］. The New England Journal of Medicine，2007，357
（20）：1993 -1996.
　　❺ 中国药促会. 保护创新、促进仿制：对中国建立药品专利保护体系的政策建议 ［R］. 中国药促会，2019.

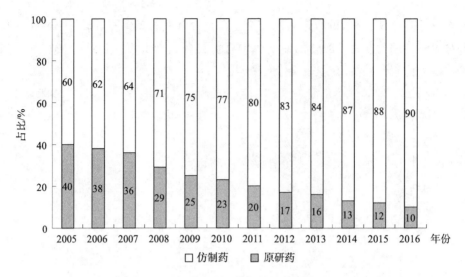

图 1 - 3　2009~2017 年美国原研药与仿制药处方量占比变化趋势

## 二、专利挑战数量攀升

自专利链接制度实施以来,专利挑战的数量不断攀升。据统计,1995~2014 年,原研药收到第Ⅳ段专利挑战的比例从 9% 飙升到了 76%,原研药从上市后到收到第Ⅳ段专利挑战的平均时间也从 18.7 年降低到了 5.9 年(见图 1 - 4)。❶

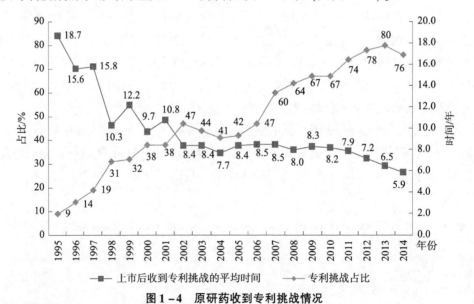

图 1 - 4　原研药收到专利挑战情况

<hr>

❶　GRABOWSKI H. Updated trends in US brand - name and generic drug competition [J]. Journal of Medical Economics,2016,19(9):836 - 844.

如果把统计样本缩小到年销售额大于 2.5 亿美元的品种，其收到第Ⅳ段专利挑战的比例在 2014 年已经达到了 94%（见图 1-5）。

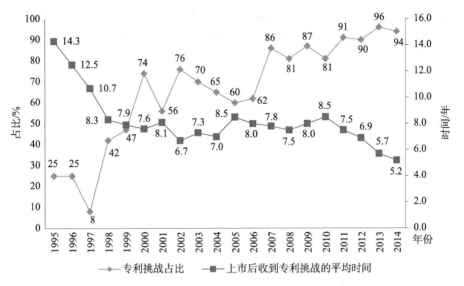

图 1-5 年销售额大于 2.5 亿美元的原研药收到专利挑战情况

对原研药收到专利挑战的数量进行分析发现，已经从 2004 年的平均每种药品收到 3.3 件专利挑战增长到了 4~6 件（见图 1-6）。

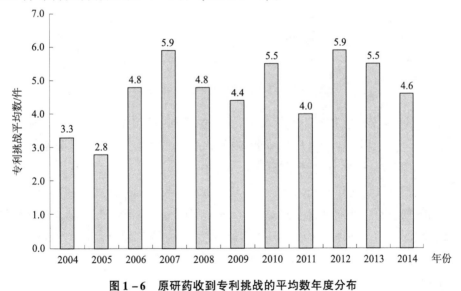

图 1-6 原研药收到专利挑战的平均数年度分布

## 三、医疗开支节省

药品专利链接制度促进了原研药与仿制药上市的有效衔接，允许类似疗效的仿制药尽快上市，仿制药价格一般是原研药的 10% ~ 15%，其提前上市或衔接上市可以大大降低患者的用药负担，有时甚至会促使原研药价格下调以保持市场竞争力。

对 2002 ~ 2014 年上市的仿制药进行统计发现，在仿制药上市的第一年，相应的药品价格降幅达 51%。FDA 在 2005 年的一项研究发现，当某药品只有一款仿制药上市后，其药品降幅仅有 6%，但当有两款仿制药上市后，药品价格可降到原研药价格的 52%。进一步的研究发现，想要达到预期的价格，同一品种至少需要 4 款仿制药上市（见图 1 - 7）。❶

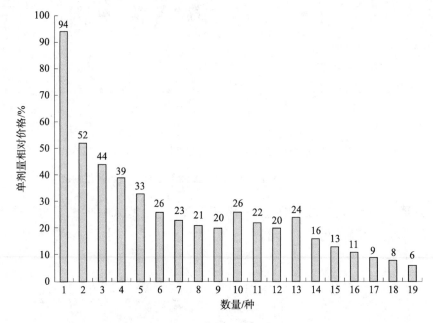

图 1 - 7  仿制药数量与药品价格关系

从美国的经验来看，仿制药的发展，大大节省了美国医疗费用的支出（见图 1 - 8）。

总体而言，专利链接制度促进了制药行业的良性发展，同时对保证公众的药品可及性及降低医保体系的负担也起到了很大的作用。

事实上，不仅仅是仿制药公司获利，在 Hatch - Waxman 法案的一系列政策刺激下，美国的创新药企业发展更为迅猛。Hatch - Waxman 法案实施以前，药品创新活动主要在欧洲，而自 Hatch - Waxman 法案出台后，美国在新分子实体（NME）和新生物制品方面的年批准量一直维持在较高水平，美国已成为全球最大的药品市场（见图 1 - 9）。❷

---

❶ GUPTA R. Generic Drugs in the United States: Policies to Address Pricing and Competition [J]. Clinical Pharmacology & Therapeutics, 2019, 105（2）: 329 - 337.

❷ 北京务实知识产权发展中心. 建立药品上市申报与专利保护衔接机制研究报告（务实研（2016）第 002 号）。

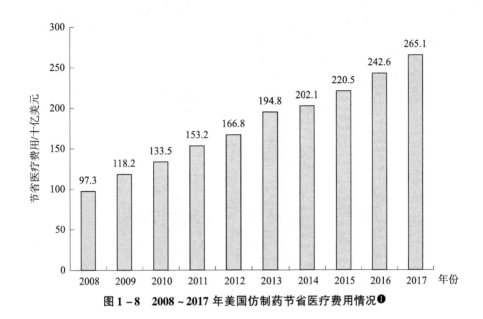

图 1 - 8　2008～2017 年美国仿制药节省医疗费用情况❶

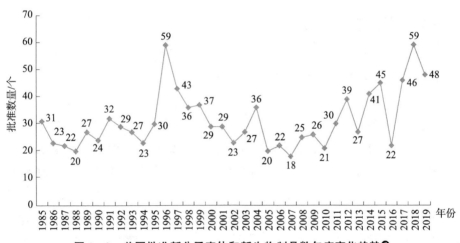

图 1 - 9　美国批准新分子实体和新生物制品数年度变化趋势❷

❶ Generic Drug Access & Savings in the U. S. ［R］. Access in Jeopardy, 2018.
❷ 美国食品药品监督管理局（FDA）网站 https：//www. fda. gov/.

# 第二章 橙皮书

## 第一节 NDA 申请及橙皮书简介

### 一、NDA 申请简介

#### (一) 药品上市申请的分类

在美国，新药上市申请主要有 3 种途径，《联邦食品、药品和化妆品法》第 505 条对 3 种新药申请的途径进行了相关规定❶❷：

（1）第 505（b）（1）条申请（NDA，新药申请）：申请需要包括药品安全性和有效性的完整实验报告；

（2）第 505（b）（2）条申请（Paper - NDA，文献新药申请）：申请包含完整的安全性和有效性研究报告，但至少有部分信息来源于非申请者开展或申请者无权引用的研究；

（3）第 505（j）条申请（ANDA，简化新药申请）：申请包含证明拟申报药物与参比制剂有着完全相同的活性成分、剂型、规格、给药途径、标签信息、质量、特性和适应证等信息。

第 505（b）（1）条和第 505（b）（2）条都属于新药申请（NDA）（本章中若未特别指明，则 NDA 申请表示第 505（b）（1）条申请和第 505（b）（2）条申请），而第 505（j）条则属于简化新药申请（ANDA），即仿制药申请。

就申请的类型而言，第 505（b）（1）条申请（NDA）主要涉及新分子实体（NME），而第 505（b）（2）条申请（Paper - NDA）涉及新剂型、新适应证、改变活性成分剂量、新给药途径、不同活性成分（如改变盐、酯或异构体的种类）、新药

---

❶ 21 U. S. C. , § 355.

❷ 丁恩峰. 美国 505（b）（2）申报路径分析［N］. 中国医药报，2020 - 02 - 28（4）.

物组合等。NDA 申请的分类情况如图 2-1 所示。❶❷

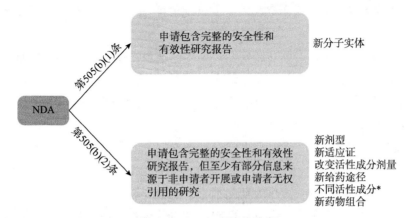

图 2-1 NDA 申请的分类

注：＊不同活性成分指改变盐、酯、异构体等种类。

## （二）NDA 分类代码❸

为了基于产品特性对药品申请进行管理和规范，FDA 采用 NDA 分类代码对新药申请进行分类。NDA 分类代码是评价当前提交的药品申请中活性部分与已上市或已获批的申请中活性部分关系的代码。但是 NDA 分类代码并非由排他性决定，NDA 分类代码也不表示特定药物的创新程度和治疗价值。

FDA 会在新申请的提交日临时分配一个 NDA 分类代码，并在批准时重新评估该代码。重新评估基础是批准的药品与批准时在美国已经批准或销售的其他产品之间的关系。另外，FDA 也可能在批准后重新评估该代码。

FDA 可以在提交上市申请之前临时确定研究用新药（IND）的分类代码。这对于 IND 中的活性成分是否可以被认为包含新分子实体（NME）尤其有用。在临床阶段，任何对化学类型的决定都会成为综述的一部分，并且提请上市申请、批准以及批准后可以修订。

通常，仅可以分配一个 NDA 分类代码，但可以为组合产品分配一个以上的代码。

NDA 分类代码具体情况如下：

Type 1——新分子实体（New Molecular Entity）。

❶ UPADHYE S. Generic Pharmaceutical Patent and FDA Law [M]. Thomson Reuters, 2016.

❷ 一文讲透 FDA 新药注册流程（NDA）[EB/OL]. (2016-08-22)[2020-04-30]. http://www.xinyaohui.com/news/201608/22/8790.html.

❸ Office of Pharmaceutical Quality, Center For Drug Evaluation And Research. Manual of Policies And Procedures, MAPP 5018.2, NDA Classification Codes [EB/OL]. (2015-04-11)[2020-04-30]. http://www.fda.gov/media/94381/download.

第 1 类 NDA 适用于含有 NME 的药品。NME 是一种活性成分，该活性成分不包含由 FDA 根据 FDCA 第 505 条提交的申请批准的活性部分，也不包含已在美国上市的药品。

新分子实体（NME）和新化学实体（NCE）有时可以互换使用，但是，它们是不同的。NCE 在《美国联邦法规》（CFR）第 21 编第 3 章第 108（a）条中定义为"不包含任何根据 FDCA 第 505（b）条提交申请并已被 FDA 批准的活性成分的药物"，但该法规中未定义 NME。

对于对映异构体或外消旋混合物，只有当它们都不曾被批准或上市时，才能成为 NME。

如果活性部分已经在美国作为药品上市，但没有根据 FDCA 第 505 条提交申请并被批准，则含有该活性部分的产品的 NDA 申请将被视为第 7 类，而不是第 1 类。

包含 NME 活性部分和已经由 FDA 批准的另一种活性部分的药物——药物组合产品的 NDA 将被分类为包含 NME 的新组合（第 1 类、第 4 类）。

Type 2——新活性成分（New Active Ingredient）。

第 2 类 NDA 适用于包含新的非 NME 的活性成分的药品。这类 NDA 包含的活性成分，其活性部分之前已经在美国批准或上市，但是其特定酯、盐或非共价衍生物，无论是单独形式还是联用形式，均尚未在美国批准或上市。类似地，如果任何酯、盐或非共价衍生物都已经上市，则未修饰的母体分子也将被视为新的活性成分，但不是 NME。

如果活性成分是单一对映异构体，且含有该对映异构体的外消旋混合物先前已获得 FDA 批准或在美国销售，或者活性成分为包含对映异构体的外消旋混合物已事先获得 FDA 批准或在美国销售，则其 NDA 将归为第 2 类。

Type 3——新剂型（New Dosage Form）。

Type 4——新组合（New Combination）。

Type 5——新剂型、新适应证、变更申请人或生产厂家（New Formulation or Other Differences（e. g. New Indication, New Applicant, New Manufacturer））。

Type 6——新适应证或声明（同一申请人）（New Indication or Claim, Same Applicant）。

Type 7——之前上市但没有批准的 NDA（Previously Marketed But Without an Approved NDA）。

Type 8——处方药转非处方药（Rx to OTC）。

Type 9——新适应证或声明，批准后不会按第 9 类 NDA 上市（New Indication or Claim, Drug Not to be Marketed Under *Type* 9 NDA After Approval）。

Type 10——新适应证或声明，批准后按第 10 类 NDA 上市（New Indication or Claim, Drug to be Marketed Under *Type* 10 NDA After Approval）。

## （三）NDA 申请程序

不同用途的药物进行 NDA 审批时，FDA 对于药物安全性和有效性的要求各不相同。但每个 NDA（尤其是第 505（b）（1）条申请）在获批前所需要经过的流程或评审环节基本是相同的，大多需要经过临床前研究、IND 申请、Ⅰ/Ⅱ期临床、Ⅲ期临床、NDA 申请、审批通过等环节。❶

上述各个环节中，与专利链接直接相关的环节是 NDA 阶段。根据 Hatch – Waxman 法案的规定，制药公司在进行 NDA 申请（包括第 505（b）（1）条和第 505（b）（2）条申请）时，除了需要提交药品疗效、安全性与取得药物上市许可相关的资料外，还需要提交与药品相关的专利信息，具体包括专利号、专利保护期等。当 NDA 获 FDA 批准上市后，FDA 会对所提交的专利信息进行形式审查，经过形式审查后，FDA 会将药品相关的专利信息登记在橙皮书上。❷❸❹ 而这些登记在橙皮书上的专利信息则是专利链接制度运行的基础。

不同新药申请在获批前大体流程如图 2 – 2 所示。

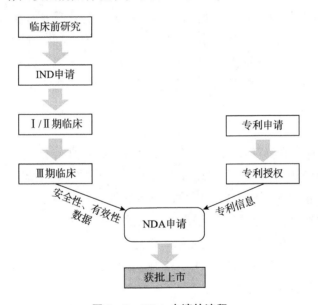

**图 2 – 2　NDA 申请的流程**

❶　一文讲透 FDA 新药注册流程（NDA）［EB/OL］．（2016 – 08 – 22）［2020 – 04 – 30］．http：// www. xinyaohui. com/news/201608/22/8790. html.

❷　21 U. S. C.，§ 355（b）．

❸　21 U. S. C.，§ 355（c）．

❹　21 U. S. C.，§ 355（c）．

## 二、橙皮书简介

橙皮书的正式名称为《具有治疗等效性评估之核准药品目录》，其列出了 FDA 在安全性和有效性的基础上根据 FDCA 所批准的药品信息。1980 年 11 月 1 日，FDA 当天发布了第一版目录，因其封面颜色为橙色，故称为橙皮书。如今，随着 FDA 对药品监管的不断完善，橙皮书内容不断丰富，其所承载的功能也越来越多。橙皮书不仅是药品信息公开的重要手段，同时也是仿制药审评审批、专利链接和数据保护等制度有效实施的重要保证。❶

### （一）橙皮书发展历程

20 世纪 70 年代，为了控制药品成本，美国几乎所有州都通过了鼓励药品替代的法律和/或法规。这些州的法律通常要求，替代品仅限于特定清单上的药物（替代目录）或除特定清单禁止的药物以外的所有药物（禁止替代目录）。20 世纪 70 年代末，越来越多的州向 FDA 提出协助出台相应目录（替代目录或禁止替代目录）的请求。显然，FDA 无法满足各州如此之多分门别类的需求。同时，FDA 认识到，根据共同标准提供统一目录比根据各州法律中不同的定义和标准评估药品更加可取。因此，1978 年 5 月 31 日，FDA 局长致函各州官员，宣布 FDA 将提供基于安全性和有效性批准的所有处方药产品目录，并包含多来源处方药的治疗等效性评估结论。❷

1980 年 11 月 1 日，FDA 发布了第一版目录。1984 年，国会通过了《药品价格竞争与专利期补偿法案》，其要求 FDA 每月都公布其批准的全部药物信息以及药品专利和数据保护信息，而橙皮书正好可以满足该法案的要求，因此该法案的颁布奠定了橙皮书的法律地位，使橙皮书被赋予更大的作用。❸

自 1980 年发布第一版以来，橙皮书每年均会出版一次，至 2020 年 4 月橙皮书已经发布了 40 版。最新版本的橙皮书电子版可至网址 https：//www. fda. gov/media/71474/download 下载（见图 2 -3）。

---

❶ 张彦彦，等. 美国药品橙皮书制度研究与我国建立橙皮书制度之必要性探讨 [J]. 中国药事, 2017, 31 (10)：1123 -1130.

❷ U. S. DEPARTMENT OF HEALTH AND HUMAN SERVICES, et al. Approved Drug Products With Therapeutic Equivalence Evaluations [EB/OL]. [2020 -04 -30]. https：//www. fda. gov/media/71474/download.

❸ U. S. DEPARTMENT OF HEALTH AND HUMAN SERVICES, et al. Approved Drug Products With Therapeutic Equivalence Evaluations [EB/OL]. [2020 -04 -30]. https：//www. fda. gov/media/71474/download.

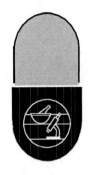

APPROVED
DRUG
PRODUCTS

WITH

THERAPEUTIC
EQUIVALENCE
EVALUATIONS

40<sup>th</sup> EDITION

THE PRODUCTS IN THIS LIST HAVE BEEN APPROVED UNDER
SECTION 505 OF THE FEDERAL FOOD, DRUG, AND COSMETIC ACT.

U.S. DEPARTMENT OF HEALTH AND HUMAN SERVICES
FOOD AND DRUG ADMINISTRATION
OFFICE OF MEDICAL PRODUCTS AND TOBACCO
CENTER FOR DRUG EVALUATION AND RESEARCH
OFFICE OF GENERIC DRUGS
OFFICE OF GENERIC DRUG POLICY

2020

图 2 - 3    橙皮书

同时，为了便于制药公司、研发人员以及医生和患者查询，FDA 还建立了橙皮书数据库（网页版）及 App 版。网页版数据库和 App 版更新非常及时，每日均更新仿制药批准信息和专利信息，而每月则会对新药批准、市场独占期、申请人变更、活性成分、停售药品等信息进行更新。对于网页版橙皮书，可通过网址 https：//www. accessdata. fda. gov/scripts/cder/ob/index. cfm 进行访问（见图 2 - 4）。

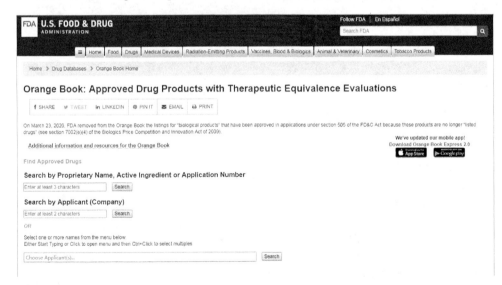

图 2 - 4    橙皮书网页版

## (二) 美国橙皮书的药品收录

橙皮书收录的是 FDA 在安全性和有效性的基础上根据 FDCA 所批准的药品信息。相关的药品信息包括：①活性成分（通用名）。②商品名。③剂型。④给药途径。⑤规格。⑥申请人。⑦申请号：批准的 NDA 申请，药品前编码为 "N"；批准的 ANDA，药品前编码为 "A"。⑧产品号。⑨批准日期。⑩参比制剂及参照标准品的标识信息。⑪治疗等效性编码。⑫处方药/非处方药/停售药信息。⑬专利及数据保护信息。❶ 图 2 – 5 和图 2 – 6 显示了 Lipitor（立普妥）在橙皮书网页版中所公开的药品信息。

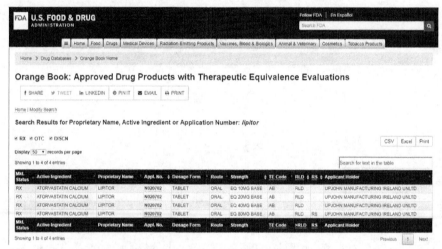

**图 2 – 5　橙皮书网页版 Lipitor 信息（1）**

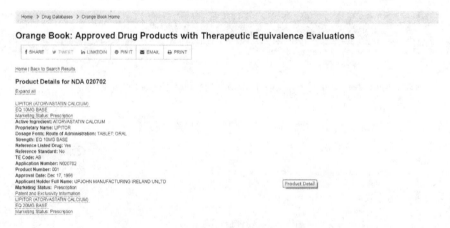

**图 2 – 6　橙皮书网页版 Lipitor 信息（2）**

---

❶　张彦彦，等. 美国药品橙皮书制度研究与我国建立橙皮书制度之必要性探讨 [J]. 中国药事，2017，31 (10)：1123 – 1130.

## （三）橙皮书与专利链接

橙皮书是专利链接制度的基础，两者之间的关系可以分别从原研药公司和仿制药公司的立场出发进行探究。从原研药公司和仿制药公司的立场出发可以发现美国专利链接制度存在的两条主线：①原研药公司在提交 NDA 申请时需要提交相关专利信息且 FDA 将相关专利信息登记在橙皮书上，原研药公司只有基于橙皮书中登记的专利提起诉讼才能启动 30 个月遏制期，从而给仿制药审批套上了枷锁；②而仿制药公司在提交简化新药申请（ANDA）时需要对原研药公司登记在橙皮书上的相关专利提出专利声明，如果对橙皮书中所列专利采用第Ⅳ段声明并挑战成功，则可获得 180 天市场独占期的奖励。❶原研药和仿制药的链接正是通过橙皮书这一"链接点"实现的。因此，作为"链接点"的橙皮书是专利链接制度的基础，橙皮书在专利链接中的重要性不言而喻（见图 2 - 7）。

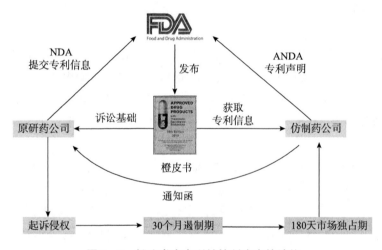

**图 2 - 7　橙皮书在专利链接制度中的地位**

鉴于橙皮书中专利列表对于专利链接的重要性，《美国法典》第 21 编第 355（b）（1）（g）条规定 NDA 申请人应向 FDA 提出申请上市药品的相关专利，并对何种专利为应当登记的专利进行了规定，其规定符合以下条件的专利应当登记于橙皮书：①请求保护所提出的上市申请的药品或药品使用方法的专利；②若有人在没有取得许可的情况下制造、使用或销售上市申请药品，专利权人能够主张侵权。

FDA 则进一步对如何进行专利登记作了更为详细的规定。FDA 发布的《美国联邦法规》第 21 编第 314.53 条对于新药提出 NDA 申请时相关专利登记的规则进行规定。《美国联邦法规》第 21 编第 314.53 条分为（a）～（f）款，其中第 53（a）条规

---

❶ 关祥宇. 美国药品橙皮书新变化对中国专利链接的启示 [EB/OL]. (2018 - 01 - 22) [2020 - 04 - 30]. https：//med. sina. com/article_detail_103_2_40249. html.

定了应当进行专利信息申报的主体，明确了向 FDA 提出新药上市申请的申请人必须提交相关专利信息，便于 FDA 在橙皮书中登记相关专利信息；第 53（b）条进一步规定应当登记以及不应当登记的专利类型；第 53（c）条则对相关专利信息提交登记的方式和应当登记的内容进行了明确，规定申请的人必须以表 3542、表 3542a 提交所应当登记的专利信息；第 53（d）条明确了相关专利信息提出登记的时间要求；第 53（e）条规定了 FDA 如何公开相关专利信息；第 53（f）条则规定了当存在不当登记时如何进行救济。❶以下各节对相关专利登记规则分别进行详细介绍。

## 第二节　专利登记的主体

### 一、一般规则

《美国联邦法规》第 21 编第 314.53（a）条规定了应当进行专利信息登记的主体，明确了向 FDA 提出新药上市申请的申请人必须提交相关专利信息，以便 FDA 在橙皮书中登记相关专利信息。也就是说，提出 NDA 申请（包括第 505（b）（1）条申请和第 505（b）（2）条申请）的申请人必须按照要求提交所应登记的专利信息。

实践中，FDA 缺乏相应的行政资源和专业能力来审查登记专利信息的准确性。为了尽可能确保橙皮书专利信息的正确性，FDA 要求申请人提交大量的书面保证内容，如专利是否登记过，专利到期日是否有变动，专利主张的权利要求是否与药品有关等。同时，NDA 申请人在填写表 3542 和表 3542a（FDA 要求申请人以表 3542 和表 3542a 的形式提交相关专利信息，具体参见本章第三节）时还需要承诺"我熟悉《美国联邦法规》第 21 编第 314.53 条的要求，保证申请复核监管要求，信息真实准确，如若不实，愿意承担伪证的处罚"。因此，NDA 或"Paper－NDA"的申请人不仅需要提交相关专利信息，同时也是确保橙皮书信息正确性的责任主体。

虽然 NDA 申请人/持有人有登记相关专利的义务，但是其现行的法律并没有规定未尽到登记义务时的具体处罚。对于 NDA 申请人/持有人而言，未尽登记义务的影响仅在于原研药公司或专利权人无法以没有登记的专利启动 30 个月遏制期而已。❷

---

❶　21 U. S. C. , §314. 53.

❷　中国台湾"经济部智慧财产局". 103 年度委托研究报告：美国专利连结与橘皮书登录制度研究［R/OL］. (2014－12－19)［2020－04－30］. https：//www. tipo. gov. tw/public/Attachment/533117442984. pdf.

## 二、特殊情况

《美国联邦法规》第 21 编第 314.53（a）条仅简单规定了向 FDA 提出新药上市申请的申请人必须提交相关专利信息，但实践中情况远比法条规定的复杂。假设专利权人与 NDA 申请人/持有人是同一个人，则由 NDA 申请人/持有人登记相关专利自然不存在任何问题。假设专利权人和 NDA 申请人/持有人并不相同，此时 NDA 申请人/持有人是否可以登记没有所有权的专利，也就是 NDA 申请人/持有人是否可以登记其他人的专利？在 *American Bioscience，Inc. v. Thompson* 案（关于紫杉醇仿制药的案件）中就存在这种情况。❶❷

紫杉醇是已发现的最优秀的天然抗癌药物之一，其凭借新颖复杂的化学结构、广泛而显著的生物活性、全新独特的作用机制，成为 20 世纪下半叶的抗癌明星和研究重点。该案件中涉及的有百时美施贵宝（BMS）公司、Baker Norton 公司以及 American Bioscience 公司三方。百时美施贵宝公司拥有紫杉醇的化合物专利，同时也是 Taxol（紫杉醇的商品名）NDA 的持有人，Baker Norton 公司启动了紫杉醇的仿制药申请，而 American Bioscience 公司拥有一项递送更高剂量的药物且更安全的剂型专利。2000 年 8 月 1 日，在 Baker Norton 公司向 FDA 提出仿制药申请后，American Bioscience 公司上述紫杉醇相关的剂型专利 US6906331A（以下简称"331 专利"）获得授权。American Bioscience 公司希望将其授权专利列入橙皮书，但 American Bioscience 公司没有 NDA 所有权，其没有权利将 331 专利登记于橙皮书中。一开始，百时美施贵宝公司拒绝将 331 专利的相关信息告知 FDA，因此 American Bioscience 公司起诉百时美施贵宝公司，要求百时美施贵宝公司将 331 专利登记于橙皮书中。根据当时的规定，如果 American Bioscience 公司胜诉，仿制药公司——Baker Norton 公司不得不针对 331 专利提交第Ⅳ段声明。

2000 年 8 月 11 日，American Bioscience 公司赢得了对百时美施贵宝公司的 TRO，百时美施贵宝公司在法院命令的强制下列出了 American Bioscience 公司的专利，同时百时美施贵宝公司还向 FDA 表示它是自愿列出该专利的。基于以上情况，Baker Norton 公司针对新列出的专利提出了第Ⅳ段声明，但没有通知百时美施贵宝公司或 American Bioscience 公司。2000 年 8 月 28 日，FDA 初步批准了 ANDA，等待 TRO 的决议。

然而，在 2000 年 9 月 7 日的全面禁令听证会上，地区法院撤销了禁令，并要求百时美施贵宝公司将 331 专利从橙皮书中删除。巧的是，在同一天 American Bioscience 公司以 Baker Norton 公司启动了 331 专利的第Ⅳ段声明而起诉 Baker Norton 公司专利侵

---

❶ American Bioscience v. Thomson, 269 F. 3d.

❷ UPADHYE S. Generic Pharmaceutical Patent and FDA Law [M]. Thomson Reuters, 2016.

权。2000 年 9 月 11 日，百时美施贵宝公司写信给 FDA，声称它是自愿列出 American Bioscience 公司的专利的，但不到 3 天，百时美施贵宝公司又写信给 FDA，要求将该专利"在法院命令所列的范围内"删除，但仍坚称其自愿列出该专利。根据百时美施贵宝公司的声明来看，百时美施贵宝公司似乎不是迫于法院的禁令而是自愿在橙皮书中列出 331 专利的。但是，最终 FDA 仍要求 Baker Norton 公司撤销了第 Ⅳ 段声明，并随后批准了 Baker Norton 公司的 ANDA。

针对 FDA 上述行为，American Bioscience 公司起诉 FDA，指控 FDA 最终批准 ANDA 的决定是错误的。American Bioscience 公司认为它在橙皮书中列出了相关专利，因此 FDA 不能在 30 个月遏制期内批准 ANDA。FDA 则辩护说，2000 年 9 月 7 日法院解除了 TRO，法院要求百时美施贵宝公司删除所登记的专利，百时美施贵宝公司也按照法院的要求进行操作，虽然百时美施贵宝公司声称其自愿列出 331 专利，似乎意味着其试图"重新列出" 331 专利，但 331 专利是在 2000 年 8 月 1 日授权公告的，2000 年 9 月 11 日已经超出了列出该专利 30 天期限截止日（9 月 1 日）。最终，出于登记请求的自愿性，法院裁决 FDA 应当保留 331 专利。

在上述案例中，最终结果是百时美施贵宝公司（NDA 持有人）列出了 American Bioscience 公司（其他人）的专利，并且案件审理过程中 Baker Norton 公司和法院均不认为百时美施贵宝公司不具有列出他人专利的法定权利。因此，可以列出他人专利的做法已得到公认。

# 第三节 专利登记的类型、内容和方式

《美国联邦法规》第 314.53 条第（b）款和第（c）款明确规定了如何进行专利登记以及登记何种专利。其中，第（b）款规定何种类型的专利应当登记而何种类型的专利不应当登记；第（c）款则对相关专利信息登记的方式和应当登记的内容进行了明确，其规定申请人必须使用表 3542、表 3542a 登记所应当列出的专利信息。❶❷

## 一、专利登记的类型

与药品相关的专利种类繁多，从发明专利定义出发，可将相关专利分为两类：①产品发明专利；②方法发明专利。其中产品发明专利包括化合物专利（包括通式和具体化合物），制剂专利，组合物专利，代谢物专利，化合物的盐、酯、异构体专利，晶型专利，中间体化合物专利，医疗器械专利；方法发明专利包括制备方法专

---

❶ 21 C. F. R.，§ 314.53 (b).
❷ 21 C. F. R.，§ 314.53 (c).

利和使用方法专利。此外，对于产品发明专利，还有一种特殊的类型——方法限定的产品专利。药品相关专利类型如表2-1所示。

表2-1 药品相关专利类型

| 产品发明专利类型 | 方法发明专利类型 |
| --- | --- |
| 化合物专利 | 制备方法专利 |
| 药剂专利（制剂和组合物专利） | 使用方法专利 |
| 化合物的盐、酯、异构体专利 | |
| 晶型专利 | |
| 中间体化合物专利 | |
| 医疗器械专利 | |
| 方法限定的产品专利 | |

## （一）应当登记的专利❶❷❸

就以上所述各药品相关专利类型而言，应当登记的专利包括以下几种。

1. 化合物专利，即活性成分

化合物专利是药品的核心专利，与 NDA 申请中（申请中或已核准）活性成分相同的化合物专利属于应当登记的专利。对于与 NDA 申请中活性成分相同的化合物的多晶型专利，按照《美国联邦法规》第21编第314（b）（2）条的规定，申请人需保证在药品的声明表格中具有试验数据，说明包含该多晶型的药品与 NDA 中药品的疗效相同。所述的多晶型为与活性成分的化学结构相同但物理形态不同的物质，包括具有不同结晶结构、不同水合物、溶剂化物以及无定型的化合物。

2. 化合物的异构体、盐类、酯类专利

化合物的异构体、盐类、酯类等专利是否可在橙皮书中登记，相关法规并没有明确规定，但在实践中，以上专利都可在橙皮书中登记，条件为该专利的权利要求请求保护药品且专利权人保证专利的真实性。

3. 药品产品专利，即配方与组合物专利

请求保护 NDA 中的药品产品的专利属于应当登记的专利，药品产品专利是指配

---

❶ 21 C. F. R. , §314. 53 (b).

❷ 中国台湾"经济部智慧财产局". 103 年度委托研究报告：美国专利链接与橙皮书登录制度研究［R/OL］. (2014 - 12 - 19)［2020 - 04 - 30］. https：//www. tipo. gov. tw/public/Attachment/533117442984. pdf.

❸ 陈敬，史录文. 美国药品专利链接制度中专利登记规则研究［J］. 中国新药杂志，2017，26 (13)：1484 - 1487.

方与组合物专利，包括各种组合物、组合或制剂专利。

4. 使用方法专利

申请人应当仅登记记载于 NDA（申请中或已批准）中的适应证或其他使用情况的专利。对于每一个 NDA 中的使用方法，申请人均应当指明其相关的专利。若 NDA 获得批准，申请人应当采用专利用途代号（Patent Use Code）对 NDA 所涵盖的使用方法专利进行编号。FDA 的专利用途编号可至网站 https：//www. accessdata. fda. gov/scripts/cder/ob/results_patent. cfm 进行浏览或查询。

5. 方法限定的产品专利

相关法律法规没有明确此类专利是否可以登记，但实践中，如果能够提供相关的实验资料证明方法限定产品专利中的产品是新产品，则可以登记。对于方法限定的产品而言，其本质上仍然是产品的专利，具有新颖性的应当是产品而不是方法。因此，这一规则限定登记仅限于方法限定的产品，而不包括制成该药品的方法专利。

6. 医疗器械专利

医疗器械专利也可登记在橙皮书中，但仅限于医疗器械中的活性成分或药品产品为 NDA 申请中的活性成分或药品产品。FDA 认为药品递送装置及其相关的包装是待批准的药品产品所不可或缺的部分，因此，在实务上认为符合药品产品的定义。

## （二）不应当登记的专利❶❷❸

《美国联邦法规》第 21 编第 314. 53（b）条规定产品制备方法专利、活性成分代谢物及其用途专利、中间体专利、包装专利不得登记在橙皮书中。

FDA 强调，所谓"包装"，并非是最终批准的剂型，而是指包含药品的瓶罐或其他容器。以上包装并不能登记在橙皮书中，而如药片、胶囊或药水等最终剂型的专利则可以登记。至于"代谢物"，其是活性物质在人体内作用所分解出的物质，并不是活性物质，因此不需要登记。至于"中间体"，其是工艺过程中的物质而不是药品产品的物质或成分，也不需要登记。

起初，FDA 并未明确禁止代谢物、中间产物和包装等专利的登记，但 2002 年美国联邦贸易委员会（FTC）公布了一份研究报告，指出了 Hatch - Waxman 法案被滥用的情况，其中包括在橙皮书中登记无效或不符合规定的专利。因此，2003 年，FDA 第一次修订行政法规时明确禁止将产品制备方法专利、活性成分代谢物及其用途专利、中间体专利、包装专利登记在橙皮书中。

---

❶ 21 C. F. R. ，§ 314. 53（b）.

❷ 中国台湾"经济部智慧财产局". 103 年度委托研究报告：美国专利连结与橘皮书登录制度研究［R/OL］. （2014 - 12 - 19）［2020 - 04 - 30］. https：//www. tipo. gov. tw/public/Attachment/533117442984. pdf.

❸ 陈敬，史录文. 美国药品专利链接制度中专利登记规则研究［J］. 中国新药杂志，2017，26（13）：1484 - 1487.

综合以上信息，各类型的药品相关专利是否可在橙皮书中登记，具体如表 2 - 2 所示。

表 2 - 2　药品相关专利是否可登记橙皮书情况汇总

| 产品发明专利类型 | 方法发明专利类型 |
| --- | --- |
| √ * 化合物专利 | × 制备方法专利 |
| √药剂专利（制剂和组合物专利） | √使用方法专利 |
| √化合物的盐、酯、异构体专利 | |
| √晶型专利 | |
| × * 中间体化合物专利 | |
| √医疗器械专利 | |
| √× * 方法限定的产品专利 | |

注：* √代表相关专利可登记在橙皮书中，×代表相关专利不可登记在橙皮书中。当产品具备新颖性时方法限定的产品专利是可登记的，当产品不具备新颖性时方法限定的产品专利是不可登记的。

## 二、专利登记的内容和方式❶❷

《美国联邦法规》第 21 编第 314.53（c）条规定申请的人必须使用表 3542、表 3542a 登记所应当列出的专利信息。表 3542a 用于递交新药申请或补充申请时提出的专利信息，而表 3542 则用于新药申请或补充申请批准后提出的专利信息。

一方面，专利登记的内容要有利于仿制药申请人检索专利信息避免侵权，同时在提出相关专利挑战时通知专利权人，因此表 3542、表 3542a 中需要填写美国专利号、公告日、到期日、专利权人基本资料、代表人基本资料；另一方面，专利登记的内容应当有利于确保专利符合登记条件，因此表格中需要填写专利的种类，包括专利用途代码等信息。

除了上述专利相关信息外，申请人还需要提交大量书面声明和保证内容，例如，专利是否登记过，专利到期日是否有变动，专利主张的权利要求是否与药品有关等。申请人在填写表 3542、表 3542a 时还需承诺"我熟悉《美国联邦法规》第 21 编第 314.53 条的要求，保证申请符合监管要求，信息真实准确，如若不实，愿意承担伪证的处罚"。

---

❶ 21 C. F. R.，§314.53（c）.
❷ 陈敬，史录文. 美国药品专利链接制度中专利登记规则研究 [J]. 中国新药杂志，2017，26（13）：1484 - 1487.

由于 FDA 并没有足够的能力或资源进行各项权利要求的审查，所以 FDA 的专利登记原则上是按照每件专利进行登记而不是按照每项权利要求进行登记。但上述情况仅为通用的原则，究竟应当登记专利还是登记权利要求仍然应当视情况而定。FDA 并不强制要求 NDA 申请人应当登记各项权利要求，但如果遇到特殊情况，例如专利仅有一项权利要求时，则应当登记权利要求。

此外，针对使用方法专利，登记规则规定应当登记各项权利要求。假设有一件使用方法专利包括两项权利要求，其中一项对应 FDA 批准的使用方法，另一项不对应。在这种情况下，应当要求 NDA 申请人向 FDA 提供具体的专利信息，因此必须登记权利要求。上述规定的理由在于，Hatch – Waxman 法案允许仿制药公司通过 Section viii 声明将创新药的使用方法从受专利保护的使用方法中排除，必须通过登记具体权利要求的方式，FDA 才可判断仿制药公司 Section viii 声明是否排除某权利要求请求保护的使用方法。

FDA 对 NDA 申请人提交的专利信息进行形式审查后，将相关专利信息在橙皮书中公开，公开的专利信息包括专利号（Patent No）、专利失效日期（Patent Expiration）、专利代码（其中，DS 为活性化合物专利，DP 为组合物专利，U 为使用方法专利）、专利用途编号、专利撤销的要求以及专利信息申报日。下面以吉利德公司开发的用于治疗慢性丙肝的药物索非布韦（Sofosbuvir）为例，列出其专利列表，如图 2 – 8 所示。

**Patent and Exclusivity for: N212480**

**Product 001**
**SOFOSBUVIR (SOVALDI) PELLETS 150MG/PACKET**

**Patent Data**

| Product No | Patent No | Patent Expiration | Drug Substance | Drug Product | Patent Use Code | Delist Requested | Submission Date |
|---|---|---|---|---|---|---|---|
| 001 | 7964580 | 03/26/2029 | DS | DP | U-1470 | | 09/23/2019 |
| 001 | 7964580*PED | 09/26/2029 | | | | | |
| 001 | 6334270 | 03/21/2026 | DS | DP | U-1470 | | 09/23/2019 |
| 001 | 6334270*PED | 09/21/2026 | | | | | |
| 001 | 8580765 | 03/21/2028 | DS | DP | U-1470 | | 09/23/2019 |
| 001 | 8580765*PED | 09/21/2026 | | | | | |
| 001 | 8618076 | 12/11/2030 | DS | DP | U-1470 | | 09/23/2019 |
| 001 | 8618076*PED | 06/11/2031 | | | | | |
| 001 | 8633309 | 03/26/2029 | DS | DP | U-1470 | | 09/23/2019 |
| 001 | 8633309*PED | 09/26/2029 | | | | | |
| 001 | 8889159 | 03/26/2029 | | DP | U-1470 | | 09/23/2019 |
| 001 | 8889159*PED | 09/26/2029 | | | | | |
| 001 | 9085573 | 03/21/2028 | | DP | U-1470 | | 09/23/2019 |
| 001 | 9085573*PED | 09/21/2026 | | | | | |
| 001 | 9284342 | 09/13/2030 | DS | DP | U-1470 | | 09/23/2019 |
| 001 | 9284342*PED | 03/13/2031 | | | | | |

**Exclusivity Data**

| Product No | Exclusivity Code | Exclusivity Expiration |
|---|---|---|
| 001 | ODE-256 | 08/29/2026 |

图 2 – 8　索非布韦橙皮书专利列表

需要注意的是，专利信息的申报日是 FDA 于 2017 年 11 月 21 日新增加的公示内容。由于 FDA 对于在 NDA 申请提交后授权公告的专利有申报时限的规定，所以以申报日对于专利链接进程同样具有很大的影响。通过公示专利的信息申报日，FDA 进一步增加了橙皮书的透明度，把更多的信息公之于众，以便社会公众特别是仿制药公司进行监督。

# 第四节　专利登记和删除的流程

## 一、专利信息申报时间❶❷❸

在提出新药上市申请或 NDA 第 505（b）（2）条申请时，对于要求保护活性成分、药品产品或使用方法的专利，申请人必须提交表 3542a，如果相关专利在 NDA 申请后、获得 FDA 批准前获得授权，NDA 申请人必须在专利授权后 30 日内向 FDA 以表 3542a 的形式提出相关专利信息的更正请求。

在新药上市申请获得批准后 30 日内，对于要求保护活性成分、药品产品或使用方法的专利，申请人必须提交表 3542。FDA 将根据表 3542 进行橙皮书专利登记，如果表 3542 中没有提供专利信息，或者相关专利信息经 FDA 形式审查后不符合要求，FDA 将不列出或公布相关专利信息。未被列入橙皮书的专利也就不能成为专利挑战和侵权诉讼的基础。

对于 NDA 申请获批后被授权的专利，申请人应当在授权后 30 日内向 FDA 申报相关专利信息，如果相关专利信息没有在 30 日内申报，FDA 会列出该专利，但是专利认证或声明将受《美国联邦法规》第 21 编第 314.50（i）（4）~（6）条以及第 314.94（a）（12）（vi）~（viii）条中有关不及时提交的专利信息的规定约束。在这种情况下，仿制药 ANDA 的申请人可以不针对新增专利重新提交专利声明，而专利链接程序是否启动就取决于在先提交 ANDA 的仿制药公司是否针对新增专利重新提交第Ⅳ段声明。如果仿制药公司不提交声明，就不能基于该新增专利启动专利链接程序，原研药公司也就无法据此提起侵权诉讼并启动 30 个月的遏制期进而推迟仿制药上市。

上述申报日相关规定如图 2-9 所示。

此外，在 FDA 批准 NDA 申请后，若 NDA 持有人试图改变剂型、增加新的适应证（包括改变用药方式）、改变剂量，或就关于该药、药品或任何使用方法有任何变更，都应当向 FDA 提出相关专利信息的补充，相关信息的补充仍然需要以表 3542、表 3542a 的形式提出。

---

❶　21 C. F. R. ，§ 314. 53（c）．

❷　中国台湾"经济部智慧财产局"．103 年度委托研究报告：美国专利连结与橘皮书登录制度研究［R/OL］．（2014 - 12 - 19）［2020 - 04 - 30］．https：//www. tipo. gov. tw/public/Attachment/533117442984. pdf.

❸　关祥宇．美国药品橙皮书新变化对中国专利链接的启示［EB/OL］．（2018 - 01 - 22）［2020 - 04 - 30］．https：//med. sina. com/article_detail_103_2_40249. html.

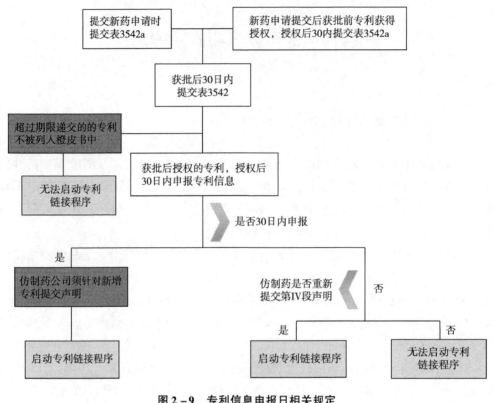

图 2 - 9　专利信息申报日相关规定

## 二、FDA 的职责❶❷

《美国联邦法规》第 21 编第 314. 53（e）条规定 FDA 在橙皮书中公布申请人向 FDA 申报的每项专利的专利号和有效期，对于每项使用方法专利，按照《美国联邦法规》第 21 编第 314. 53（c）（2）（ii）（P）（3）条的要求公布该专利请求保护的使用方法的说明。FDA 将在 NDA 获批后公布相关专利信息，或者如果专利信息是申请人根据第 314. 53（d）（2）条规定在 NDA 获批后提交的，则在申请人向 FDA 申报专利信息后尽快公布。由此可见，FDA 负有公开 NDA 申请人/持有人所登记的专利信息的责任。但是，对于所登记的专利信息，FDA 仅进行形式审查，FDA 缺乏相应的行政资源和专业能力来保证所登记专利信息的准确性。

FDA 认为，其仅进行形式审查而不进行实质审查主要有以下几方面原因。首先，由于《美国法典》第 21 编第 355（j）（7）（A）（ii）~（iii）条的相关规定，专利信

❶　21 C. F. R.，§314. 53（e）.

❷　中国台湾"经济部智慧财产局".103 年度委托研究报告：美国专利连结与橘皮书登录制度研究［R/OL］.（2014 - 12 - 19）［2020 - 04 - 30］. https：//www. tipo. gov. tw/public/Attachment/533117442984. pdf.

息的修订和批准时间只有 30 日，在如此短的时间内对专利信息进行全面的实质审查显然比较困难。其次，FDA 也没有相关的专业人员进行专利信息实质审查工作。最后，如果 FDA 对所登记的专利信息进行完全的实质审查，那么必然会使 ANDA 或 FDCA 第 505（b）（2）条的审批速度更为缓慢。

FDA 的上述主张获得了法院的支持。*AaiPharma Inc. v. Tompson* 案中包含法院对于 FDA 是否负有保证橙皮书所登记的专利信息的准确性责任的看法。

该案的涉案药品百忧解（通用名为盐酸氟西汀）是 Lilly 公司所有的一种畅销的抗抑郁药物。Lilly 公司与百忧解相关的专利原本在 2001 年 8 月 2 日到期。当时多家仿制药公司已经准备在百忧解相关专利到期后立即上市仿制药。然而，在距离专利到期不足一个月的 2001 年 7 月 10 日，AaiPharma 公司请求保护百忧解多晶型物的 6258853 号专利（以下简称"853 专利"）获得授权。由于距离 Lilly 公司专利到期时间已经非常接近，AaiPharma 公司急于将 853 专利登记于橙皮书中以获取相关利益。在前面提到的 *American Bioscience Inc. v. Thompson* 案中已经明确，针对 AaiPharma 公司的情况，由于其并非 NDA 持有人并没有权利将 853 专利登记在橙皮书上，其只能请求 Lilly 公司登记 853 专利。但是，Lilly 公司拒绝了 AaiPharma 公司登记 853 专利的请求。随后，AaiPharma 公司发函给 FDA，请求 FDA 通知 Lilly 公司登记 853 专利。同时，AaiPharma 公司建议，如果 Lilly 公司仍然拒绝登记专利，那么 FDA 有责任进行登记。但是 FDA 收到 AaiPharma 公司的信函后仅通知 Lilly 公司要求其确认 853 专利是否与百忧解相关而属于应当登记的专利，FDA 还在通知中明确告知，除非 Lilly 公司主动要求登记 853 专利，否则 FDA 不会有进一步的动作，Lilly 公司没有因此而登记 853 专利。AaiPharma 公司起诉 FDA，并请求法院命令 FDA 将 853 专利登记为百忧解相关的专利。

针对上述诉讼，FDA 认为，其在橙皮书登记过程中仅是一个单纯的行政角色。FDA 的任务仅在于将 NDA 持有人提供的相关专利信息登记在橙皮书中并公开，但没有维护橙皮书登记信息正确性的责任。一审法院支持 FDA 的上述主张并驳回了 AaiPharma 公司的请求。

AaiPharma 公司针对一审法院的决定上诉至联邦第四巡回上诉法院。联邦第四巡回上诉法院认为，《美国法典》第 21 编第 355（c）（2）条规定 NDA 持有人负有登记所有相关专利的义务但是没有明确 FDA 的职责。根据法律的整体解释，FDA 不需要实质审查相关专利登记信息的正确性，FDA 只需要形式审查 NDA 申请人或持有人是否提出相关专利信息或声明其申请并未被任何专利所保护，AaiPharma 公司不能要求 FDA 主动将相关专利登记在橙皮书上，因此联邦第四巡回上诉法院维持一审原判。针对此判决，AaiPharma 公司向联邦最高法院申请移审令，但遭到联邦最高法院拒绝，联邦第四巡回上诉法院的判决宣告确定。

## 三、不当登记

### (一) 不当登记的情形❶

由于 FDA 对于登记的专利信息只进行形式审查而不进行实质审查，可能出现不当登记的情况。最可能出现的不当登记情况为"应当登记专利却未登记"和"登记不应登记的专利"。

1. 应当登记专利却未登记

应当登记专利却未登记是指对于符合《美国法典》第 21 编第 355（b）（1）条规定的相关专利信息，NDA 申请人没有提交或仅提交一部分。这种情况下，橙皮书中相应药品的专利信息将是不全面的。对于 NDA 持有人以及专利权人而言，应当登记专利却未登记的影响在于无法依据未登记的专利启动 30 个月的遏制期。对于 ANDA 申请人而言，应当登记却未登记的影响在于，无法通过针对未登记的专利进行第Ⅳ段声明进而获得 180 天的市场独占期。通常而言，当 NDA 持证人和专利权人不是同一个人时应当登记却未登记的情况比较容易发生。

2. 登记不应登记的专利

登记不应登记的专利是指 NDA 申请人在提出药品上市申请时，将不符合规定或与待批准药品无关的专利登记在橙皮书上。在这种情况下，可能导致 ANDA 申请人在进行仿制药申请时不得不对本不应当登记的专利进行第Ⅳ段声明，NDA 申请人可以凭借不当登记的专利获得 30 个月的遏制期，进而推迟仿制药的获批时间。

在专利链接制度实际运行过程中，有不少原研药公司利用 FDA 不进行相关专利实质审查的漏洞，而以不当登记手段阻止仿制药进入市场的情况。这种情况下，除了影响仿制药公司的利益之外，同时也影响消费者对廉价仿制药的可及性。

对于登记不应当登记的专利，以下举例说明。假设原研药甲公司研发上市的新药 A 在橙皮书中登记了两件相关专利 X 和 Y，两件专利的到期日均为 2020 年 7 月 29日，在 2020 年 1 月 1 日（两件专利并未到期）仿制药乙公司向 FDA 提出 ANDA 申请，在 ANDA 申请中，乙公司对于专利 X 和 Y 采用第Ⅲ段声明（相关药物的专利将在某一段时间过期，同时仿制药申请人声明在相关药物专利到期前不会上市销售）。然而，在 FDA 批准该 ANDA 之前，甲公司在 2020 年 6 月 1 日将刚刚获得授权的 Z 专利（实质上并非 A 药品的相关专利）登记为 A 药品的相关专利。虽然 Z 专利实质上并非 A 药品的相关专利，但由于 FDA 对于登记在橙皮书上的信息仅进行形式审查，实质上并非 A 药品相关专利的 Z 专利得以登记在橙皮书中。在这种情况下，由于新

---

❶ 中国台湾"经济部智慧财产局". 103 年度委托研究报告：美国专利连结与橘皮书登录制度研究 ［R/OL］.（2014 - 12 - 19）［2020 - 04 - 30］. https：//www. tipo. gov. tw/public/Attachment/533117442984. pdf.

出现的 Z 专利，FDA 无法许可仿制药乙公司在 2020 年 7 月 29 日后即将仿制药上市。假设乙公司针对新出现的 Z 专利重新提交第Ⅳ段声明，则甲公司随后可以通过诉讼启动 30 个月的遏制期。因此，从结果上来看，与 A 药品不相关的 Z 专利延缓了仿制药的上市，影响仿制药乙公司利益的同时也影响消费者对廉价仿制药的可及性。

### （二）不当登记的救济

《美国联邦法规》第 21 编第 314.53（f）条规定，NDA 持有人以外的任何人对于所登记的专利信息的正确性、相关性或有无信息缺失存在争议的，只要通知 FDA 不当登记或登记错误的理由，FDA 就会通知 NDA 持有人确认其专利信息的正确性或登记事项是否有所遗漏。但是，最终仍需要 NDA 持有人自行撤回或修改登记的专利信息，FDA 的通知并不具有任何强制更正或删除的效果，FDA 也不会主动修改登记的专利资料。❶

此外，虽然在提出 NDA 申请时，FDA 会要求 NDA 申请人宣誓其所提出的专利信息是正确且完整的，否则 NDA 申请人若明知且故意进行不实的陈述，其愿受伪证罪的刑事处罚，但实务运作上并没有发生针对不实登记进行刑事处罚的案例。❷

为了应对不当登记的问题，2003 年，Hatch-Waxman 法案修订新增了反诉条款。如果原研药公司或专利权人对 ANDA 申请人提出专利侵权诉讼，申请人能够在侵权诉讼中提起反诉，请求法院以命令要求 NDA 持有人更正或删除登记在橙皮书上的专利信息，但是这种反诉不能够单独提出，也不能够主张赔偿。因此，假如原研药公司或专利权人没有提起专利侵权诉讼，ANDA 申请人或者其他第三人只能够通知 FDA 相关专利存在不当之处，再由 FDA 要求 NDA 持有人确认，但 FDA 同样不会主动进行专利信息的更正或删除。此外，虽然新增了反诉条款，但是仿制药公司不能够主张赔偿，所以该规定在实践中备受批评。❸

### （三）登记专利的删除❹

针对不当登记，通过采用各种救济手段（包括通知 FDA 或反诉），不应登记的专利可能会被从橙皮书中删除，同时原研药公司也可能主动要求 FDA 将已登记的相关专利从橙皮书上删除。一开始，FDA 认为，当专利信息被 NDA 持有人删除时，由于将产生无相关专利登记在橙皮书中的情况（即第Ⅰ段声明的情况），仿制药公司必

---

❶ 21 C. F. R. , §314.53（f）.

❷ 中国台湾"经济部智慧财产局". 103 年度委托研究报告：美国专利连结与橘皮书登录制度研究［R/OL］.（2014-12-19）［2020-04-30］. https：//www.tipo.gov.tw/public/Attachment/533117442984.pdf.

❸ 陈敬，史录文. 美国药品专利链接制度中专利登记规则研究［J］. 中国新药杂志，2017，26（13）：1484-1487.

❹ 中国台湾"经济部智慧财产局". 103 年度委托研究报告：美国专利连结与橘皮书登录制度研究［R/OL］.（2014-12-19）［2020-04-30］. https：//www.tipo.gov.tw/public/Attachment/533117442984.pdf.

须将 ANDA 申请中的第 IV 段声明改为第 I 段声明。根据上述要求，如果 ANDA 申请人原先提出第 IV 段声明，其将第 IV 段声明修改为第 I 段声明将导致其丧失原本可能获得的 180 天市场独占期。

上述争议在 *Ranbaxy Laboratories v. Leavitt*（FDA）案中浮出水面。在该案中，FDA 认为，删除相关的争议专利后，获得 180 天市场独占期的基础也就不存在了，180 天市场独占期的权利也随之消失。因此，FDA 要求仿制药公司 Ranbaxy 和 Teva 删除第 IV 段声明。Ranbaxy 与 Teva 不服该决定而提起诉讼。法院认为在仿制药公司已经提交包含第 IV 段声明的 ANDA 情况下，如果消除已登记专利将会剥夺 ANDA 申请人的 180 天市场独占期，这样会减少仿制药公司挑战已登记专利的积极性，这与 Hatch - Waxman 法案的立法宗旨相悖。因此，Ranbaxy 的 180 天市场独占期不应受专利消除登记的影响。该判决成立后，FDA 也改变了其原本的观点。

2008 年 7 月，FDA 在对仿制药公司 Cobalt 的降血糖药（Acarbose）ANDA 的决定函中提到，其同意 *Ranbaxy* 案的见解，即 NDA 持有人即使消除相关专利的登记，也不影响 ANDA 申请人可能取得 180 天市场独占期的机会。FDA 进一步指出，不限于在请求删除登记专利的反诉中，在任何时间点，NDA 持有人主动删除相关专利的登记都应当考虑该登记是否影响 180 天市场独占期的获得，或是否将因此剥夺已取得市场独占期的仿制药公司的权利，如果删除相关专利将影响第一个以第 IV 段声明提起 ANDA 申请者的 180 天市场独占期，该相关专利仍会保留至仿制药公司 180 天市场独占期到期为止。

FDA 将以该专利是否影响 ANDA 申请人取得 180 天市场独占期而进行是否消除登记的判断，如果该专利与 180 天市场独占期的取得无关，FDA 将消除已登记的专利；如果该专利将影响 ANDA 申请人 180 天市场独占期的获得，FDA 将不消除该专利，而是在橙皮书上"已要求删除登记"栏上添加 Y（Yes）标志，以表示该登记的专利已被要求删除。

# 第三章　专利声明

## 第一节　ANDA 的提出

在 Hatch – Waxman 法案出台前，出于药物安全性的考虑，不论是原研药还是仿制药，都必须经过临床试验不断确认药品的有效性与安全性。如此一来，市面上所能选择的药物自然相当少，即使是仿制药，其研发成本与原研药相比并无显著差距，而成本的相似也反映在药价上。在橙皮书制度建立后，仿制药公司可以借鉴橙皮书中原研药的专利信息，省去新药上市申请所进行的大规模临床试验，仅需证明仿制药与原研药具有相同的活性成分、相同的生产规程、相同的剂型、相同的规格和生物等效性，以较简易的程序加速其上市。此即 Hatch – Waxman 法案中的简化新药申请（Abbreviate New Drug Application，ANDA），大幅削减仿制药的试验成本并加速仿制药的上市审评。

按照《美国法典》第 21 编第 355（j）（2）（A）（vii）条的规定，仿制药公司提出 ANDA 申请时，须提出以下 4 种声明中一种：

第 I 段声明：橙皮书中未登记相关专利；

第 II 段声明：橙皮书上虽登记有相关专利，但已过期；

第 III 段声明：橙皮书上登记的相关专利尚在专利保护期内，但仿制药申请人声明在相关药物专利到期前不会上市销售；

第 IV 段声明：橙皮书上登记相关专利尚在专利保护期内，仿制药申请人主张该专利无效或其上市申请未侵犯相关专利权。

在仿制药公司提出声明后，仿制药即与原研药之间产生链接，橙皮书中所列专利是链接的基础。

### 一、橙皮书列表的查阅和专利声明的提出

橙皮书中列出了主张药物或药物使用方法的各种专利。橙皮书电子版本的网址为 http：//www. accessdata. fda. gov/scripts/cder/ob/index. cfm。通过搜索药品通用名或商

品名，可以查阅与该药物相关的专利。橙皮书电子版本还允许输入专利，以查看是否存在与该专利相关的药物。找到专利列表后，仿制药公司可以选择专利声明的类型。

## 二、ANDA 的提交时间

### （一）NCE 5 年市场独占期的影响

橙皮书不仅列出了相关专利，还指出了该药品是否属于新化学实体（NCE）或是否享有其他独占期。参考上市药物（RLD）在独占期方面的差异决定了何时可以提交和批准 ANDA。如果药物享有 NCE 的 5 年市场独占期，则直至 5 年市场独占期期满才能提交 ANDA。橙皮书列表明确标示了 NCE 5 年市场独占期的期满日期。

例如，对于药物利伐沙班，其 NCE 日期为 2016 年 7 月 1 日，即 5 年市场独占期的期满日期。通常来说，2016 年 7 月 1 日之前不能提交 ANDA，但如果提交的 ANDA 中包含至少一项第Ⅳ段声明，该声明针对的是橙皮书中所列的至少一项专利，那么可以在期满前一年提交 ANDA，也被称为 NCE-1，该案例中对应提交 ANDA 日期为 2015 年 7 月 1 日。如果 ANDA 中不包含针对至少一项专利的第Ⅳ段声明，则直至 2016 年 7 月 1 日才能提交 ANDA 申请。

如果在第 4 年（通常的 NCE-1 日期）时橙皮书中没有专利，则 ANDA 申请人需要随时查看橙皮书，以查看 NCE-1 至 NCE 期间是否有专利列入橙皮书中；如果有，则需要考虑是否对列出的专利提出第Ⅳ段声明。如果能，则 ANDA 可在此后立即提交。

假设某原研药的 NCE 5 年市场独占期于 2012 年 11 月 14 日期满，这意味着 NCE-1（第 4 年）为 2011 年 11 月 14 日星期一。截至 2011 年 11 月 14 日星期一，橙皮书中没有专利，因此，直到 2012 年 11 月 14 日（第 5 年）之前都不能提交任何 ANDA 申请。但仅一天后的 2011 年 11 月 15 日（星期二）公布了一项专利（美国专利在周二发布），并立即被列入橙皮书中。假设这是一项保护力较弱的专利，其涉及制剂。由于该项专利的列入，现在 ANDA 申请人具备提出第Ⅳ段声明的机会，ANDA 申请人可以自 2011 年 11 月 15 日（星期二）起提交 ANDA 申请，而不必等到 2012 年 11 月 14 日。如果 ANDA 申请人立即提交 ANDA 申请，并且是首位提交第Ⅳ段声明的 ANDA 申请人，则可能获得 180 天市场独占期。

因此，如果 NCE-1 日期临近时橙皮书中没有专利，这并不意味着没有提交 ANDA 的机会，ANDA 申请人应监视橙皮书和专利列表，以确认是否存在提交的机会。

如果 NCE 还享有儿科独占期，则 NCE 市场独占期将延长至 5.5 年，那么对于包含至少一项第Ⅳ段声明的 ANDA 申请，其 NCE-1 为 4.5 年。

### （二）NDF 3 年市场独占期的影响

如果药品享有的是 3 年市场独占期，例如新剂型（NDF）市场独占期，对于何时能提交 ANDA 并没有限制，但直至该 NDF 市场独占期期满，ANDA 申请才能最终获批。由于 3 年独占期的存在不会阻止 ANDA 申请的提交，只是影响最终获批日期，所以在参考上市药物的 NDA 获批并上市后，ANDA 申请人通常会在可行的情况下尽快提交 ANDA 申请。例如，左乙拉西坦 XR 是左乙拉西坦 IR 的后续产品，从理论上讲，2008 年 9 月 12 日 NDA 获批后（假设该品牌药物已实际销售）的任意时间都能提交 ANDA，但直至 NDF 3 年市场独占期，即 2011 年 9 月 12 日期满后才能最终获批。

## 三、FDA 内部工作机制

仿制药公司完成 ANDA 申请后将其提交给 FDA 的仿制药办公室（OGD）。OGD 收到 ANDA 申请后，由相关工作人员审核以确保相关章节均已完成，ANDA 申请已准备好待审评。随后，FDA 给申请人发送接收通知书，确定 ANDA 编号、提交日期和其他相关信息，这些信息对 ANDA 申请人至关重要。如果 FDA 认为申请缺少重要信息，无法开始审评，则 OGD 会发出拒绝受理通知书（RTF）或拒绝接收通知书（RTR），指出 ANDA 申请未完成。因此，即便 ANDA 申请人急于成为首位 ANDA 申请人，也要平衡 ANDA 申请的完整度和抢占 ANDA 申请日之间的关系。在进入 FDA 后，ANDA 申请被分到 OGD 内部各个审评部门，如（i）标签、（ii）CMC、（iii）生物等效、（iv）微生物、（v）临床和（vi）cGMP 符合审评等部门（见图 3 -1）。

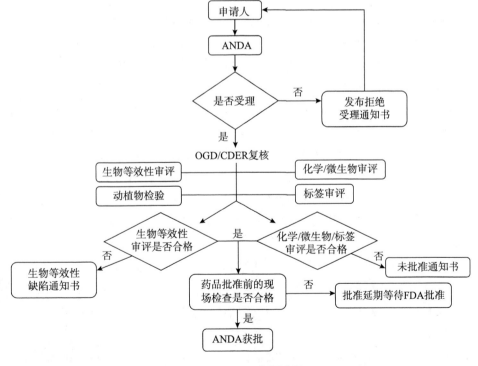

图 3 - 1　FDA 审评流程

## 第二节 专利链接的法律基础及专利声明

Bolar 例外与拟制侵权为 ANDA 申请和专利链接提供了法律基础。

### 一、Bolar 例外与拟制侵权

假设原研药公司拥有化合物专利，其保护期为自申请日起 20 年。通常来说，专利一旦到期，竞争立马加剧，仿制药公司可以合法地仿制。事实上，联邦最高法院判例也鼓励专利一旦到期，专利的主题就可以为公众所用，但这样可能会导致矛盾。专利持有人有权实施专利直至其到期，但对于仿制药公司而言，它必须对仿制药版本进行长达数年的开发，才有可能获得 FDA 批准。如果仿制药公司必须等到专利到期那天才能开始开发，那么它要获得 FDA 批准还需耗费数年。此时，虽然专利已到期，但数年后仿制药才能上市，这相当于延长了专利期。另外，如果仿制药公司在专利到期前数年开始开发产品，专利到期后获批，那么其在专利未到期前进行的开发将侵犯专利权。

*Roche Products Inc. v. Bolar Pharmaceutical Co. Inc.* 案❶中，联邦巡回上诉法院对以上情况进行了处理。该案中，Bolar 想要仿制 Roche 的药物，即开发仿制药版本。Roche 提起诉讼，认为 Bolar 在专利权有效期内无权仿制药物。Bolar 争辩，根据公共政策，应该允许出于开发目的在专利权有效期内仿制药品，这样专利一旦到期，仿制药就已准备好上市。尽管从公共政策角度非常有意义，但联邦巡回上诉法院还是拒绝了 Bolar 的请求。

1984 年，国会颁布 Hatch – Waxman 法案时，立法推翻了 *Roche v. Bolar* 案的结论。该法案创造了"安全港"豁免，在美国专利法第 271（e）（1）条中规定：在美国境内制造、使用、许诺销售、销售，或向美国进口专利产品，仅仅是为了根据规范制造、使用、销售药品或兽医用生物产品的联邦法律的规定用于研发或提供信息，则不构成专利侵权。在专利期内，为提交行政审批要求的信息而使用专利权的行为不构成侵权，即 Bolar 例外条款。这为仿制药公司尽早上市提供了法律依据。

但紧随 Bolar 例外其后的美国专利法第 271（e）（2）条规定：根据 FDCA 第 505（j）条或第 505（b）（2）条的规定提出申请，主张药品或药品的使用，如果申请的目的是在专利保护期届满之前，根据相关法律的规定，获得从事商业制造、使用或

---

❶ *Roche Products, Inc. v. Bolar Pharmaceutical Co., Inc.*, 733 F 2d 858, 221 U. S. P. Q. 937 (Fed. Cir. 1984).

销售由该专利权利要求所保护或禁止使用的药品、兽医用生物产品、生物产品的批准，则申请的提出构成专利侵权行为，即提交有药品专利和用途专利保护的药品的第 IV 段声明的第 505（j）条或第 505（b）（2）条申请则构成"拟制专利侵权行为"，从而引发专利链接问题。拟制侵权构成美国专利链接制度的权利基础，为专利权人或专利持有人向法院提起侵权诉讼提供了法律依据。

## 二、专利声明的种类

专利声明存在 4 种不同类型，即第 I ~ IV 段声明，针对橙皮书中列出的专利，ANDA 申请人必须在其提交的 ANDA 申请中作出其中任一种声明（见图 3 – 2）。

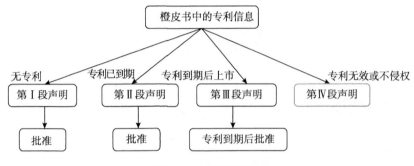

图 3 – 2　专利声明类型

仿制药是否获得上市许可，除了考虑药品本身的疗效和安全性外，亦取决于其是否有专利侵权的风险。在 FDA 的审查权限和范围下，由于第 I 段声明无相关专利登记在橙皮书上，FDA 无须从形式上审查仿制药的上市申请是否有侵权风险。至于第 II 段声明，由于相关专利已过保护期，没有侵权风险，只要该仿制药的安全性和疗效获得 FDA 认可并符合相关申请程序，FDA 将直接批准；至于第 III 段和第 IV 段声明，均属于相关专利仍在保护期内提出 ANDA 申请。这两种声明的差异在于，提出第 III 段声明的仿制药虽然获得 FDA 的"暂时许可"，但仍需等到专利到期后方能获得 FDA 的"最终许可"上市销售。因此仿制药公司和原研药公司之间也不会产生如第 IV 段的侵权争议。

至于第 IV 段声明，由于仿制药公司主张专利无效或未侵犯专利权，其上市申请提出之时即开始对原研药公司专利权的挑战。ANDA 申请人需在收到 FDA 受理通知的 20 天内通知专利权人和 NDA 持有人（可能相同也可能不同），详细陈述专利无效和/或不侵权的事实和法律理由。在专利权人或 NDA 持有人得知仿制药公司提出第 IV 段声明并于接获通知函 45 天内提出专利侵权诉讼，则该仿制药的上市许可程序将自专利权人或 NDA 持有人收到仿制药公司通知之日起算自动停止 30 个月，以待法院作出决定，继而确认该仿制药是否侵权。如果专利权人或 NDA 持有人在 45 天内未提起诉讼，FDA 即可批准 ANDA 申请，但是 ANDA 上市后专利权人仍可以起诉侵权，仿制药公司还是要赔付对方由于侵权带来的经济损失。因此，2003 年的 MMA 法案规定，如果专利持有人 45 天内未起诉，仿制药公司可以向法院提出不侵权之诉（Declaratory Judgement Action），要求专利权人或药品 NDA 持有人确认侵权与否，要么起诉，要么确认没有侵权。经过"不侵权之诉"后，专利权人即丧失日后起诉的权利。为了在保障原研药公司权利与鼓励仿制药提前上市的政策间取得平衡，首家或多家最先在同一天针对橙皮书中至少一项专利提出第Ⅳ段声明的仿制药公司，在美国联邦法院获得胜诉判决或与原研药公司达成和解等专利挑战成功后，即可获得 180 天市场独占期的权利。如果仿制药申请人获得专利权人的专利许可，申请人应当提交对该专利第 Ⅳ 段声明，必要时还需提交专利权人的书面授权说明。第Ⅳ段声明流程如图 3 - 3 所示。

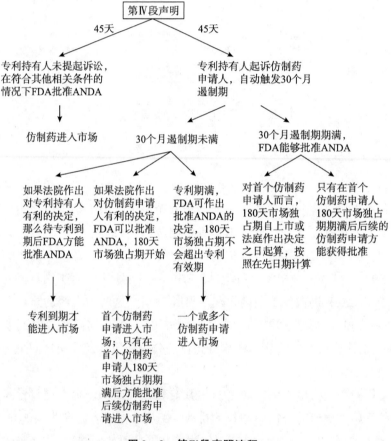

图 3 - 3　第Ⅳ段声明流程

# 第三节　第Ⅳ段声明和通知函

如果申请人向 FDA 提交的 ANDA 申请中含第Ⅳ段声明，则 ANDA 申请人也需要向专利权人或专利持有人发出相应的通知函。

Hatch-Waxman 法案中仿制药批准流程的关键在于围绕第Ⅳ段声明对专利进行审评。通知函与所列专利、信函的内容和充分性，收件人，送达方法和时间均有关。最好是在通知函发出当天再次查看橙皮书列表，以确认是否针对所有相关专利进行声明和通知。

## 一、通知函的细节

### （一）确定通知函中的专利

橙皮书中列出了可能具有第Ⅳ段声明的相关专利，ANDA 申请人无须针对所有列出的专利作出声明，可以选择性地针对部分专利作出第Ⅳ段声明，因此通知函需确定第Ⅳ段声明所针对的专利。需注意两个重要的术语——声明和通知。在业内，术语"第Ⅳ段声明"中的"声明"实际上指的是 ANDA 申请中提交给 FDA 的声明。将声明提交给 FDA，指出第Ⅳ段声明所针对的专利并非障碍，ANDA 申请将最终获批。"通知函"中的"通知"实际上是提供给原研药公司的信函，阐述专利未侵权或无效。因此，ANDA 声明页实际上是简单确认橙皮书专利和确认相关专利声明的页面。但通知函却是一封详细的信函，阐述专利未侵权和/或无效的理由。

通知函相关法规仅要求 ANDA 申请人列出具有第Ⅳ段声明的专利。尽管橙皮书中列出了多项专利，但通知函中仅涉及含第Ⅳ段声明的专利。除非所有专利都与第Ⅳ段声明相关，否则无须确认橙皮书中的所有专利和相关声明。话虽如此，但谨慎的做法是将橙皮书中所有专利简单列成一列，仅确认含第Ⅳ段声明的专利。这样一来，ANDA 申请人就可以有效追踪 ANDA 申请提交时橙皮书中列有哪些专利，哪些专利具有第Ⅳ段声明，以及如果发生诉讼，可以基于什么理由对哪些专利提出诉讼，对哪些专利不提出诉讼，或者橙皮书专利中哪些是起诉或未起诉的 ANDA 专利。案例 1 如表 3-1 所示。

表3-1　确认所有专利但仅标示含第Ⅳ段声明的专利（案例1）

| 橙皮书专利 | 失效日期 | 第Ⅳ段声明相关 |
|---|---|---|
| US2222222 | 2014-05-24 | 不相关 |
| US3333333 | 2015-05-25 | 第Ⅳ段声明 |
| US4444444 | 2016-05-26 | 不相关 |

在案例1中，ANDA申请人在通知函中列出了3项橙皮书专利，但仅标示了具有第Ⅳ段声明的专利。因此，通知函的收件人不确定ANDA申请人是否对其他专利提交了第Ⅲ段或Section viii声明（视情况而定）。列出专利但仅提供第Ⅳ段声明状态，如此操作有利于ANDA申请人的检查（见表3-2）。

表3-2　仅确认橙皮书中含第Ⅳ段声明的专利（案例2）

| 橙皮书专利 | 失效日期 | 相关第Ⅳ段声明 |
|---|---|---|
| US3333333 | 2015-05-25 | 第Ⅳ段声明 |

在案例2中，收件人收到的通知函中仅列出一项专利，不确定ANDA申请人对其他两项专利有何打算。但是ANDA申请人本人需检查橙皮书专利和声明，以确保所有相关专利都已列出并送达。

实际操作时，在通知函的"Re：/Subject"一行中，应明确指出该通知函是第Ⅳ段声明通知函，并列出声明针对的专利。将药品的品牌名称或通用名称也放在"Re：/Subject"行中。这样，ANDA申请人很快就能知道针对何种药品的通知函已发出以及其中引用了哪些专利，继而避免申请人后续需重新查阅通知函来回忆声明所针对的专利。

## （二）通知函的内容

按照《美国法典》第21编第355（j）（2）（B）（iv）条的规定，通知函必须包含各种必填信息。《美国联邦法规》第21编第314.95（c）条则包含更多要求，其中规定通知函必须包括：

（1）需引用第355（j）（2）（B）（ii）条；

（2）声明FDA已经收到申请人提交的包含必要生物利用度或生物等效性数据或信息的简化新药申请；

（3）ANDA编号；

（4）拟定药品的确定名称（即仿制药名）；

（5）拟定制剂的活性成分、规格和剂型；

（6）提交第Ⅳ段声明所针对专利的专利编号和失效期；

（7）详细说明为何认为相关专利未侵权、无效或不可执行的事实和法律依据；

（8）如果 ANDA 申请人不是美国公司，则应包含申请人授权接受相关服务的在美国境内的代理人的姓名和地址。

关于药品的确定名称，确认品牌药及其 NDA 编号很有必要。这样可以明确 ANDA 申请所引用的品牌药。考虑到可能出现针对不同规格或剂型列出不同专利的情况，申请人仅简单提及药物名称是不够的。

至于详细说明，一般仅概述所依据法律的相关部分。例如，如果非侵权理论依据的是权利要求构建理论（Claim Construction Theories），则法律声明应参考相关判例。对于无效宣告理论，应说明法律先例。关于事实陈述，应提供足够的信息，将事实与法律论据相结合。

对于所讨论专利的历史文件（file history），并非必须包含在内。除非引用了历史文件或将历史文件用于支持某个论点，否则无须提及历史文件。

## （三）通知函的详细说明

关于详细说明中是否应该全面分析争论点的所有细节，不同人有不同的看法。部分人认为，简要陈述即符合法规要求。在 *Minnesota Mining & Mfg.（3M）v. Barr Labs* 案❶中，联邦巡回上诉法院指出，Barr 的通知函不够详尽，但简短陈述就足够，可以被接受。3M 辩称，不够详尽的陈述是 Barr 在知道 Barr 会获胜的情况下试图"欺骗"3M 提起诉讼的诱饵。联邦巡回上诉法院认为，3M 不能对通知函的充分程度提出质疑，因为依据法规这被视为个人诉权，不允许质疑。

一些原研药公司认为"详细说明"不够充分，因为其中没有包括对每项权利要求的讨论。通常当 ANDA 申请人声称不侵犯独立权利要求时，根据定义其也不侵犯从属权利要求，因此不会对从属权利要求进行讨论。目前并未强制规定对于通知函中详细说明的要求。最好的做法是遵守法规规定，在通知函中提供专利无效或不侵权方面足够充分的信息。应当指出的是，尽管通知函中详细说明了第 IV 段声明的各种事实和法律基础，但后续诉讼并不限于通知函中所列的这些方面。但通知函涉及的法律理论与后续诉讼涉及的法律理论之间的显著偏差，可能会增加故意侵权的可能性。

## （四）无法列出的权利要求的详细陈述

如前所述，基于专利是否主张基础药物，仅某些专利可被列入橙皮书中，有些专利则无法被列入橙皮书中。那么，如果所列专利包含不适合列入橙皮书的权利要求时，该如何提出声明。例如，纯工艺专利不在橙皮书中列出。假设一项专利包含

---

❶ *Minnesota Mining And Mfg. Co. v. Barr Laboratories, Inc.*, 289 F. 3d 775, 782, 62 U. S. P. Q. 2d 1609 (Fed. Cir. 2002).

一组剂型权利要求（可清楚列出）和一组工艺权利要求（无法列出）。通知函中是否必须包含针对工艺权利要求未侵权或无效的详细说明？答案是否定的，即便某些原研药公司可能认为必须针对相关专利的所有权利要求进行详细说明。

## （五）通知函的形式和详细说明

通知函有不同的形式。有些通知函为信件形式，包含所需著录信息（bibliographic information），通常为 1 ~ 2 页。该信函上会有署名，包含作为附件的详细说明。有些通知函被起草为一封长信，详细说明作为正文的内容。

实际操作中，最好将详细说明作为通知函正文的一部分，这样收件人就无法声称只收到通知函部分，而未收到详细说明部分。

## （六）通知函的保密性

由于第Ⅳ段声明通知函详细阐述了争论点，例如对于未侵权专利，该信函本身可能泄露制剂、试验数据、拟定仿制药生产相关细节等方面的专有信息，因此通知函属于机密信息。为此，最好加一段文字，警告收件人该信函的内容属于机密和商业秘密，申诉时附上通知函将因非法披露商业秘密而可予以起诉。对于其他 ANDA 申请人而言，ANDA 申请人的通知函是非常有价值的信息。如果将通知函附在法庭文件中（无须加盖印章），则意味着将信息公开给其他公司，它们可能抢先开发竞争性仿制药。如果通知函中包含剂型、工艺步骤等信息，则尤其如此。因此，原研药公司不会通过发布通知函的方式获益，这将导致更多的仿制药公司与原研药公司竞争。最后，由于通知函中的信息为机密信息，公开披露该信息构成对信息的盗用，也可能使原研药公司受到州商业秘密法和联邦经济法的处罚。

谨慎的做法是在通知函上盖保密印章，仿制药公司必须保持警惕，以保护其信息免遭公开。当通知函中包含仿制药公司产品的保密信息时，原研药公司更倾向于将该信息用于阻止仿制药在 FDA 处获批。如果专利诉讼本质上对原研药公司不利，原研药公司将在 FDA 批准层面上加以干预，以试图阻止仿制药竞争。原研药公司会尝试两种策略：（i）诉讼延迟；（ii）FDA 批准延迟，以阻碍仿制药竞争。原研药公司可能会尝试以公民请愿（公民请愿书允许当事方向 FDA 提交相关信息以供其考虑❶）的名义将信息发送给 FDA。

## （七）通知函的发送方式

法规未指明通知函的发送方式，《美国联邦法规》第 21 编第 314.95（a）条则提供了更多细节。首先规定，通知函需通过挂号信的形式发送，这意味着信函需通

---

❶ *Biovail Laboratories, Inc. v. Anchen Pharmaceuticals, Inc.*, 463 F. Supp. 2d 1073.

过美国邮政服务送达。通过挂号信的形式发送可以确保发件人已发送、接收并且发件人已收到送达证明。通过挂号信发送的问题是，信件送出后，收件人通常没有寄回送达证明或邮递员没有获得签名卡片。也就是说，没有交付或接收的证明。美国邮政总局允许通过跟踪号进行在线跟踪，因此，网站打印件足以说明信函已及时送达。为了确保服务贴切，FDA 也允许私人快递递送，特别是收件人在国外的情况，但 ANDA 申请人需事先获得 FDA 批准才能通过私人快递递送。如果法规的目的是获得送达证明，则应通过多种途径送达（例如，将副本传真给收件人，随后再硬拷贝送达）。原研药公司可通过传真、电子邮件、私人快递而不仅仅是挂号信的方式收到通知函。记录好信函的发送日期、接收日期和签收人至关重要。因为自通知函接收日起 45 天内原研药公司可提出诉讼，错过这 45 天可能导致严重后果。

## （八）通知函的发送对象

《美国法典》第 21 编第 355（j）（2）（B）（iii）条规定，通知书必须发送给：（i）专利的每个权利人（或其代表）；（ii）NDA 持有人（或其代表）。《美国联邦法规》第 21 编第 314.95（a）（1）～（2）条则增加了更多细节。对于专利权人，ANDA 申请人仅向专利所列专利权人发送通知函是不够的。ANDA 申请人应检索美国专利商标局的分配数据库（http：//assignments. uspto. gov/assignments/？db＝pat），确认谁是最新登记的权利人。真正的问题在于，专利权人可能没有在 USPTO 网站上更新记录。那么 ANDA 申请人只能将通知函发送至专利所列专利权人处，它们可能都不是新的权利人。例如，辉瑞公司在过去 10 年中收购了许多公司，包括 Warner Lambert、GD Searle 和 Pharmacia Upjohn 等。这些公司名称可能存在于专利首页，但是专利上印的收件人已不复存在。如果辉瑞公司（或其他原研药公司）没有更新 USPTO 分配数据库中的记录，则 ANDA 申请人被迫将通知函发送至可能是"旧"的地址和"旧"的收件人。对于原研药公司而言，问题在于，如果将信函及时发送到"旧"地址，则信函可能需花费数周的时间才能回到总部，但 45 天的期限不变。如果原研药公司超过 45 天才提起诉讼，那并不是 ANDA 申请人的错。

法规还要求将通知函发送给 NDA 持有人。这个问题非常简单，因为原研药公司需通知 FDA 接收通知函的正确地址。随着 FDA 进一步实现自动化操作，如果 FDA 在其网站上公布 NDA 持有人的姓名和地址，对各方都将非常有益。与 NDA 持有人相关的问题在于 NDA 持有人不同于商业销售公司。也就是说，公众可能认为销售公司就是 NDA 的持有者，但情况可能并非如此。法规要求通知的为 NDA 持有人。出于职业礼貌，ANDA 申请人也可以将通知函发送给销售合作伙伴。

NDA 持有人和专利权人的另一个问题在于公司为外国公司的情况。法规规定，ANDA 申请人仅需通知美国国内的 NDA 持有人或授权代表。无须向其他国家的"真实"NDA 持有人发送通知函。但美国国内规定不适用于专利权人，因此 ANDA 申请人仍需将通知书发送给外国专利权人。

由于 45 天期限是从最后一位接收者收到通知函后第一天开始的,如果原研药公司在 45 天窗口期内提起诉讼,则它将自动获得 30 个月的遏制期,其间 ANDA 申请无法获批。

## (九) 通知函的发送时间

通知函发送的基本前提是:ANDA 申请已足够完整使 FDA 可以开始审评,并且 FDA 已为其分配 ANDA 编号。FDA 通过发送接收通知书来通知 ANDA 申请人。ANDA 申请提交后,FDA 可能要花费数周或数月的时间对文件进行检查并发送接收通知书。这表示 ANDA 申请已接收待审评。在实际提交 ANDA 申请后数周或数月发出该通知,赋予 ANDA 申请原始提交日期中的推定提交日期。

通知函发出时间有两种不同的情况。第一种是最初提交的 ANDA 申请含第Ⅳ段声明。在这种情况下,ANDA 申请人不知道编号,或者提交的 ANDA 申请是否被接收,所以无法发出通知函。在收到 FDA 接收通知书后,ANDA 申请人有 20 天的时间发出通知函。总体上看,这是最常见的通知函发出时间,因为大多数 ANDA 申请在提交时都含第Ⅳ段声明。第二种情况下,原始 ANDA 申请提交后才作出第Ⅳ段声明。当 ANDA 申请人针对橙皮书中新出现的专利进行声明时,或者申请人将先前的声明改为第Ⅳ段声明时,通常会发生这种情况。在这两种情况下,由于 ANDA 申请已归档,并且原始的接收通知书中已标明其编号,《美国法典》第 21 编第 355 (j) (2) (B) (ii) (Ⅱ) 条规定,ANDA 申请人作出新声明时必须发出通知函。也就是说,当 ANDA 申请人修改 ANDA 申请的声明以作出新的第Ⅳ段声明时,通知函也必须在同一天发出。

## (十) 通知函的提前发出

提前发出第Ⅳ段声明通知函具有显著优势,可以开始诉讼和启动 30 个月的遏制期。这是因为 30 个月遏制期依据的就是通知函的接收日期。在一些判例中,法院否定了过早发送第Ⅳ段声明通知函的做法。法院拒绝 ANDA 申请人通过提前发送通知函触发诉讼的企图,并指出 ANDA 申请已被 FDA 正式接收待审评是先决条件。

在涉及磷酸卡维地洛 ER 的 *SB Pharmaco v. Mutual* 案❶中,地方法院驳回了一项不侵权之诉,在 FDA 正式接受 ANDA 申请进行实质性审评之前,ANDA 申请人 Mutual 抢先向专利权人发出通知函。可能是 Mutual 希望发出通知函以促使专利权人起诉专利侵权,继而将 30 个月遏制期的启动日定为通知函发出日期。但是专利权人识破了该计谋,并成功地导致该案被驳回。因此,FDA 正式接收 Mutual 提交的 ANDA 申请并进行审评时,Mutual 将不得不重新发出通知函,将在后的日期定为 30

---

❶ *SB Pharmco Puerto Rico, Inc. v. Mutual Pharmaceutical Co. Inc.*, 552 F. Supp. 2d 500, 508.

个月遏制期的开始日期。

总之，如果 ANDA 申请是新提交的，则在收到 FDA 接收通知书后的 20 天内发送通知函；如果 ANDA 申请已归档，则在 FDA 声明修改的当天发出通知函。

### （十一）通知函状态的更新

FDA 需掌握通知函的状态以及是否已提起诉讼，因为如果在 45 天期限内提起诉讼，则 FDA 会自动禁止批准 ANDA 申请。

首次发出通知函时，ANDA 申请人需更新 FDA 掌握的状态，显示通知函已发出。当送达证明返回给 ANDA 申请人时，ANDA 申请人需通知 FDA 信函已送达。如果原研药公司在 45 天之内提起诉讼，继而获得 30 个月遏制期，则申请人需通知 FDA 诉讼情况，向其发送诉讼副本并指明法院和诉讼日期。如果原研药公司也会将其起诉 ANDA 申请人的情况通知 FDA，则申请人可以放心。

## 二、第 IV 段声明的细节

### （一）第 IV 段声明的追踪

通常来说，仿制药公司不一定是首位 ANDA 申请人。出于策略考虑，在后的 ANDA 提交者都想知道品牌药是否正在受到第 IV 段挑战，以及含第 IV 段声明的 ANDA 申请是何时提交的。

FDA 会在其网站（http：//www.fda.gov/cder/ogd/ppiv.htm）上提供此类信息。FDA 网站上可以追踪含第 IV 段声明的特定品牌药，还可以追踪含第 IV 段声明 ANDA 申请的提交日。这些信息都非常有用，因为可以了解 ANDA 申请人哪些产品正在接受挑战，哪些仍可以挑战，更重要的是，哪些产品仍可能具有首次申请/180 天市场独占的机会。但 FDA 网站未指明是谁先提交的 ANDA 申请。有关谁最先提交的数据可能有其他来源，例如后续诉讼，监视已知竞争对手的网站以查看是否发布新闻稿或新闻公告，或者监测原研药公司或相关仿制药公司的 SEC 存档，看看这些 SEC 存档是否能表明谁可能在何时何地做了什么。

如果 ANDA 申请人想知道自己是否是最先提交，可以检查 FDA 网站，并将其 ANDA 申请提交日期与网站上的日期进行比较。如果相同，则该 ANDA 申请人知道它是唯一提交的申请人，或者至少与其他申请人在同一天提交。FDA 网站未指出同一天还有多少提交者。作为推断，如果 ANDA 申请提交日期与随后在 FDA 网站上发布的日期不符，则申请人知道其他公司在先向 FDA 提交了申请。

### （二）第 IV 段声明列表

FDA 定期发布仿制药 180 天市场独占期的相关信息，协助仿制药公司准备其申请，FDA 承诺提高 ANDA 申请审评效率，其最终目标在于提供更多高质量、低成本的仿制药。此列表记录的是向 FDA 提交过第Ⅳ段声明并且 ANDA 申请已完成的药品。起初，该列表包括药品名称、剂型、剂量、参考上市药物（RLD）/新药申请（NDA）数量，自 2004 年 3 月 2 日起需提供首次完成 ANDA 申请的日期。2019 年 6 月 18 日起，第Ⅳ段声明列表更新后包含以下药品信息：

➤ 活性药物名称

药物活性成分的确定名称（非专有名）。

➤ 剂型

➤ 剂量

➤ 参考上市药物（RLD）名称和新药申请（NDA）数量

反映 RLD 的专有名和 NDA 数量。

➤ 首份第Ⅳ段声明的提交日期

该栏表示含第Ⅳ段声明完整申请的首次提交日期，该声明针对的是橙皮书所列 RLD 的至少一项专利。首份第Ⅳ段声明的提交日期可能对应于原始 ANDA 申请、未批准 ANDA 申请修改、已批准 ANDA 申请增补的提交日期。

列表"首份第Ⅳ段声明的提交日期"栏有"pre‐MMA"的药品应受 MMA 法案修订前生效的 FDCA 的约束。按照 pre‐MMA 法案，确定 180 天市场独占期资格需要"逐个专利"分析，因此列出相关提交的各个日期是不切实际的。

➤ 可能的首个申请人提交 ANDA 申请的数量

该栏表示首次提交声明时含第Ⅳ段声明的完整 ANDA 申请数量，该声明针对的是橙皮书所列 RLD 的至少一项专利。例如，如果审批机构同意重新考虑 FDA 拒绝的相关 ANDA 申请请求，则 FDA 可能会随时间调整该数字。此栏与目前已有多少潜在竞争者有关，但随着更多竞争者的加入和 FDA 的更新，其数量会有所增加。

➤ 180 天决定状态

此栏表示 FDA 是否已针对药品 180 天市场独占期资格作出决定（或已延迟）。具体而言，此栏表示是否：①FDA 批准至少一名首次申请人的 ANDA 申请并在批准时认为首次申请人的药品有资格获得 180 天市场独占期（"合格 eligible"）；②FDA 批准一名首次申请人的 ANDA 申请，但在批准时未作出药品是否有资格获得 180 天市场独占期的决定（"推迟 Deferred"）；③在没有发现丧失权利的情况下，FDA 仅根据首次申请人的 180 天市场独占期资格临时批准一名后续申请人的 ANDA 申请（"不丧失 Non‐Forfeiture"）；④FDA 确定 180 天市场独占期已终止，例如所有首次申请人均丧失或自愿放弃 180 天市场独占期（"终止 Extinguished"）。

在某些情况下，"180 天决定状态"可能反映 FDA 在某个时间点作出不丧失权利决定，例如，依照提交后 30 个月内获得批准或临时批准相关的法律规定不丧失权利（在 30 个月遏制期内未获得最终授权），继而根据新事件确定首次申请人丧失独占期资格。如果 FDA 没有作出上述任何决定，则此栏将为空白。该栏是累积的，最近的决定将最先反映出来。

对于某些需要 FDA 分析的 180 天市场独占期决定，包括在 30 个月内未获得批准和未上市的，FDA 习惯在有资格获得批准的特定 ANDA 申请背景下作出决定（当首位申请人的 ANDA 申请或后续申请人的 ANDA 申请准备批准时）。在准备批准申请时许多因素都可能影响独占性资格（例如，专利到期、未在 30 个月内获得临时或最终批准、ANDA 申请撤回），因此过早给予资格不合适。

考虑到获得证书后 75 天内未上市销售，提出 ANDA 申请后 30 个月已取得证书却未上市、撤回、修改附有第Ⅳ段声明的 ANDA 申请，与其他药厂签订违反公平交易秩序的约定，第Ⅳ段声明所针对的专利到期（相当于第Ⅲ段声明）等皆会导致仿制药公司丧失 180 天市场独占期，因此 FDA 明确记录"180 天决定状态"对仿制药公司影响重大。

➢ 180 天决定发布时间

此栏表示 FDA 更新第Ⅳ段声明列表的年份和月份，继而反映出相应的 180 天决定状态。该栏是累积的，最近的决定将最先反映出来。

➢ "首次申请人"ANDA 的首次获批日期

此栏表示首次申请人所提交 ANDA 申请获得最终批准的时间。如果有多位首次申请人，就只记录第一次获得批准的日期。

➢ 首次商业销售日期

此栏反映了任何首次申请人进行首次商业销售的日期。此栏与"首次申请人"ANDA 申请首次获批日期一起，提供了首次申请人 ANDA 申请获批日期与首次申请人开始商业销售日期之间的时间范围。

需要注意的是，如果确定一项 ANDA 申请有资格获得 180 天市场独占期，则当任何首次申请人开始商业销售时，橙皮书都会在"独占期数据"部分中发布专利挑战（PC）码，仅给有资格享有 180 天市场独占期的获批 ADNA 申请，用于表示 180 天市场独占期的到期日。如果该机构推迟决定获批 ANDA 申请是否有资格获得 180 天市场独占期，则橙皮书中不会登记该 ANDA 申请的 PC 码。首次申请人提交 ANDA 申请的批准函被放在 Drugs@FDA 网站上。

➢ 专利的最后到期日

此栏列出的为任何首次申请人获得指定药品 180 天市场独占期对应专利的最后到期日。此栏表示何时由于专利到期而不再享有 180 天市场独占期。

如果在第一天提交多个申请，则将发布所有提交中至少具有一项第Ⅳ段声明的专利。例如，如果申请人 1 拥有针对专利 A、B、C 的第Ⅳ段声明和针对专利 D、E、F 的第Ⅲ段声明，但申请人 2 拥有针对专利 A、B、D 和 E 的第Ⅳ段声明和针对专利 C、F 的第Ⅲ段声明，那么由于 A、B、C、D 和 E 每项专利都有第Ⅳ段声明，因此到期日是指它们中最后到期的时间，将被发布在第Ⅳ段声明列表中；到期日只会发布一个。专利 F 的到期日不会被考虑，因为两位申请人都具有针对该专利的第Ⅲ段声明（见图 3 - 4）。

Paragraph IV Patent Certifications
March 10, 2020

| DRUG NAME | DOSAGE FORM | STRENGTH | RLD/NDA | DATE OF SUBMISSION | NUMBER OF ANDAs SUBMITTED | 180-DAY STATUS | 180-DAY DECISION POSTING DATE | DATE OF FIRST APPLICANT APPROVAL | DATE OF FIRST COMMERCIAL MARKETING BY FTF | EXPIRATION DATE OF LAST QUALIFYING PATENT |
|---|---|---|---|---|---|---|---|---|---|---|
| Abacavir Sulfate | Tablets | 300 mg | Ziagen 20977 | 1/28/2009 | 1 | Eligible | 2/11/2020 | 6/18/2012 | 6/19/2012 | 5/14/2018 |
| Abacavir | Oral Solution | 20 mg/mL | Ziagen 20978 | 12/27/2012 | 1 | Eligible | 2/11/2020 | 9/26/2016 | 9/15/2017 | 5/14/2018 |
| Abacavir Sulfate, Dolutegravir and Lamivudine | Tablets | 600 mg/50 mg/300 mg | Triumeq 205551 | 8/14/2017 | 5 | | | | | 12/8/2029 |
| Abacavir Sulfate and Lamivudine | Tablets | 600 mg/300 mg | Epzicom 21652 | 9/27/2007 | 1 | Eligible | 2/11/2020 | 9/29/2016 | 9/29/2016 | 5/14/2018 |
| Abacavir Sulfate, Lamivudine and Zidovudine | Tablets | 300 mg/150 mg/300 mg | Trizivir 21205 | 3/22/2011 | 1 | Eligible | 2/11/2020 | 12/5/2013 | 12/17/2013 | 5/14/2018 |

图 3 - 4    第Ⅳ段声明示例

第Ⅳ段声明列表的更新可以提供更多有用的信息，帮助仿制药公司更精准地作出决定，引导其发展方向，为研发提供支持。

### （三）第Ⅳ段声明和通知函的更新

假设橙皮书专利主张某种特定剂型。在仿制药开发中，仿制药公司围绕剂型进行设计以避免专利侵权。在提交第Ⅳ段声明和通知函后，如果仿制药公司被起诉，在开发过程中，仿制药公司得知其所设计的剂型不稳定，而且制造成本很高，那么仿制药公司能否在诉讼期间秘密更改剂型，是否可以向 FDA 提交 ANDA 申请补充文件，而不告知原研药公司。在预审阶段，原研药公司可能会得出不再侵权的结论，中止诉讼。如果仿制药公司将剂型更改为专利中主张的剂型，或者如果仿制药公司将剂型更改为与专利剂型相差更大时，如何处理会更好？

根据 1986 年的 Parkman Letter❶，如果 ANDA 申请人对药品作出更改，必须通知原研药公司，但通知原研药公司是否（i）需要提交新的第Ⅳ段声明通知函，（ii）提出新的诉讼，触发新的 30 个月遏制期，（iii）撤回先前已给予独占期的第Ⅳ段声明，因此可能丧失 180 天市场独占期，或者（iv）导致未决诉讼（如果有，则被视为在延长的 30 个月遏制期内缺乏合作），则尚不明确。而且 Parkman Letter 缺乏法律效力，它只是 FDA 某任部长的观点。

## 第四节    Section viii 声明

《美国法典》第 21 编第 355（j）（2）（A）（vii）条中定义了 4 种专利声明，随

---

❶ UPADHYE S. Generic Pharmaceutical Patent and FDA Law [M]. Thomson Reuters, 2016.

后在第 355（j）（2）（A）（viii）条中规定：如果根据第（b）款或第（c）款提交的保护第（i）项所述参比制剂的用途专利，未涵盖该申请寻求批准的药品用途，即该申请的药品用途不落入该用途专利的保护范围，那么申请人需对此提交一份声明进行说明，即 Section viii 声明。

## 一、相关概念

### （一）专利用途代码

橙皮书的登记信息中，只要是登记使用方法专利，会同时一并登记专利用途编号，用于区分药品适应证，例如 U－1 为避孕，U－155 治疗勃起功能障碍。

橙皮书中列出的西地那非专利数据如表 3－3 所示，其中公开号 US5250534 的专利主张西地那非化合物及其治疗心绞痛或高血压的用途，公开号 US6469012 的专利主张西地那非治疗勃起功能障碍的用途。

表 3－3　西地那非专利数据

| 申请号 | 公开号 | 有效期 | 主张药物 | 主张制剂 | 用途代码 |
|---|---|---|---|---|---|
| US020895 | US5250534 | 2012－03－27 | | | |
| US020895 | US6469012 | 2019－10－22 | | | U－155 |

如果一家仿制药公司希望研发西地那非的仿制药，申请人需确定它是否可通过争辩未侵权、无效或不可执行来挑战 US5250534 专利。如果可以，申请人可针对该专利提出第Ⅳ段声明。同样，该公司还可以决定是否挑战 US6469012 专利，提交第Ⅳ段声明。如果无须挑战，则申请人直接针对上述两项专利提出第Ⅲ段声明即可。此时，FDA 可以开始对 ANDA 申请的审评，但直至第Ⅲ段声明所针对的专利均到期（该案为 2019 年 10 月 22 日）才可以批准 ANDA。如果每家仿制药公司都提出含第Ⅲ段声明的 ANDA，则至少在 2019 年 10 月 22 日前没有仿制药获批。如果有申请人挑战 US6469012 专利，则申请人可针对化合物专利提交第Ⅲ段声明，针对使用方法专利提交第Ⅳ段声明。此时，无论针对 US6469012 专利的第Ⅳ段诉讼情况如何，FDA 至少要等到 2012 年 3 月 27 日 US5250534 专利到期时，才能最终批准 ANDA。

### （二）仿制药的使用标签

1984 年出台的 Hatch－Waxman 法案规定，仿制药的使用标签必须与原创药的使用标签一致。2003 年出台的 FDCA 第 505（j）（2）（A）（viii）条对原来 Hatch－Waxman 法案中要求仿制药的使用标签与原研药一致的规定作了修改：ANDA 申请人可以提出 Section viii 请求，要求 FDA 在使用说明书中删除处于专利保护状态的用途代码，保留非专利保护用途。2012 年 *Caraco v. Novo Nordisk* 案的判决中，联邦最高法院不但更加明确和强化了 Section viii 的合法地位，而且给予仿制药公司在专利诉讼状态下质疑或要求 FDA 修改或撤销橙皮书登记专利的"反诉权"。

若仿制药公司针对使用方法专利提出声明，即声明该申请上市许可仿制药的用途/适应证与原研药公司登记于橙皮书上的使用方法专利不同而无侵权问题。由于提出 Section viii 声明的仿制药不涉及专利侵权争议，所以只要符合相关申请程序规定，FDA 审查完毕后立即许可该仿制药上市。

比如在西地那非案中，如果 ANDA 申请人想在 US5250534 专利到期后上市，抢占市场份额，而不是等到 7 年后 US6469012 专利到期后再上市，那么它可以提出 Section viii 声明，要求 FDA 在使用说明书中剔除用途代码 U – 155，保留治疗心绞痛或高血压的用途。由于 US5250534 专利已到期，不存在专利纠纷，常规审查后即可上市，上市时间显著提前。

## 二、各种情形下的剔除方式

### (一) 剔除受专利保护的使用方法

如果橙皮书中列出一项专利，涉及使用该药物治疗疾病 X 的方法，但仿制药公司不希望就该疾病 X 获得 ANDA 批准时该怎么处理？当品牌药有多种适应证但仿制药公司只想针对其中一种适应证获得批准时，常常会出现这种情况。因此，即使品牌药标签涵盖所有适应证，仿制药公司也可以从其标签中剔除某些适应证，通过 Section viii 声明即可实现。与第Ⅳ段声明不同，Section viii 声明不需要通知原研药公司。由于不需要通知原研药公司，所以 Section viii 声明通常不会触发诉讼。Section viii 声明可用来剔除标签上真实的适应证，或者可用来剔除橙皮书中未正确列出的使用方法专利（非标签）。也就是说，当所列专利主张治疗疾病的方法且该用途已获批时，Section viii 声明可用于剔除该用途；当所列专利主张已获专利保护的疾病的治疗方法，且该用途未获批时，Section viii 声明可用于"移除"该用途。这是与用途代码相关的地方，因为已获专利保护的使用方法和已批准用途之间几乎相对应。由于 Section viii 声明可以从仿制药标签中剔除用途，或将适应证从标签上剔除，常被称为"瘦版标签"。

请注意，即使 Section viii 声明剔除受专利保护的使用方法，但这不等同于说不允许原研药公司依据第 271（e）（2）条发起侵权诉讼。过去一直认为 Hatch – Waxman 法案适用范围仅限于具有第Ⅳ段声明的那些专利。换句话说，尽管橙皮书中有许多不同的专利，但只有具有第Ⅳ段声明的专利才能起诉。法院在 *AstraZenea v. Apotexr*❶ 等案中驳回了这一观点，称可以针对任何专利提起诉讼，但是对于某些被剔除的使用方法专利，由于驳回动议，诉讼的期限可能会很短。

## (二) 用途代码有误时的剔除

Section viii 相关法规即《美国法典》第 21 编第 355（j）（2）（A）（viii）条明确允许从标签上剔除适应证。FDA 要求原研药公司提交用途代码以表明药物如何使用，但 FDA 并没有对用途代码的准确性进行监督，因此原研药公司可能提交无限宽范围的用途代码或完全不正确的用途代码。这一点对于 FDA 来说无关紧要，但对原研药公司至关重要，因为精心起草的用途代码可能使任何试图依据 Section viii 进行的剔除无效。

例如，在瑞格列奈案❷中发生过用途代码错误，联邦巡回上诉法院批准了这种错误。Novo 销售用于治疗糖尿病的品牌药物瑞格列奈。RLD 标签列出了瑞格列奈的 3 种用途（单一疗法、使用瑞格列奈 + 二甲双胍的联合疗法以及与 TZD 的联合疗法）。该化合物的一项专利于 2009 年到期，橙皮书中剩下的专利是使用瑞格列奈 + 二甲双胍的方法。因此，Novo 没有单一疗法或 TZD 联合使用瑞格列奈的使用方法专利。鉴于现有唯一的使用方法专利是与二甲双胍联合疗法，用途代码最初为与二甲双胍联合疗法。2005 年，Caraco 针对到期的化合物专利提交了含第Ⅲ段声明的 ANDA 申请，并针对瑞格列奈 + 二甲双胍的联合疗法专利提交了 Section viii 声明。Caraco 试图在单一疗法化合物专利到期后寻求批准瑞格列奈上市。

Novo 发现受专利保护的使用方法（瑞格列奈 + 二甲双胍联合疗法）和用途代码（瑞格列奈 + 二甲双胍联合疗法）之间是直接同步的，Novo 对其用途代码进行了修改，以包括广义的糖尿病控制，这使 Caraco 必须将其标签修改为新用途代码，继而侵犯瑞格列奈 + 二甲双胍联合疗法的专利权。当然，目前没有证据表明是特意诱导侵权，但这也不重要。

Caraco 随后依据《美国法典》第 21 编第 355（j）（5）（C）（ii）条（以下简称"反诉规定"）反诉以修改橙皮书用途代码，理论依据是现有宽范围的用途代码包括 RLD 获批的所有 3 种使用方法，但专利仅覆盖其中一种受专利保护的用途。简而言之，Novo 试图通过组合疗法专利来阻止仿制药公司制造该药物，即使是对于专利已到期的单一疗法。地方法院裁定，Novo 需将用途代码改回原始用途代码。

联邦巡回上诉法院推翻地方法院对 Caraco 的裁决，裁定 Novo 胜诉。Novo 辩称，纠正橙皮书的反诉规定仅适用于专利未涵盖任何批准的用途时。Caraco 辩称，当专

---

❶ *AstraZeneca Pharmaceuticals LP v. Apotex Corp.*，669 F. 3d 1370, 1377.

❷ *Novo Nordisk A/S v. Caraco Pharmaceutical Laboratories*，*Ltd.*，601 F. 3d 1359, 1362, 95 U. S. P. Q. 2d 1031（Fed. Cir. 2010）.

利未涵盖所有批准的用途时，反诉规定可允许更正。

联邦巡回上诉法院忽视了 Section viii 的法定角色，实质上是在强调其用途。此外，正如异议人士所指出的，由于 Caraco 无法起诉原研药公司强迫更改用途代码，其诉求是由 FDA 更正用途代码。但是法院以前认为，通过针对 FDA 的诉讼来更正橙皮书，等于非法的私人诉权。可能对于过宽范围用途代码唯一的解决办法是由 FDA 删除用途代码，联邦巡回上诉法院暗示这可能是法规之外的要求。或者 FDA 要求用途代码与专利所主张的用途相同，不允许原研药公司随意起草用途代码。

联邦最高法院推翻上述结论，指出用途代码必须准确，仿制药公司如果认为用途代码不准确，则可以通过反诉规定来更正用途代码。

Section viii 声明说明，ANDA 申请人无意就使用方法专利中主张的用途销售 ANDA 产品。Section viii 声明使用时的误解在于，ANDA 申请人必须通过在 RLD 标签上编辑（例如涂红或划掉）措辞来"剔除"标签。法规中没有要求 Section viii 声明在 ANDA 拟定标签上显示出编辑措辞。法规仅要求 ANDA 申请人作出声明。此外，FDA 声明的适用和/或剔除是基于：修改后 ANDA 标签剩余的适应证是否会比 RLD 标签在安全性和有效性方面更差。FDA 并不在乎 ANDA 标签是否包含 FDA 批准的每项适应证（RLD 所涉及的）。此外，FDA 允许从 ANDA 标签中删除受保护的独占期。

原研药公司争辩说，Section viii 声明使用不当可能导致最终获批的 ANDA 标签为市场上无关紧要的用途。也就是说，假设原研药被用于 A 和 B 两种用途，市场上，真实的原研药用途被分割为用途 A 占 95% 和用途 B 占 5%。原研药公司辩称，如果 ANDA 申请人针对用途 A 提交 Section viii 声明，仅剩用途 B，那么 ANDA 申请人从事此类研发活动并考虑潜在的诉讼成本等仅为了占领 5% 的市场，这似乎并不合理。因此，原研药公司断言 ANDA 申请人在博弈，因为它知道仿制药将用于所有用途，包括受专利保护的用途。因此，Section viii 声明的接受忽略了市场现实。地方法院指出，这种"市场现实"论点不足以使仿制药对任何诱导侵权行为承担责任。诱导侵权需要一种非常具体的心理状态，这种心理状态应提高到"协助和教唆"的高度。不能仅仅因为仿制药公司在分销链顶端销售仿制药，就认为存在如此严重、应受谴责的行为。

## （三）Section viii 案例——舍曲林

辉瑞生产和销售一种名为 Zoloft 的药物（通用名为舍曲林）。它曾经是一种重磅炸弹药物。舍曲林用于精神疾病治疗，目前已被批准用于治疗严重抑郁症、强迫症、恐慌症、创伤后应激障碍（PTSD）、经前烦躁不安（PMDD）、社交焦虑症。

舍曲林曾经受到并仍受某些专利保护。舍曲林化合物和使用舍曲林治疗抑郁症的方法受 US4536518 专利保护，该专利已于 2006 年 6 月 30 日到期。

因此，仿制药公司可自行生产舍曲林，至少可以将其用于治疗抑郁症。美国

US5248699 专利要求保护一种舍曲林的多晶型物。舍曲林的其他使用方法仍受专利保护，例如 US5744501 专利（治疗黄体期后发性焦虑症的方法）、US5789449 专利（治疗愤怒、排斥反应敏感和缺乏精神或体力的方法）和 US4962128 专利（治疗与焦虑症有关的疾病，如惊恐症、广泛性焦虑症、广场恐惧症、单纯性恐惧症、社交恐惧症、创伤后应激障碍、强迫症和回避型人格障碍）。因此，如果仿制药公司想在上述所有情况下销售舍曲林，那么它将不得不面对其他专利。

该案中仿制药公司可能会向 US5744501 专利、US5789449 专利和 US4962128 专利提交 Section viii 声明，以剔除仍受专利保护的治疗方法，并表示仅治疗抑郁症。如果回到几年前当仿制药竞争对手准备推出仿制药时，考虑橙皮书包含多项专利，合适的提交策略如表 3 -4 所示。

表 3 -4　仿制药企业对舍曲林相关专利提交 Section viii 声明

| 专利号 | 失效日期 | 权利要求 | 拟定的专利声明 |
|---|---|---|---|
| US4536518 | 2006 - 06 | 化合物和治疗抑郁症的方法 | 第Ⅲ段声明 |
| US5248699 | 2012 - 08 | 多晶型物 | 第Ⅳ段声明（假设不侵权） |
| US5744501 | 2009 - 01 | 其他疾病 | Section viii |
| US5789449 | | 其他疾病 | Section viii |
| US4962128 | 2009 - 11 | 其他疾病 | Section viii |

综上可知，仿制药标签上只有一个适应证（抑郁症），其他适应证被删除。US4536518 专利到期后仿制药公司的产品即可上市。

### （四）一种且仅有一种适应证

可能发生的情况是，相关专利仅涵盖一种获批的使用方法。例如，美国 US4663318 专利要求保护用加兰他敏治疗阿尔茨海默症的方法。加兰他敏本身是一种老药，不再受专利保护。使用方法的专利于 2008 年 12 月到期。另外两项制剂专利延长至 2017 年到期。如果仿制药公司能剔除 2008 年 12 月到期专利的适应证，并且在不侵权的情况下针对其他专利提出第Ⅳ段声明，那么它几乎可以立即上市。

当适应证是 FDA 批准的唯一适应证时，仿制药公司是否可以剔除该专利？因为每个标签都必须包含 FDA 批准的适应证，否则医生不知道该药的用途。因此，不能从标签上剔除唯一的适应证。

如果治疗方法专利只包括 FDA 批准的唯一用途，则它是一项保护效力很强的专利，因为它迫使仿制药公司尊重该专利或者以无效为由进行挑战。它不允许仿制药公司非侵权。

## （五）剔除未列专利的适应证

Section viii 声明指出，橙皮书中必须列出相关的治疗方法专利，以便日后能剔除该专利。如果原研药标签包含两种适应证——适应证 A 和适应证 B。由于相关专利已过期，适应证 A 不再受专利保护。适应证 B 已获专利保护，但橙皮书中未列出该专利。通常情况下，ANDA 申请人的提交方式为：通过 Section viii 声明剔除适应证 B，那么 ANDA 申请可被批准用于现在尚无专利保护的适应证 A，但前提是适应证 B 的专利已在橙皮书中列出。该案例中，橙皮书中没有列出适应证 B 相关专利。因为橙皮书中没有相关专利，所以 FDA 不太可能接收 Section viii 声明。由于无法剔除受保护专利，ANDA 拟定标签中将含有适应证 B。即使 ANDA 申请人不希望批准适应证 B，但仍需将其包括在标签中。

## （六）请求列出但当前未列出的使用方法专利

ANDA 申请人可以要求 FDA 联系原研药公司，将未列出的治疗方法专利列入橙皮书中。这是因为原研药公司有义务列出涉及该药物的专利，如果原研药公司拥有专利，就必须列出专利。如果专利不是原研药公司所拥有的（或没有所有权），原研药公司仍可以列出专利。如果适应证 B 的专利不是原研药公司所持有的，那么原研药公司仍可以将其列出（即使它没有实际权利），因为 NDA 列表法规并没有要求只有原研药公司的专利才能列入其中。原研药公司如果不这么做，就可能因为未能及时提交专利信息而陷入麻烦，继而自己撤回 NDA。

## （七）使用请愿书进行剔除

ANDA 申请人也可以提交合适的请愿书，要求 FDA 接受减少标签，但该策略执行起来很困难。ANDA 申请人可以尝试一下，让 FDA 在合适的请愿书存在的情况下考虑剔除。虽然此前没有先例，但是非标准请愿书的先例存在于请愿领域中，以寻求所列药物（已退市）获得 ANDA 批准。但如果所列药物是出于安全性、有效性的原因撤出市场，则不得批准 ANDA 申请。

# 三、Section viii 声明的使用策略

## （一）针对一项专利分别提出 Section viii 声明和第Ⅳ段声明

假设专利包含主张产品和使用方法的权利要求，如果主张使用方法的权利要求单独存在于其自己的专利中，则 ANDA 申请人可针对该专利提出 Section viii 声明（假设还有其他适应证或用途），但是当专利中既存在主张产品的权利要求又存在主

张使用方法的权利要求时，申请人是否可以对同一专利申请提出 Section viii 声明和第Ⅳ段声明？FDA 重申其做法是允许对同一专利分别进行声明。问题出现了，首先提交的仿制药公司请求 FDA 强制后续提交 ANDA 申请的公司包含第Ⅳ段声明，这样后续提交的 ANDA 申请被挡在 180 天市场独占期之后。如果允许单独提出 Section viii 声明，那么后续 ANDA 申请将被批准，而无需考虑 180 天市场独占期。故此处某些权利要求保护产品，某些权利要求保护使用方法可被分割。FDA 要求后续申请人对产品权利要求提交第Ⅳ段声明，必要时，可以对使用方法权利要求提交 Section viii 声明。

### （二）针对使用方法专利选择提出声明

针对使用方法专利，仿制药公司是否需要同时提出第Ⅰ～Ⅳ段声明中的一种和 Section viii 声明，还是仅提出其中一种即可？FDA 目前认为两者互斥，即仅能提出其中一种，仿制药公司不得就同一方法专利提出第Ⅰ～Ⅳ段声明中一种以及 Section viii 声明。至于实务运作方面，若 FDA 认为仿制药公司的 ANDA 申请内容不符规定，例如仿制药公司提出 Section viii 声明，但 FDA 认为应改成第Ⅳ段声明，或是仿制药公司同时提出 Section viii 声明与第Ⅳ段声明，FDA 认为不妥，FDA 可以要求 ANDA 申请人进行改正。但实际上未发生 ANDA 申请人坚持同时提出第Ⅳ段声明与 Section viii 声明而与 FDA 发生争执的案例。即使 FDA 允许仿制药公司以 Section viii 声明将受保护的使用方法专利剔除而进行仿制药上市，仿制药公司仍不能因此免于受到专利权人和 NDA 持有人主张侵权的风险。若发生专利侵权诉讼，原研药公司或专利权人仍可通过暂时限制令（TRO）或暂时禁制令（PIO）申请阻止仿制药销售。

Section viii 声明是仿制药公司经常使用的申请策略，其优点是 ANDA 申请人不需要提交第Ⅳ段证明，理论上不需要专利诉讼，尽管没有 180 天市场独占期，但上市时间可以大大提前。当然，Section viii 声明申请受理与否，裁决权在于 FDA。

# 第五节　重新核发的专利

## 一、重新核发的专利

重新核发的专利相关法律依据为《美国法典》第 35 编第 251～252 条。当专利权人发现专利中的错误时，专利权人可以请求 USPTO 重新评估已发布的专利，并就该错误重新核发专利。通常的错误是专利权人最初对主题限定过窄，而现在它希望通过重新核发来扩大权利要求范围。或原始权利要求范围太宽（可能被无效），现在专利权人希望以较窄的范围重新核发专利。重新核发程序的效果是，当重新核发的专利即将重新核发时，基本专利将被放弃，重新核发的专利取代其位置。重新核发的专利被赋予一个新的专利编号，该编号之前为"RE"。因此，它的编号与原始基本专利的编号不同。重新核发的专利也可能具有不同的权利要求范围，这取决于重新核发专利中权利要求的范围是扩大还是缩小。

专利权人无权通过重新核发纠正任何不足。重新核发必须符合"原始专利"要求。原始专利要求包括：①书面说明要求；②禁止引入新事物。在 *Antares Pharma v. Medac Pharma* 案❶中，联邦巡回上诉法院还增加了第三个要求，即③将重新核发专利中的新主张发明描述为原始专利中的发明。也就是说，新主张的重新核发专利不能简单主张任何发明，而必须主张原始专利中被明确标识为发明的发明。对新主张发明的这种标识必须在原始专利中清楚明确地描述，而不仅仅是推断或暗示。因此，仅仅从说明书中摘取要素来主张新发明是不够的，而是说明书必须已经将那些要素描述为发明。

## 二、相关案例

因为重新核发的专利被赋予新的编号，并且实际上类似于新专利，所以出现了一个问题：ANDA 申请人是否需要针对重新核发的专利（如果列出）重新声明？如果专利权人试图用重新核发的专利替换现在放弃的专利，那么 FDA 该怎么做？FDA 否认有能力评估重新核发专利与基本专利是否相同。FDA 一再强调自己只是应专利权人要求列出专利。这不是一个假设的问题，因为在 *Aventis v. Amphastar/Teva* 案中出现了该问题，并在塞来昔布案中得以解决。

在 *Aventis v. Amphastar/Teva* 案❷中，重新核发专利可能会对 45 天起诉期限、新的 30 个月遏制期相关问题产生影响，并影响 180 天市场独占期。该案中，Amphastar 首先提交 ANDA 申请，包含针对美国 US5389618 专利的第Ⅳ段声明。ANDA 申请的序列号为 76 - 684。2003 年 6 月 19 日，Amphastar 正式通知 Aventis，Aventis 随后起诉 Amphastar。Teva 针对 US5389618 专利也提交了一份含第Ⅳ段声明的 ANDA 申请（序列号 76 - 726）。Teva 于 2003 年 6 月 24 日正式通知 Aventis，之后 Aventis 起诉 Teva。此时，Amphastar 第一个提交 ANDA 申请并可能获得 180 天市场独占期。Teva 第二个提交，将在 Amphastar 触发独占期后 180 天获批。不过，Aventis 将 US5389618 专利重新核发，重新核发专利号为 RE 38743。Aventis 在橙皮书中列出了该专利。但 FDA 仍在橙皮书中保留有 US5389618 专利。但这次 Teva 首先在 2005 年 6 月 14 日针对 RE 38743 专利提交了第Ⅳ段声明和通知函。Amphastar 随后在 2005 年 6 月 21 日发

---

❶ *Antares Pharma, Inc. v. Medac Pharma Inc.*, 771 F. 3d 1354, 112 U. S. P. Q. 2d 1865（Fed. Cir. 2014）.

❷ *Aventis Pharma, S. A. v. Amphastar Pharmaceuticals, Inc.*, 390 F. Supp. 2d 936；*Aventis Pharma, S. A. v. Amphastar Pharmaceuticals, Inc.*, 475 F. Supp. 2d 970.

出了通知函。在后一种情况下，Teva 可能会争辩说，由于它是第一个针对 RE 38743 专利发出通知的，并且 US5389618 专利已不存在，所以 Amphastar 无法享受 180 天市场独占期。Aventis 可能争辩说，因为 RE 38743 专利表面上看是一项新专利，因此针对 RE 38743 专利的新诉讼将触发新的 30 个月遏制期。该案中 30 个月遏制期的问题并不重要，因为地方法院此后不久便宣布专利无效，从而在实际终止日期前很长时间便终止了 30 个月遏制期。

现在，针对常规专利与针对重新核发专利进行声明，谁将拥有 180 天市场独占期已成为学术问题。联邦巡回上诉法院确认专利无效，决定于 2008 年 10 月 2 日生效，180 天市场独占期开始计算。如果 FDA 在第 181 天（2009 年 4 月 2 日）之前批准 ANDA 申请人，则 FDA 需判断重新核发专利和声明的影响。当然，FDA 可以在 2009 年 4 月 2 日前拒绝批准任何 ANDA 申请，继而避免作出这样的决定，因为无论谁拥有 180 天市场独占期，都是到上述时间点到期，因此需要择日确定重新核发专利对 180 天市场独占期的影响。

在塞来昔布案中，联邦第四巡回上诉法院认为，重新核发的专利是不同的专利，需要新的专利声明。

## 三、总结

由于 FDA 可以在行政上行使酌处权，认为重新核发专利是基本专利的延期，所以 FDA 不应将重新核发专利视为新专利。

根据 FDA 的捆绑理论，重新核发专利是原始专利的延续，基于原始专利的 180 天市场独占期都将转为基于重新核发的专利。由于重新核发的专利尚无法院裁决，没有触发的法院裁决。联邦第四巡回上诉法院驳斥了所有权利捆绑理论，并认为法院对原始专利的判决触发了基于该专利的 180 天市场独占期。

# 第六节　保密访问意向书

## 一、概述

在 2003 年 MMA 法案颁布后，ANDA 申请人被允许随第Ⅳ段声明通知书一起发送保密访问意向书（OCA）。OCA 的目的是向原研药公司提供足够多的信息，用于非侵权评估，一旦未能在 45 天内起诉仿制药公司，仿制药公司可以对原研药公司提出不侵权之诉。换句话说，如果仿制药公司具有非侵权地位，发出通知函但未被起诉，那么除非仿制药公司给原研药公司发送 OCA，否则它无法提出不侵权之诉。因此，如果仿制药公司想要申请程序继续进行，必须发生以下情况：

（1）通知函必须寄出；

（2）45 天诉讼期已过；

（3）原研药公司未在 45 天之内提起诉讼；

（4）对于非侵权定位，ANDA 申请人需发送 OCA。

## 二、声称无效之处

如果通知函仅声称专利无效，则 ANDA 申请人无需发送 OCA，但仍保留提交不侵权之诉的权利。从法律规定上看，这是显而易见的。根据《美国法典》第 21 编第 355（j）（5）（c）（i）（Ⅰ）条规定，不得就"第（B）（iii）段提及的专利声明中所述专利提起不侵权之诉"。第（B）（iii）段指"第（2）（A）（vii）段的第（Ⅳ）分款所述声明"。"第（Ⅳ）分款"是第Ⅳ段的声明部分，其明确地提到了不侵权和/或专利无效的指控。因此，ANDA 申请人即使不提交 OCA，也保留其提交不侵权之诉的权利。

## 三、保密访问意向书（OCA）的发布

《美国法典》第 21 编第 355（j）（5）（C）（i）（Ⅲ）条明确规定，无论提供什么信息，均应严格保密，并以通常存在诉讼保护令的方式加以限制。OCA 本身可能会加以限制，例如对谁可以查看信息以及以何种身份查看进行限制。OCA 通常只限于外部法律顾问、内部顾问等访问，通常会排除某些人，例如专利起诉代理人/律师。考虑到原研药公司在收到机密信息后仍可能尝试起草涵盖该信息的新专利，这种限制是合理的，将起草新专利保护的人排除在信息查阅者之外。

从理论上说，ANDA 产品一旦获得批准便会侵权，原研药公司通常要求仿制药公司提供样品用于测试，按照规定，原研药公司无权获取样品，但仿制药公司可以选择根据 OCA 提供样品。因为 OCA 规定仅提及"提交一份保密访问意向书后，可以有权访问并查看依据第（2）段提交的申请书（该申请书一般由第（2）段规定的申请人保管）"355（J）（2）条，它显然没有提到要提供任何样品。具有强势地位的仿制药公司仍可以选择按照 OCA 要求提供样品，但即使非侵权地位很强势，也存在抗衡的考虑。提交 ANDA 申请（以编辑形式）可以满足 OCA 的要求，所以无需向原研药公司提供更多文件/样品，以防止原研药公司可能篡改样品以致涉嫌侵权。

最后，由于 OCA 仅管理 ANDA 申请人提供的信息，无权索要其他文件，例如药物主文件（DMF）。

# 第四章　30 个月遏制期

## 第一节　30 个月遏制期的设立

### 一、概述

仿制药公司为了取得提前进入市场的优势与伴随该优势而来的利益，会在原研药的专利保护期内对原研药公司提出专利权无效或者未侵害专利权的挑战。这一专利挑战对原研药公司的影响较大，因此在仿制药公司向 FDA 提交第Ⅳ段声明的上市申请并获得 FDA 许可并进行审查后，原研药公司拥有一个窗口期（45 天）来选择是否提出诉讼。如果原研药公司及时提出诉讼，FDA 将被禁止在 30 个月内批准 ANDA 申请。为期 30 个月的遏制期的目的是为原研药公司和 ANDA 申请人提供一个时间窗口，以审查第Ⅳ段声明所引起的专利挑战。

### 二、30 个月遏制期的时间计算

FDCA 规定了 30 个月遏制期的触发事件❶：

（1）将第Ⅳ段声明的通知书适当地发送给专利权人和 NDA 持有人（如果它们是不同的当事人）；

（2）专利权人可以提起专利诉讼的 45 天窗口期是在最后一位收件人收到第Ⅳ段声明的通知书后的第二天开始❷；

（3）如果诉讼在 45 天之内提交，则该法将对 FDA 施加自动的、无裁量权的禁令，以禁止 FDA 在 30 个月内批准 ANDA 申请。

因此，45 天的窗口时间始于最后一个接收者收到通知书的第二天❸；而 30 个月

---

❶　21 U. S. C.，§355（j）（5）（B）（iii）.

❷　21 C. F. R.，§314. 95（f）.

❸　21 C. F. R.，§314. 107（f）.

的遏制期始于最后一个接收者收到通知书的那一天。❶

## 三、橙皮书的"冻结"

尽管授权的专利随时都能够在橙皮书中登记，但并非所有登记的专利都能够获得 30 个月的遏制期，能否获得 30 个月遏制期与专利的登记时间、ANDA 申请的提出时间有关。

30 个月遏制期的基本概念是，由于橙皮书中登记了原研药品相关专利，ANDA 申请人可以预期这些已登记的专利需要进行声明，ANDA 申请人无法预期其他未列出的专利是否需要声明，更无法承受由这些未列出专利带来新的遏制期。对于专利权人来说，是否有机会获得 30 个月遏制期将鼓励专利权人进行专利清单的登记。在 MMA 法案通过后，只有在相关 ANDA 申请提交之前在橙皮书中登记的专利才能产生 30 个月的遏制期。在 ANDA 申请之后授权和登记的专利（称为"弹出式专利"）要求待决的 ANDA 申请人进行专利声明，但是这些弹出式专利无法产生 30 个月的遏制期。弹出式专利是在提出 ANDA 申请之后授权的专利。最初 ANDA 申请人无法进行声明，因为它不存在于橙皮书中。但是出于 FDA 的目的，ANDA 申请人必须在获得批准之前对橙皮书中的所有专利进行声明。为了统一这些规则，当橙皮书中登记了弹出式专利时，ANDA 申请人必须对此进行声明。如果 ANDA 申请人进行第Ⅳ段的声明并被起诉，则不会产生新的 30 个月遏制期。❷ 因此，可以登记弹出式专利，可以产生第Ⅳ段声明，也可以产生诉讼，但不能产生 30 个月的遏制期。这就是所谓的"冻结"橙皮书，也就是说，唯一可以授予 30 个月遏制期的专利是那些在 ANDA 申请提交时已经登记在橙皮书中的专利。ANDA 申请提交后登记在橙皮书里的任何专利都无法作为 30 个月遏制期的基础。简而言之，一旦 ANDA 申请人提交 ANDA 申请，能够产生 30 个月遏制期的橙皮书专利清单就已经被"冻结"。

## 四、诉讼的通知责任

从概念上讲，专利权人希望 FDA 知道诉讼是在 45 天窗口期内提出的，因为这样 FDA 才能够进行 30 个月遏制期的操作。显然，ANDA 申请人并不希望 FDA 知道其 ANDA 申请被遏制 30 个月。但是，《美国联邦法规》第 21 编第 314.107（f）（2）条规定将由 ANDA 申请人承担通知 FDA 已经提出诉讼的责任。ANDA 申请人应将诉讼告知 FDA，并且需要向 FDA 提交以下信息：

（1）ANDA 号码；

---

❶ 21 U.S.C., §355（j）(5)（B）(iii).
❷ 21 U.S.C., §355（j）(5)（B）(iii).

（2）ANDA 申请人姓名；

（3）药品的既定名称；

（4）诉讼提交日期的证明；

（5）诉讼地点的证明（地区法院）。❶

## 五、诉讼提交的时机

如果专利权人在 45 天之内提起诉讼，《美国法典》第 21 编第 355（j）（5）（B）（iii）条规定了 30 个月的遏制期。尽管如此，由于向 FDA 提交第Ⅳ段声明的 ANDA 申请是一种拟制侵权行为，所以专利权人仍可以在第 45 天后提起诉讼，但不能获得 30 个月的法定遏制期。

专利权人有多个窗口时间来起诉 ANDA 申请人。一是 45 天的窗口期，在此期间提出第Ⅳ段声明的专利诉讼将自动获得 30 个月的遏制期。二是从第 46 天到 ANDA 申请批准日期的时间（假设第一个窗口期中没有提起诉讼）。在此期间，ANDA 仍在监管审批流程中。在第二个窗口期提出诉讼无法自动获得 30 个月的遏制期，但如果专利权人胜诉，就能够及时阻止 ANDA 申请获批后仿制药的上市。第三个窗口期是从 ANDA 申请获批到仿制药上市的时期。一旦 ANDA 获得批准，就几乎无法撤销该批准。因此在第三个窗口期的时间段内提出诉讼，无法阻止仿制药的上市，专利权人可以通过提交临时限制令/临时禁令的方式，禁止仿制药上市。第四个窗口期是上市后的情况，属于传统的专利侵权诉讼。因此第一个窗口期是固定的 45 天的时间段。如果仿制药公司在 ANDA 获得批准后立即上市，则第三个窗口期和第四个窗口期可能是同一窗口期。

# 第二节　30 个月遏制期的终止

## 一、30 个月遏制期的常规终止方式

为期 30 个月的遏制期的目的是为原研药公司和 ANDA 申请人提供一个时间窗口，以审查第Ⅳ段声明所引发的专利挑战。其实质是当事双方必须及时审查专利问题，以使专利权人有保证赢得并阻止仿制药竞争，或为仿制药公司提供一些确定性的初步市场销售权。当然，这种确定性可能不会及时到来。因此，30 个月遏制期最

---

❶　21 C. F. R. ，§ 314. 107（f）（2）.

明显的终止方式就是 30 个月的结束。如果一家仿制药公司可以取得某种"胜利",那么它也可以获得一定的把握并因此而上市。如果 30 个月遏制期仍然属于上市的阻碍,那么仿制药公司可以通过等待 30 个月到期或者消除 30 个月遏制期的方式来克服 30 个月遏制期。30 个月遏制期可以通过以下两个条件之一提前终止:①法院判决专利权人败诉,其败诉是遏制期的提前终止;②关于专利诉讼的合法的实质性法院判决,消除专利侵权指控。

## 二、法院判决

《美国法典》第 21 编第 355 (j) (5) (B) (iii) 条规定,某些类型的法院判决可能会终止 30 个月的遏制期。法院的判决取决于仿制药公司是在审判法院胜出,还是一审败诉后在上诉中胜出。

由于 30 个月的遏制期是根据第Ⅳ段声明的专利而定的,每项专利都有其相关的 30 个月的遏制期。为了使 FDA 在 30 个月的遏制期自然到期之前批准 ANDA 申请,相关法院判决必须针对赋予 30 个月遏制期的每项专利。

例如,假设橙皮书列出 2 项专利,其中专利 1 比专利 2 更加稳定,仿制药公司针对专利 2 提起简易判决并胜诉,对专利 1 提起简易判决但输了,那么专利 1 的诉讼继续进行。关于专利 1 的 30 个月遏制期保持不变,但与专利 2 相关的遏制期已经终止。

重要的是,只有属于第Ⅳ段声明的专利才产生 30 个月遏制期。法院可能允许其他非第Ⅳ段声明的专利进入诉讼(例如,假设法院不当地允许将未登记的专利纳入专利挑战诉讼的一部分)。ANDA 申请人一旦获得关于第Ⅳ段声明专利的法院判决,30 个月遏制期就将终止,不考虑判决是否针对未登记但已提起诉讼的专利。

在一种情况下,法院无需对案情进行充分审判并作出专利无效或不侵权的裁决,就可以终止 30 个月的遏制期。例如,假设在专利权人 1 与 ANDA 申请人 1 的专利挑战中,法院裁定被挑战专利无效。同时在另一个法院(例如某地区法院),专利权人就同一项专利起诉 ANDA 申请人 2。毫无疑问,在第一起案件中,初审法院对专利无效的裁定终止了该案的 30 个月遏制期。ANDA 申请人 2 也可以将无效裁定纳入其案件 2 中,以便法院可以终止 30 个月遏制期。

## 三、仿制药公司胜诉

《美国法典》第 21 编第 355 (j) (5) (B) (iii) (Ⅰ) 条明确规定了仿制药公司获胜的情况及其对 30 个月遏制期的影响。

(Ⅰ) 如果在上述期限届满前地区法院判决该专利无效或未受到侵权(包括

任何认为专利不侵权或专利无效的实质性决定），则该申请的批准应在以下日期生效：

（aa）法院作出表明上述决定的判决之日；或者

（bb）法院签署并正式书面提出和解命令或和解协议的日期，主张该声明所述专利无效或不侵权。[1]

根据此规定，首先要注意的是，地方法院的判决至关重要。有关终止 30 个月遏制期的法院决定是地方法院判决，而不是上诉法院的判决。[2] 此外，地方法院还必须作出专利无效或不侵犯的判决（仿制药公司胜诉）。括号中的"包括任何认为专利不侵权或专利无效的实质性决定"部分可能针对专利权人撤回诉讼或未能继续提起诉讼的情况。当专利权人签署不起诉的协议时，任何有关的 30 个月遏制期都将终止。第（aa）项还规定，遏制期是在地区法院登录判决时终止的，而不必在意见发布（Opinion is Issued）时终止。这解决了是由决定日期（Decision Date）还是登录日期（Entry Date）（可能有所不同）终止遏制期的问题。很明显登录日期（Entry Date）很重要。第（bb）项规定，如果该专利有一项和解协议，和解协议中包含不侵犯专利权或专利无效的规定，则 30 个月遏制期终止。但是，如果法院的决定没有声明该专利未侵权或无效，怎么办？从字面上理解，这样的决定本身无法终止 30 个月的遏制期，但是这样理解是不合逻辑的，与法律规定的目的是相违背的。出于谨慎考虑，仿制药公司需要在协议中明确纳入非侵权声明或专利无效声明，以便将其纳入法院决定。

根据相同的原则，如果专利权人签订一项不起诉的协议，应终止 30 个月的遏制期，类似地，如果专利权人在诉讼中放弃专利权，或者以其他方式"放弃"诉讼，则 30 个月的遏制期也应当终止。如果专利权人放弃，将不会有官方判决来终止该遏制期。根据遏制期是由于专利诉讼而存在的相同原则，如果诉讼因放弃而终止，那么遏制期也应终止。FDA 采取的立场是，对诉讼的放弃或撤回将终止与专利有关的任何遏制期。

## 四、仿制药公司通过上诉而胜诉

当然，一家仿制药公司可能会在审判法庭中败诉，然后通过上诉而胜诉。在审判法庭中的败诉不会消除 30 个月遏制期，而上诉法庭中的胜诉则会终止遏制期。《美国法典》第 21 编第 355（j）（5）（B）（iii）（Ⅱ）条规定：

---

[1] 21 U. S. C.，§355（j）（5）（B）（iii）（I）.

[2] *In re Terazosin Hydrochloride Antitrust Litigation*，352 F. Supp. 2d 1279，1289，2005 - 1 Trade Cas. (CCH)｜｜74709（S. D. Fla. 2005）.

（Ⅱ）如上述期限届满前，地方法院判定该专利已被侵权，则

（aa）如果地方法院的判决被上诉，则该申请的批准应该在以下日期生效：

（AA）上诉法院判定该专利无效或未受到侵权的日期（包括任何认为专利不侵权或专利无效的实质性决定）；

（BB）由上诉法院签署并正式提出书面和解命令或和解协议，主张该声明专利无效或不侵权的日期。

（bb）如果地方法院的判决未被上诉或者已被确认，则该申请的批准应当依据《美国法典》第35编第271（e）（4）（A）条规定的法院应该判定的日期生效。❶

第（AA）项规定，由上诉法院作出的法院判决很重要。本节的问题在于"上诉法院判定"一词是指何时发布意见书还是何时登录上诉法院判决。在本章第2.3节中，很明显是以地方法院的判决登录之日为准。而这一节法规中没有精确说明是意见日期还是判决日期（Opinion Date or the Mandate Date）。在 *Amlodipine* 儿科独占权案中，FDA 规定"法院判定"一词是指判决（Mandate Issued）的日期。❷ 根据法律应用的对称性，在上诉法院判决书发布的日期终止30个月的遏制期比较合理。

另外，基于判决（Decision）终止30个月遏制期也更有意义，因为遏制期的性质是在仿制药公司胜诉之前不批准其 ANDA 申请，而胜诉之日即为判决之日。以判决的日期终止遏制期也是有意义的，因为遏制期的终止意味着仿制药公司可以在上诉法院胜诉后上市其产品。也就是说，如果仿制药公司在30个月的自然期满后上市，或者在地方法院判决对仿制药公司有利的情况下启动上市，那么仿制药公司仍然不能绝对保证已经清除专利障碍。遏制期终止后，仿制药公司可以自由选择是否上市，但有可能后续面临专利侵权纠纷，仿制药公司拥有是否承担这一风险的选择权。上诉法院的判决也是如此，上诉法院即使作出对仿制药公司有利的裁决，但在判决发布之前，上诉法院也有可能对案件进行重新审理，随后改为对专利权人有利的裁决。此外，如果终止遏制期与判决（Mandate）有关，那么专利权人可以通过申诉提出复审、复议或全体法官参与审理的诉求，人为地延长该判决书的登录日期（Mandate Entry Date）。最后，如果遏制期终止的目的是允许仿制药公司在遏制期终止后立即选择上市销售，那么对第（Ⅱ）（aa）（AA）项更合理的解读应是法院的判决日期（Decision Date）为准。

奇怪的是，第（bb）项讨论了仿制药公司在初审法院败诉但没有上诉的情况。由于第（bb）项是第（Ⅱ）款的一部分，涉及30个月的遏制期，因此，第（bb）项不上诉规定也与30个月的遏制期有关。如果仿制药公司在下级法院败诉但未能上

---

❶ 21 U.S.C.，§355（j）（5）（B）（iii）（Ⅱ）.

❷ *Mylan Laboratories*，*Inc v. Leavitt*，484F. Supp. 2d 109，120（D. D. C. 2007）.

诉，则依据第（bb）项规定，ANDA 批准要等到《美国法典》第 35 编第 271（e）（4）（A）条规定的日期才能通过，该条规定如果仿制药公司败诉，在相关专利保护期到期之前 ANDA 申请都无法获得批准。❶ 这是对仿制药公司败诉的惩罚。那么，败诉的惩罚是直到第 271（e）（4）（A）条规定的日期才能授权 ANDA 申请，为什么第（bb）项还规定直到第 271（e）（4）（A）条规定日期才能批准 ANDA？第（bb）项似乎强加一个超出正常第 271（e）（4）（A）条的附加批准条款，或者说第（bb）项是多余的。因为无论如何，正常败诉的惩罚都受到第 271（e）（4）（A）条的管辖。

这样规定的原因是，有一种情况可能会涉及双重禁止，即有可能存在 FDA 和法院不得不裁定第（bb）项是施加的附加惩罚条款还是相同惩罚条款的情况。例如，假设仿制药公司 A 在初审和上诉中都败诉。在普通规则第 271（e）（4）（A）条下，ANDA 申请的批准日期与专利保护到期日挂钩。仿制药公司 A 先前的第Ⅳ段声明将转换为第Ⅲ段声明，按照第Ⅲ段声明的规定，意味着 ANDA 申请的批准与专利保护到期日有关。但是，假定另一家仿制药公司 B 在上诉中以专利无效为由成功无效宣告该专利，由于专利已经被无效，不再是 ANDA 申请获批的障碍，上诉法院的判决应允许仿制药公司 A 获得 ANDA 申请的最终批准并上市。也就是说，上诉法院的判决实质上将仿制药公司 A 的第Ⅲ段声明转换为第Ⅱ段声明。在这方面，仿制药公司 B 的胜诉也有利于仿制药公司 A，而且概念上两者都可以同时上市。

如果仿制药公司 A 在初审中败诉而没有上诉，怎么办？同样，其第Ⅳ段声明将转换为第Ⅲ段声明。当仿制药公司 B 获胜时，该专利就不会成为仿制药公司 B 上市的障碍，而且表面上也不会对仿制药公司 A 上市构成障碍。如果第（bb）项将 30 个月的遏制期延长到正常的第 271（e）（4）（A）条的处罚之上，那么当仿制药公司 B 胜诉时，它不会对仿制药公司 A 自动产生影响。的确，从仿制药公司 A 的角度来看，专利障碍确实已经消除。如果 30 个月的遏制期是另一个需要克服的障碍，看上去仿制药公司 A 必须上诉，FDA 才能取消 30 个月遏制期的延长。也就是说，仿制药公司 A 必须采取额外步骤来取消 30 个月的遏制期。另外，如果第（bb）项并没有创建另一个批准条件，那么仿制药公司 B 获胜将允许仿制药公司 A 立即共同上市。

尽管这种假设情况可能永远不会出现，但对于 FDA 而言，最好明确第（bb）项的意图：要么在此确定败诉方的 ANDA 申请批准日期重新调整为专利到期日，要么实际上是将 30 个月的遏制期延长至专利到期日。

## 五、专利权人延误

《美国法典》第 21 编第 355（j）（5）（B）（iii）条规定，诉讼方一人未能合理

---

❶ 35 U.S.C.，§ 271（e）（4）（A）.

配合地推进诉讼，法院可以指定更短或更长的期限❶，从而实现遏制期的终止。

例如，在 *Andrx v. Biovail* 案中，专利权人的操作导致法院终止了遏制期。❷ 简而言之，Andrx 在传统专利诉讼中对第 1 号专利提起诉讼。在 30 个月遏制期即将到期之前，Biovail 获得了另一项专利授权并登记了该专利，该专利甚至没有涵盖 Biovail 的 NDA 批准药物。尽管如此，FDA 要求 Andrx 对该弹出式专利进行声明，随后 Biovail 正式起诉，又获得了 30 个月的遏制期。Biovail 是在第一窗口期的第 44 天提起诉讼。显然，地方法院对最后登记的专利不满意，该专利甚至没有涵盖 NDA 批准的药物，而且所有这些都发生在首次遏制期结束前。地方法院以所有这些操作都是阻止或延迟对 Andrx 和 Biovail 之间的专利诉讼的快速解决为由，终止了新的 30 个月遏制期。❸ Biovail 提出上诉，理由是基于这些事实，地方法院终止第二个 30 个月的遏制期是错误的。联邦巡回上诉法院同意，Andrx 败诉，因为法院认为此类诉讼更适用美国行政诉讼法（APA），并且不在传统的第Ⅳ段声明的侵权诉讼范围之内。但是，法院确实表示，地方法院仍可以按常规理由终止 30 个月遏制期，或者 Andrx 可以修改诉状以主张违反 APA。❹

除此以外，法院还提示，目前正在广泛使用的某些策略可能会导致 30 个月遏制期的过早终止。法院提示：

> 首先，Biovail 争辩说，地方法院在对法条的解释中犯了错误，因为法条规定仅在诉讼人一方未能合理配合推进诉讼时，才可以缩短 30 个月的遏制期。实际上，该规定可能易受另一种解释的影响，该解释将使地方法院同时关注以下两个方面：①专利授权后是否迅速提交了诉讼（甚至可能是专利申请是否被提交并迅速诉讼，以导致迅速提交侵权诉讼）；②一旦提交诉讼是否立即起诉。此外，虽然《美国法典》第 21 编第 355（j）（5）（B）（iii）条规定 FDA 批准"应立即生效，除非在第 45 天届满前针对声明专利提起侵权诉讼"。它没有明确规定在 45 日内提交将消除任何与迅速提交有关的问题。然而，我们未就以下问题达成共识：地方法院缩短 30 个月遏制期限的权力是否仅限于那些一旦提交就未能迅速推进诉讼的案件，还是也适用于侵权诉讼没有迅速开展的情况，例如，在专利诉讼和/或专利授权中，或提交侵权诉讼中的延误。

尽管法院没有明确说明这种行为将过早终止遏制期，但法院确实提出了这样一种观点。

---

❶ 21 U.S.C. , §355（j）（5）（B）（iii）.

❷ *Andrx Pharmaceuticals, Inc. v. Biovail Corp.* , 276 F 3d 1368, 61 U.S.P.Q. 2d 1414（Fed. Cir. 2002）.

❸ *Andrx Pharmaceuticals, Inc. v. Biovail Corp.* , 276 F 3d 1368, 1374, 61 U.S.P.Q. 2d 1414（Fed. Cir. 2002）.

❹ *Andrx Pharmaceuticals, Inc. v. Biovail Corp.* , 276 F 3d 1368, 1379, 61 U.S.P.Q. 2d 1414（Fed. Cir. 2002）.

在这里，法院建议，专利权人在提交诉讼之前的行为可以作为确定当事方是否配合推进诉讼的一个因素。法院尤其关注待审申请被起诉的速度，法院还关注实际诉讼进展的速度。收到第Ⅳ段声明的通知书后，等到第 42～45 天提起诉讼可能就不太合理了，特别是如果可以证明该诉讼本可以尽早提起的。一旦提起诉讼，专利权人很可能没有理由延迟向 ANDA 申请人提交起诉书。一些公司将花整整 45 天提起诉讼，然后花将近 120 天来提交起诉书。这意味着诉讼直到 165 天左右（专利权人收到通知书后）才开始。

30 个月遏制期与收到第Ⅳ段声明通知书的日期相关，那么为什么专利权人会允许遏制期被侵占 165 天。原因很简单，如果专利权不稳定，则专利权人必须拖延诉讼的结束，否则及早结案将终止遏制期并且导致仿制药较早地进入市场。因此，专利权人会延迟诉讼的开启，期望通过这种延迟，将判决日尽可能推迟。如果专利权很稳定，那么专利权人会迅速提起诉讼，迅速提交起诉书，并且在 30 个月遏制期自然到期之前争取获得决定性的判决。

原研药公司通常采取的一些延迟诉讼的策略如下：

（1）在 45 天窗口期的第 44 天提出起诉（Filing the Suit）；

（2）在 120 天窗口期的第 119 天提交起诉书（Serving the Complaint）；

（3）不断发出请求，要求生成大量无用和无关的文档，并且进行审查；

（4）不断提交证人供词，这些供词没有任何实质性的贡献，但证人的安排本身是费时的；

（5）不断提出诉求，向法官提交关于仿制药公司延误的信件。

综上所述，根据法律的规定，如果在诉讼中诉讼一方未能合理配合推进诉讼，法院就将视情况终止 30 个月的遏制期。

# 第三节　遏制期的延长、缩短及不可恢复

## 一、遏制期的延长

### （一）因临时禁令而延长

《美国法典》第 21 编第 355（j）（5）（B）（iii）（Ⅲ）条规定，如果法院尚未就案情作出最终判决，但与此同时颁发临时禁令以阻止仿制药上市时，则可以延长

30 个月的遏制期。❶ 例如，在复杂的案件、多方案件或地方法院在进行案件方面进展缓慢时，法院可能还没有准备好对案情作出判决，倾向于在 30 个月遏制期自然到期前强制执行临时禁令，以阻止随后的仿制药上市。在这方面，法院在施加临时禁令之后，可以随后根据案情作出判决：①仿制药公司胜诉；②仿制药公司败诉。

在《美国法典》第 21 编第 355（j）（5）（B）（iii）（Ⅰ）条中，仿制药公司在 30 个月遏制期届满前赢得了诉讼，导致终止了剩余的 30 个月遏制期。同样地，在该条第Ⅲ款中，如果仿制药公司在诉讼中获胜，临时禁令也视为已终止，则可以批准其 ANDA 申请。❷ 因此与在侵权诉讼中的胜诉终止 30 个月遏制期的方式相同，在临时禁令颁发后的胜诉也能终止该禁令，从而为 ANDA 申请扫除了障碍。

根据《美国法典》第 21 编第 355（j）（5）（B）（iii）（Ⅳ）条，实施临时禁令后，如果仿制药公司在初审法院败诉，但在上诉中获胜，则同样可以终止临时禁令，从而授权其 ANDA 申请❸，与第Ⅱ款的批准条件是类似的。

这种情况经常发生，30 个月遏制期即将到期，而审判法院还未作出判决，专利权人担心仿制药公司可能在遏制期到期后上市。在 *Raloxifene* 案中，由于仿制药公司明显的拖延策略，初审法院在遏制期到期前尚未准备好作出判决，所以法院延长了 30 个月的遏制期。❹

## （二）因仿制药公司要求而延长

通常而言，仿制药公司希望遏制期尽快结束，以使其产品能够尽快上市，但是经常出现仿制药公司希望延长遏制期的情况，这是因为仿制药公司提交 ANDA 申请的时间太早，如果遏制期满还无法上市，将会面临丧失 180 天市场独占期的情况。

在 *Kaletra* 案中，由于仿制药公司提出要求，法院将 30 个月遏制期延长了 5 年。❺ 共涉两组专利：第一组包括 9 项专利，其中第 9 号专利于 2016 年 12 月 26 日到期（包括 6 个月的儿科独占期），第二组包括一项多晶型专利和一项含水溶性聚合物的组合物专利。Matrix 至少对第一组第 9 号专利进行了第Ⅲ段声明，并对第二组的每一项专利进行了第Ⅳ段声明。

Matrix 要求延长 5 年遏制期，因为它正在等待第Ⅲ段声明的专利到期，它无论如何都无法在 2016 年 12 月之前上市，如果它在 2016 年 12 月之前进行诉讼会导致 Matrix 丧失其 180 天市场独占期。Matrix 的处境很艰难，它在 2009 年提交了 ANDA 申请，并在 2016 年 12 月之前无法上市。如果它过早地赢得第Ⅳ段声明的专利诉讼，

---

❶ 21 U. S. C. , § 355（j）（5）（B）（iii）（Ⅲ）.

❷ 21 U. S. C. , § 355（j）（5）（B）（iii）（Ⅲ）.

❸ 21 U. S. C. , § 355（j）（5）（B）（iii）（Ⅳ）.

❹ *Eli Lilly and Co. v. Teva Pharmaceuticals USA, Inc.* , 557 F3d 1346, 1351, 89 U. S. P. Q. 2d 1921（Fed. Cir. 2009）.

❺ *Abbott Laboratories v. Matrix Laboratories, Inc.* , 2009 WL 3719214（N. D. Ill. 2009）.

它可能会丧失其 180 天的市场独占期。如果能够延长 5 年的遏制期，Matrix 可能在 2016 年 12 月上市时及时获得诉讼确定性，并可能继续享有自 2016 年 12 月到期生效的 180 天市场独占期，而不必挑战先前的专利。

而原研药公司 Abbott 不希望遏制期延长，它还提出了许多抗辩理由，希望提起诉讼；Matrix 本可以数年后再提交 ANDA 申请的，提交的时间是可控的；《美国法典》第 21 编第 355（j）（5）（B）（iii）条规定了诉讼方有配合推进诉讼的义务；5 年的延迟时间是史无前例的；延长遏制期会导致司法资源的浪费。更有利的理由是《美国法典》第 21 编第 355（j）（5）（B）（iii）条规定了如果诉讼方未能合理配合地推进诉讼，法院将指定更长或更短的期限，并要求法院确定是否存在未能配合地推进诉讼的行为，Matrix 的行动似乎是不配合的表现。法条的宗旨实际上是对不配合推进诉讼的一种惩罚，不配合诉讼的人可能会被施以延长或缩短遏制期的惩罚，但 Matrix 并不像其他延长遏制期的案例那样不配合，法院同意了 5 年的遏制期的延长。

## 二、遏制期的缩短

《美国法典》第 21 编第 355（j）（5）（B）（iii）条明确规定遏制期是自动的、无裁量权的，因此特别包括一项规定，允许法院（没有明确说明是地方法院还是上诉法院）因不配合推进诉讼而延长或缩短遏制期。❶ 如果 30 个月遏制期是为了提供时间来审查专利问题，如果一方不配合审查这些问题，则应该延长或缩短遏制期的时间。

专利权人有责任提起诉讼，并且提起诉讼的决定不是轻易作出的。首先，ANDA 申请人在专利挑战的通知书中提供详细的说明。专利权人可以根据保密访问意向书，要求了解更多有关诉讼可行性的信息。接下来，专利权人提交诉讼，在提交诉讼时，专利权人已经对事实进行调查。专利权人仅仅是因为提起诉讼就可以自动获得无裁量权的 30 个月遏制期，因此轻率地提起诉讼，尤其是通过不正当的 30 个月遏制期，非法阻止仿制药进入市场的反垄断诉讼，都会受到重大的惩罚。仿制药未上市的每一天，专利权人都能获得数百万美元的收益。为此，应仔细审查专利权人是否存在诉讼延误，以确定专利权人是否在合理地配合推进诉讼，以及是否应缩短遏制期的时间。原研药公司通过拖延和持续的诉讼策略，导致第 IV 段声明的诉讼案件大量积压。法院应大胆介入，通过缩短 30 个月遏制期时间对原研药公司的诉讼延误进行惩罚，有望减少或停止这种延误诉讼策略，从而实际推进案件处理并减轻法院的负担。

---

❶ 21 U. S. C.，§355（j）（5）（B）（iii）.

### 三、遏制期的不可恢复

《美国法典》第21编第355（j）（5）（B）（iii）条规定了终止30个月遏制期的几种情形，但并未解决以下问题：在30个月的遏制期自然到期之前，例如第20个月，地方法院对仿制药公司作出了决定性的判决。有了这项胜诉判决，法律明确规定终止30个月的遏制期，从而使遏制期减少10个月。但专利权人上诉并在上诉中胜诉，此案被退回地方法院进一步审理。专利挑战再次被恢复，但是专利权人是否可以主张其有权恢复剩余的遏制期时间？

答案是否定的，不应当恢复。首先，法律规定描述了地方法院的判决可以终止遏制期。过去，FDA表示30个月遏制期会因上诉法院的决定而终止（2000年3月以前提交的ANDA申请需要上诉法院判决来终止停摆期，2000年3月以后提交的ANDA申请只需要地方法院的判决来终止停摆期）。[1] FDA还表示，它考虑到当更改为地方法院规则时，上诉法院可能会改判，并导致进一步的后果。FDA认为，如果上诉法院改判，专利权人将无法恢复遏制期的剩余时间（地方法院关于专利无效或不侵权的判决的暂停或撤销都无法排他性地影响ANDA申请的授权，如果NDA持有者或专利权人想阻止已授权ANDA持有人在上诉期间上市其产品，则必须向法院申请禁制令）。[2]

其次，基于对FDA对恢复遏制期的意见以及专利权人可能被错误地剥夺遏制期的时间的了解，即使国会后来修改了法律规定，但仍然没有增加一个恢复条款。这些有力的证据表明，一旦30个月遏制期的时间开启或终止，就无法重新启动。[3]

但是，这可能实际上是不合理的。上诉通常需要12个月的时间来作出判决。为了使上诉法院能够在最初的30个月遏制期内作出裁决，地方法院必须在第18个月之前进行实质性裁决。但是一般的地方法院很有可能无法在那个时间作出裁决，除非它在所谓的"火箭案"中。

原研药公司可以采取什么措施来规避30个月遏制期限的终止？《美国法典》第21编第355（j）（5）（B）（iii）条中规定的是，法院作出表明上述决定的判决（Court Enters Judgment Reflecting the Decision）之日终止30个月遏制期。其中"法院"是指地方法院。因此，问题的关键是法院何时作出表明决定的判决。根据《美

❶ Center for Drug Evaluation and Research, Food and Drug Administration. Guidance for Industry: Court Decisions, ANDA Approvals, and 180 - Day exclusivity under the Hatch - Waxman Amendments to the Federal Food, Drug, and Cosmetic Act [EB/OL]. (2000 - 03 - 30) [2020 - 04 - 30]. https://www.fda.gov/cder/guidance/index.htm.

❷ Center for Drug Evaluation and Research, Food and Drug Administration. Guidance for Industry: Court Decisions, ANDA Approvals, and 180 - Day exclusivity under the Hatch - Waxman Amendments to the Federal Food, Drug, and Cosmetic Act [EB/OL]. (2000 - 03 - 30) [2020 - 04 - 30]. https://www.fda.gov/cder/guidance/index.htm.

❸ *U. S. v. Langley*, 62 F. 3d 602, 605 (4th Cir. 1995).

国联邦民事诉讼规则》第 58 条，它具体规定了法院何时可以作出判决和相应的机制。只要有关地区法院的判决是根据第 58 条的规则作出的，就将作为 30 个月遏制期满的判决记录。

原研药公司是否可以寻求推迟根据第 58 条的判决？原研药公司能否寻求上诉审查以暂停第 58 条规定的判决？原研药公司是否可以寻求上诉令以撤销基于第 58 条的判决？

下面以 *Oxaliplatin* 案为例进行说明。原研药公司在其专利诉讼初审阶段败诉了，后来在联邦巡回上诉法院上诉中得以改判，但是这种改判对于 30 个月遏制期是否会产生影响？答案是不会。当然，即将上市的仿制药公司需要承担相应的潜在专利侵权责任，但这对原研药公司可能没有价值或者只有有限的价值。

按照时间顺序来介绍，新泽西州初审法院于 2009 年 6 月 18 日以即决判决的方式裁定该专利未被侵权，并于 2009 年 6 月 30 日登录判决。当天，原研药公司提出上诉，要求紧急中止判决。第二天（2009 年 7 月 1 日），联邦巡回上诉法院暂时搁置了判决，直到仿制药公司能够对案情摘要作出回应。2009 年 7 月 10 日，联邦巡回上诉法院正式搁置了初审法庭的判决，等待上诉。但是，在 2009 年 8 月 7 日，FDA 向仿制药公司授予了 ANDA 申请的最终批准，仿制药迅速上市。2009 年 8 月 10 日，原研药公司向哥伦比亚特区法院提起诉讼，起诉 FDA，要求 FDA 撤销 ANDA 申请最终批准和/或通过诉前临时禁令拒绝进一步的 ANDA 最终批准。2009 年 8 月 11 日，哥伦比亚特区法院驳回了诉前临时禁令。同一天，原研药公司向哥伦比亚特区联邦巡回上诉法院提出了紧急上诉，而哥伦比亚特区联邦巡回上诉法院于 2009 年 8 月 18 日拒绝了这一上诉。与此同时，联邦巡回上诉法院于 9 月 2 日就潜在的专利上诉进行了口头审理，仅仅 5 天后，联邦巡回上诉法院撤销了新泽西州法院的实质性专利裁决，导致仿制药此前的"胜诉"已不再是"胜诉"。

各种程序上的动作和决定都与原研药公司背道而驰。在其 2010 年 7 月 26 日的裁决中，哥伦比亚特区法院否决了该原研药公司要求 FDA 取消任何先前的 ANDA 最终批准并且不授予新的 ANDA 最终批准的申诉。从理论上讲，联邦巡回上诉法院中止了判决实际上恢复了潜在的 30 个月遏制期。地方法院基于第 58 条的登录判决条款是明确无误的。然而法院重申，根据法律规定，国会明确加入了各种上诉条款，以及上诉决定对 30 个月遏制期的影响。对于法院而言，如果国会打算允许在等待上诉或撤销判决的期间暂缓判决，那么国会本可以将其起草成相关法律条款。❶

在一系列单独的申诉中，原研药公司还要求撤销 ANDA 申请的批准并阻止新的 ANDA 申请批准。理由是联邦巡回上诉法院下令暂缓新泽西州法院的判决，这意味着根据恢复现状理论，30 个月的遏制期仍然有效。原研药公司辩称，实际上，在下

---

❶ *Sanofi – Aventis v. Food and Drug Admin.*, 725 F. Supp. 2d 92, 101（D. D. C. 2010）.

达暂缓命令后，它将所有人都带回判决日期的前一天，这意味着 30 个月的遏制期仍然有效。而被告辩称，法律明确规定，该 30 个月的遏制期是由地方法院作出判决而终止，而不是在该判决具有任何可执行性之日，地区法院同意这一观点❶。

从 *Oxaliplatin* 案可以看出，一旦地区法院的判决终止 30 个月的遏制期，就不会再因为上诉法院的改判而恢复。

## 第四节　多个遏制期的交叉

30 个月遏制期的目的是审查诉讼中潜在的专利问题。但是，遏制 30 个月的结果是延迟 ANDA 申请批准，从而使仿制药在 ANDA 申请获批之前一直无法上市。可以断言，不管潜在的专利诉讼是否有价值，原研药公司都有各种动机将 30 个月的遏制期延长到极限，如果原研药公司可以获得新的 30 个月遏制期，例如持续提出诉讼，所产生的效果可能是 30 个月遏制期的连续计算，从而将 ANDA 申请批准的期限延长数年。

### 一、修法前 Patent – by – Patent

根据 2003 年 12 月之前的法律规定，当对专利进行第Ⅳ段声明时，每项专利都拥有能够产生新的 30 个月遏制期的专利声明。这样就导致"常青"专利能够产生新的且重复性的 30 个月遏制期。帕罗西汀（Paxil）案就是一个令人震惊的例子，该案由于一系列新授权的专利被登记在橙皮书中，Apotex 必须提交第Ⅳ段声明，从而产生新的 45 天诉讼窗口期，进一步产生新的 30 个月遏制期，最后 Apotex 不得不进行 5 次不同的 30 个月遏制期。第二次遏制期大约在第一个遏制期开始后的 17 个月内开始，最终遏制的总时间约为 65 个月。❷ 根据修改前的法律规定，原研药公司的策略可以通过将新授权的专利在首次遏制期的第 30 个月左右登记在橙皮书上，以便新的诉讼产生一个新的 30 个月遏制期。

产生新遏制期的原因是 FDA 认为橙皮书专利声明制度是 Patent – by – Patent，新登记的专利应被当作新专利对待，每项专利都拥有自己的 180 天市场独占期，也享有自己的 30 个月遏制期。原研药公司的优势在于，只要在 ANDA 申请批准之前授权并登记新专利，ANDA 申请人就必须对其进行声明，从而使其遏制 30 个月。因此，关键因素在于，ANDA 申请批准之前的专利都可以成为 30 个月遏制期的基础。但这种情况在 2003 年 12 月发生了变化。

---

❶ *Sanofi – Aventis v. Food and Drug Admin.* , 643 F. Supp. 2d 92, 101 (D. D. C. 2010).

❷ UPADHYE S. Generic Pharmaceutical Patent and FDA Law ［M］. Thomson Reuters, 2016.

## 二、修法后 Product – by – Product

2003 年 12 月，国会通过了 Hatch – Waxman 法案的修正案，该法令废除了 30 个月的重复遏制期。现在，专利声明体系是 Product – by – Product，因此，Patent – by – Patent 的方法不再存在。在新规则下，可以作为 30 个月遏制期限的基础是固定的橙皮书专利，即仅允许一次 30 个月遏制期。因此，关键因素在于 ANDA 的申请日期。在提交 ANDA 申请的那一天，就固定了能够作出第Ⅳ段声明获得 30 个月遏制期的专利基础。只要橙皮书中至少一项专利具有至少一项第Ⅳ段声明，ANDA 申请人就只能对这些专利遏制 30 个月。唯一的例外情况是，ANDA 申请人最初向专利申请第Ⅲ段声明，然后将其转换为第Ⅳ段声明。这种转换可以触发新的 30 个月遏制期。这在一定程度上是有道理的，因为第Ⅳ段声明和随后的 30 个月遏制期的基础是允许双方在 30 个月的期限内审查专利问题。对于第Ⅲ段声明，没有最初的审核，但是，一旦 ANDA 申请人转换声明，这对专利是一项新的挑战，专利权人就有权对这一新挑战进行审查。

## 三、重组制剂可能产生新的 30 个月遏制期

在 *Doxercalciferol* 案中，由于原研药公司对组合物的复方进行重新配方，ANDA 申请人也进行相应的变更，因此 FDA 规定了新的 30 个月的遏制期。❶ 起初，原研药公司的药物是用于安瓿的制剂。提交的第一份 ANDA 申请附有当时已登记的橙皮书专利的第Ⅳ段声明。原研药公司及时提起了诉讼，此后，另一个用于针剂药水瓶的制剂专利被授权，并被登记在橙皮书上。ANDA 申请人进行了修订，针对新登记的专利进行了声明，但未对该声明进行任何诉讼。然后，原研药公司将其产品重新配置为新的针剂药水瓶制剂，并停止使用先前的安瓿制剂。在针剂药水瓶制剂获得批准后，原研药公司列出了原始专利和新的针剂药水瓶制剂专利。最初针对安瓿制剂的 ANDA 申请批准已中止，随后在原始 ANDA 申请中补充了新的针剂药水瓶的制剂。因此，这不是单独的 ANDA 申请，而是对安瓿制剂重新配制成针剂药水瓶制剂的补充。ANDA 申请人在对原始专利进行（重新）声明以及对针剂药水瓶制剂专利进行（重新）声明之后，原研药公司提起诉讼，并争辩说，由于新声明和新诉讼均基于新的制剂组分，新的 30 个月遏制期应当发生。FDA 决定，由于对针剂药水瓶制剂的补充 ANDA 申请实际上是新的组分，适用新的 30 个月遏制期。

---

❶ UPADHYE S. Generic Pharmaceutical Patent and FDA Law [M]. Thomson Reuters, 2016.

## 四、多个遏制期的交叉

以下举例说明多个申请人的 30 个月遏制期交叉到期的情况。假设有 3 家公司在同一天提交 ANDA 申请，每家公司都包括第Ⅳ段声明，每家都在等待 FDA 的接受提交通知书，表明 ANDA 申请提交已经完成，可以开始进行审查。此外，假设专利权不稳定，每个申请人都有很强的专利不侵权可能。具体如图 4 - 1 所示，所有 ANDA 申请都是在同一天提交的，可以假设 FDA 将在同一天发出接受提交通知书，但事实并非如此。在此示例中，FDA 发送的时间有所不同。A 公司首先收到其接受书，但直到 20 天期限的第 19 天才发出第Ⅳ段声明的通知信。因此，其 30 个月的遏制期将从第 19 天开始。

B 公司比 A 公司晚几天收到接受书，但很快就作出了声明，并且在一天内发出了第Ⅳ段声明通知信。尽管规定了 20 天时间发出通知信，但 B 公司没有浪费任何时间。由于快速地发出了通知，尽管更晚收到接受书，但 B 公司的 30 个月遏制期依然比 A 公司更早到期。

C 公司的情况最糟糕。尽管它与 A 公司、B 公司同一天提出了 ANDA 申请，但很晚才收到接受书。此外，它等待了 19 天才发出通知信，因此它的 30 个月遏制期比 A 公司和 B 公司到期都晚。简单来说，如果 A 公司和 B 公司决定在 30 个月到期后立刻上市产品，B 公司会最先上市并且独自享受市场独占期，直到 A 公司的遏制期到期而上市。在 C 公司产品上市之前，A 公司和 B 公司共享市场独占期，等到 C 公司产品上市以后，市场有可能已经被大量占领。尽管 C 公司是与 A 公司、B 公司共享同一天 ANDA 申请提交日，但 C 公司的产品上市已经错过最好的时机。

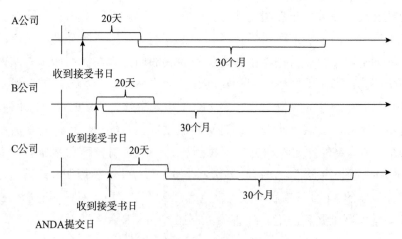

A公司  20天  30个月
收到接受书日

B公司  20天  30个月
收到接受书日

C公司  20天  30个月
收到接受书日

ANDA提交日

**图 4 - 1　多个遏制期交叉示意图**

有些人也许觉得这对 A 公司和 C 公司不太公平。尽管 ANDA 申请是在同一天提交的，但实际是 FDA 发出的接受提交通知书触发了 ANDA 申请人发出第Ⅳ段声明通知信的义务，第Ⅳ段声明通知信触发了 30 个月遏制期的启动。的确，没有申请人能够控制 FDA 何时会发出接受书。但 A 公司和 C 公司不管出于何种理由，决定等到第 19 天才发出第Ⅳ段声明的通知，才导致了 30 个月遏制期的启动晚了 19 天。B 公司采取了快速发出通知的正确战略，这给予了 B 公司在遏制期届满优先上市的机会，并且提前独自享受了市场独占期。

## 五、NCE 数据保护期与"7.5 年规则"

NCE 的数据保护期为 5 年。如果存在 NCE 数据保护期，则与其相关的 ANDA 申请的 30 个月遏制期将会延长。

如果 ANDA 申请是基于拥有 NCE 数据保护期的药物所提交的，则 30 个月的遏制期会被延长至 NDA 提交后的 7.5 年，有人认为是 NCE 数据保护期到期后 2.5 年。"7.5 年规则"仅适用于基于 NCE 的 ANDA 诉讼。对于非 NCE 的 ANDA 诉讼，并不会导致 30 个月遏制期的延长。

如果儿科保护期仍然存在，那么 7.5 年规则还需要再延长 6 个月，变成近 8 年。如果儿科保护期在 ANDA 诉讼期间被授权，那么会对 30 个月遏制期产生什么影响呢？如果 30 个月遏制期是由 NCE 基础专利的第Ⅳ段声明产生的，那么 30 个月遏制期会由 7.5 年延长至近 8 年。另外，如果潜在的诉讼不是基于 NCE 基础专利的 ANDA 申请，那么 30 个月遏制期不会被儿科独占期影响。

## 六、多方复审程序对遏制期的影响

美国发明法案（America Invents Act，AIA）修正了专利法，允许对一件专利进行多方复审。也就是说，只要有有效的对比文件，就可以提出复审请求而成为多方复审的请求人，USPTO 将复审被请求的专利，以确立被请求专利的有效性或是权利要求的保护范围。美国的多方复审程序与中国专利审查程序中的无效宣告请求程序较为接近。

许多时候 ANDA 申请人也是多方复审的请求人，请求人/被告也许会考虑悬而未决的多方复审请求，要求暂停并行的联邦法院诉讼。因此，了解多方复审程序的各个阶段以及它对并行的联邦法院程序和 30 个月遏制期的影响十分重要。

当在第 0 个月提交多方复审请求，专利委员会需要在第 6 个月之前作出决定是否接受或否决多方复审。在这个过渡时期，被告也许会因为提出多方复审请求而请求法庭暂停审理。在多方复审请求期间暂停诉讼的决定也与法院的管理相吻合。坦率地说，这两方面的案例都有（法院暂停和不暂停审理）。法律没有明确规定多方复审请求期间需要暂定诉讼。有些法院甚至会建议当事人在专利委员会在第 6 个月作出决定后重新提交相关的暂停申诉。

专利委员会必须在第 6 个月作出接受或否决多方复审请求的决定。如果专利委员会否决请求，那么法院诉讼如常进行；如果专利委员会授权请求，并且提起诉讼，那么专利委员会将组织多方复审审理，并且在 12 个月内作出裁决（提起诉讼后的 12 个月或整个流程的第 18 个月）。基于此，由于专利委员会正在评估诉讼专利的有效性，当事人将重新提交暂定法院审理的申诉。[1] 如果专利委员会无效宣告涉诉专利，那么并行的法院诉讼就没有必要。因此，专利委员会提出多方复审程序是中止专利诉讼的充分理由。[2]

即使法院在诉讼前或诉讼后暂停案件审理，30 个月遏制期也不会自动延迟。这是因为由多方复审程序导致的法院案件暂停是由法官自由裁量的。而法律规定的 30 个月遏制期延长是基于当事人，通常是被告提出的延期。专利权人可能会辩称，被告通过提交多方复审请求书实施延迟审理的行为，但这并不足以成为理由。被告有权依法提出多方复审申请，如果国会打算将多方复审制度作为延长 30 个月遏制期的理由，那么国会可以将其纳入立法。

有一种情况是任何一方都没有要求中止联邦法院的诉讼，但法院却自发地中止了。在一个案件中，被告提出了一项多方复审请求，但没有要求中止法院诉讼。双方忠实地告知了法院已经提交多方复审。法院随后发布了一项 "Show Cause Order"，说明为何应当中止该案件。法院中止了该案审理，但没有中止 30 个月的遏制期。也就是说，尽管联邦法院的案件已经中止，但 30 个月的遏制期仍在继续。[3] 法院指出，联邦法院审理该案件的自发中止纯粹是自由裁量的，[4] 但法律并没有规定相应地中止或延长 30 个月的遏制期。法院同时还指出，任何一方都没有延迟诉讼。

最后，法院可以选择暂停案件直到第 18 个月专利委员会作出决定，也有可能继续暂停案件直到多方复审上诉至上诉法院完全结束。

---

[1] *Lilly v. Accord Healthcare Inc.*, 2015WL 8675158, ＊1（S. D. Ind. 2015）.

[2] *Lilly v. Accord Healthcare Inc.*, 2015WL 8675158, ＊2（S. D. Ind. 2015）.

[3] *Alcon Laboratories, Inc. v. Akorn, Inc.*, 2016 WL 99201, ＊2 - 3（D. N. J. 2016）.

[4] *Ethicon, Inc. v. Quigg*, 849 F. 2d 1422, 1426 - 27, 7U. S. P. Q. 2d 1152（Fed. Cir. 1988）.

# 第五章　180 天市场独占期

## 第一节　180 天市场独占期简介

《美国法典》第 21 编第 355（j）（5）（B）（iv）条规定，如果针对已经有第一申请人提交第Ⅳ段声明的药品而提出包含第Ⅳ段声明的 ANDA 申请，则申请应当在第一申请人首次进行药物的商业销售之日（包括橙皮书所列药物的商业销售）起 180 天后生效。对于上述规定，从第一申请人的角度来看，其获得了 180 天的市场独占期（在独占期内其他包含第Ⅳ段申请的 ANDA 申请不被批准）。❶

设立 180 天市场独占期目的在于补偿仿制药公司在专利诉讼中所耗费的财力，鼓励仿制药公司为了 180 天市场独占期而挑战原研药的专利，通过竞争促进仿制药尽快上市。美国的药物市场是高度市场化的，原研药一般不可替代，价格较高，需要医保体系和患者支付较高的费用。但是，从美国联邦政府、保险商、医疗机构、零售商到患者都希望降低药物成本。由于仿制药相对较短的研发时间和较低的研发成本，并且面临激烈的竞争，药品价格能快速下降，从而达到降低药物成本的目的。普通仿制药价格一般只有原研药价格的 10%～30%，甚至不到 10%。与之相对的，在 180 天的市场独占期，仿制药可以以新药 50%～80% 的价格销售，并获得率先进入市场的优势。因而，挑战专利并成功的第一家仿制药公司通过 180 天的市场独占期可以获得丰厚的回报。例如，Barr 公司成功挑战礼来公司的 Prozac 专利并上市自己的仿制药氟西汀，在 Barr 公司上市其仿制药的第一周，美国最大的药房福利管理公司 Merck - Medco 将近 80% 的氟西汀替换成了 Barr 公司的仿制药，在 180 天市场独占期 Barr 公司的氟西汀销售收入达到 3.11 亿美元。❷❸❹

仿制药的 180 天市场独占期制度所带来的回报极大地促进了仿制药公司进行专利

❶　21 U. S. C. ，§355（j）（5）（B）（iv）.

❷　FDA 首仿药的 180 天独占销售权［EB/OL］.（2013 - 04 - 11）［2020 - 04 - 30］. http：//blog. sina. com. cn/s/blog_850894e3010191w3. html.

❸　杨莉，等. 美国的仿制药独占制度研究［J］. 中国新药杂志，2011，20（19）：1839 - 1842.

❹　ROSACK J. Generic Fluoxetine a Big Hit With Drug Benefit Managers［EB/OL］.［2020 - 04 - 30］. https：//psychnews. psychiatryonline. org/doi/full/10. 1176/pn. 36. 18. 0017.

挑战的积极性。据 Journal of Medical Economics 报告统计，1995～2014 年，新药专利受到挑战的比例从 9% 上升到了 76%。首次受到挑战时间与上市时间的间隔从 18.7 年下降至 5.9 年，市场独占期的出现极大地推动了仿制药对原研药的替代（见图 5-1）。❶

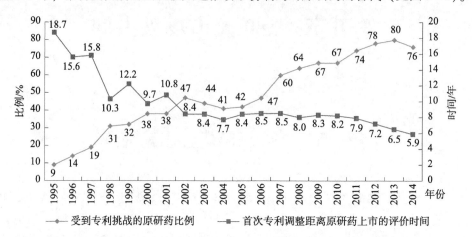

图 5-1　历年受到专利挑战的原研药比例及首次专利挑战距离原研药上市的平均时间

# 第二节　180 天市场独占期的产生和效力

《美国法典》第 21 编第 355（j）（5）（B）（iv）条规定，如果针对已经有第一申请人提交第 Ⅳ 段声明的药品而提出包含第 Ⅳ 段声明的仿制药 ANDA 申请，则申请应当在第一申请人首次进行药物的商业销售（包括橙皮书所列药物的商业销售）之日起 180 天后生效。想要明确上述规定中涉及的 180 天市场独占期的产生和效力，需要注意以下两个问题：①何为第一申请人；②规定针对的对象为何不是第一申请人而是在后申请。

## 一、第一申请人——谁获得 180 天市场独占期❷❸❹

《美国法典》第 21 编第 355（j）（5）（B）（iv）条规定在第一申请人首次进行

---

❶　GRABOWSKI H. Updated trends in US brand – name and generic drug competition［J］. Journal of Medical Economics，2016，19（9）：836 – 844.

❷　21 U. S. C.，§355（j）（5）（B）（iv）（II）（bb）.

❸　Guidance for Industry 180 – Day Exclusivity：Questions and Answers［EB/OL］.（2017 – 01 – 31）［2020 – 04 – 30］. https：//www. fda. gov/regulatory – information/search – fda – guidance – documents/guidance – industry – 180 – day – exclusivity – questions – and – answers.

❹　UPADHYE S. Generic Pharmaceutical Patent and FDA Law［M］. Thomson Reuters，2016.

药物的商业销售之日起 180 天后提交包含第Ⅳ段声明的 ANDA 申请才能生效。那么，何为第一申请人？

根据《美国法典》第 21 编第 355（j）（5）（B）（iv）（Ⅱ）（bb）条的规定，第一申请人是指第一个以第Ⅳ段声明提出 ANDA 申请且其提供的资料已经符合主管部门所有要求而足以进行审查批准上市的人，也可称第一申请人为第一个实质完成（Substantially Complete）申请的人。若在先提交的 ANDA 申请中不包含第Ⅳ段声明，申请人可以通过在后首次提交包含第Ⅳ段声明的 ANDA 申请的修正案，来获得首仿药申请人的资格。

FDA 还规定，当多个 ANDA 申请人在同一天提交 ANDA 申请（包含第Ⅵ段声明）时，所有申请人都被视为"第一申请人"，尽管从逻辑上讲，只有一个真正的"第一"申请人。作出该规定的原因在于，当时，ANDA 申请人为了真正成为"第一"申请人而在 FDA 门外"扎营数天或数周"，以至于 FDA 不得不使用时间戳和审查监视磁带等措施。若有多个申请人同时可成为第一申请人（First Applicant），为鼓励仿制药公司挑战原研药公司相关专利，促进仿制药提早上市，多个首仿药申请人能够共同享有 180 天市场独占期，并以第一位上市者的上市日期为起算日，且连续计算。如果第二家共享市场独占期的仿制药企业在第一家仿制药企业通知 FDA 其药品上市时间后第 91 天才上市其仿制药，则其享有的市场独占期仅为剩余的 90 天。但是针对同一种药品的不同剂量，由于剂量不同，则属于不同的药品，每个剂量可以有不同的首仿药申请人，享受单独的 180 天市场独占期。

此外，当同一件专利中既含有药品权利要求又含有使用方法权利要求时，申请人可以针对药品权利要求提出第Ⅳ段声明并针对使用方法权利要求提出 Section viii 声明。这种声明方式通常被称为"分别声明"（Split Certification），分别声明中的第Ⅳ段声明使其有资格成为第一申请人。

## 二、180 天市场独占期的效力[1][2]

当收到第一申请人的通知函后 45 日内，原研药公司或专利权人没有对第一申请人提起诉讼则第一申请人获得 180 天市场独占期。当原研药公司或专利权人提起诉讼但在 30 个月遏制期满后或者一审法院作出对仿制药公司有利的判决又或者通过和解的方式解决问题，则第一申请人也可以获得 180 天市场独占期。

但是《美国法典》第 21 编第 355（j）（5）（B）（iv）条并没有直接规定授权第

---

[1]  Guidance for Industry 180 – Day Exclusivity：Questions and Answers ［EB/OL］.（2017 – 01 – 31）［2020 – 04 – 30］. https：//www.fda.gov/regulatory – information/search – fda – guidance – documents/guidance – industry – 180 – day – exclusivity – questions – and – answers.

[2]  UPADHYE S. Generic Pharmaceutical Patent and FDA Law ［M］. Thomson Reuters，2016.

一申请人享有 180 天市场独占期，而是规定后续的申请在第一申请人首次进行药物的商业销售之日起 180 天后才能生效。《美国法典》第 21 编第 355（j）（5）（B）（iv）条是从后续（第一申请人之后）申请人的视角来规定的。也就是说，只有在后续再提交一份 ANDA 申请，才存在 180 天市场独占期。如果只有一位 ANDA 申请人，那么该 ANDA 申请人实际上是唯一的申请人，它没有 180 天市场独占期。在 *Teva Pharmaceuticals USA v. Leavitt* 案中，哥伦比亚特区联邦巡回上诉法院明确表示第一申请人在 180 天市场独占期中没有既得财产权。

当后续申请人也进行包含第Ⅳ段声明的申请时，180 天市场独占期就生效了。例如，如果第一申请人进行包含第Ⅳ段声明的 ANDA 申请，在这种情况下，它没有 180 天市场独占期。如果没有其他人提出申请，最终该申请人会得到批准并进入市场。此时，该申请人有超过 180 天市场独占期。180 天市场独占期限制了后续申报者 180 天的审批时间，但它只限制包括第Ⅳ段声明的后续申请人。因此，180 天市场独占期不是对第一申请人的明确授权，而是存在第二位申请人时才生效。

## 三、180 天市场独占期的效力相关案例❶

以下示例对 180 天市场独占期对于后续申请人产生的效力进行说明。

### （一）最简单的情况

甲公司针对药物 A 提交了包含第Ⅳ段声明的第一份 ANDA 申请，乙公司随后也针对药物 A 提交了包含第Ⅳ段声明的 ANDA 申请。由于乙公司的 ANDA 申请是在后的包含第Ⅳ段声明的申请，在甲公司 180 天市场独占期终止之前无法获得批准（见图 5-2）。

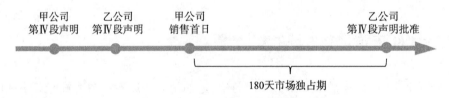

图 5-2　180 天市场独占期效力示例 1

### （二）180 天市场独占期随专利到期而到期

甲公司提交了第一份包含第Ⅳ段声明的 ANDA 申请。甲公司的 ANDA 申请在相关专利到期前一年内提交。乙公司后来提交了包含针对该专利的第Ⅳ段声明的 ANDA

---

❶ UPADHYE S. Generic Pharmaceutical Patent and FDA Law [M]. Thomson Reuters, 2016.

申请。当专利到期时，甲公司的 180 天市场独占期将随着专利到期而到期。专利到期终止了 180 天市场独占期，因此不会阻碍后续的申请人，乙公司将在专利到期后被批准（见图 5 - 3）。

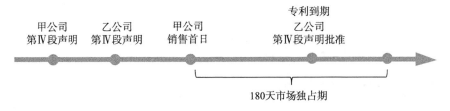

**图 5 - 3　180 天市场独占期效力示例 2**

## (三) 180 天市场独占期仅限制在后包含第Ⅳ段声明的 ANDA 申请

甲公司提交了第一份包含第Ⅳ段声明的 ANDA 申请。ANDA 申请在相关专利到期前的许多年前提交。该专利涉及一种未经 FDA 批准的使用方法，也就是说，专利方法并非是 FDA 批准的使用方法。甲公司认为它不会造成侵权，并提交了第Ⅳ段声明。乙公司随后提交了 ANDA 申请，但提交了 Section viii 声明，从其标签中"剔除"未经批准的用途。最终批准后，甲公司能够上市仿制药，乙公司也能在其获得批准后尽快上市仿制药。180 天市场独占期只会阻止其他包含第Ⅳ段声明的 ANDA 申请人。因为乙公司提交了 Section viii 声明，所以它不受 180 天市场独占期的限制（见图 5 - 4）。

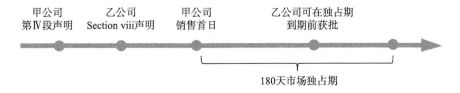

**图 5 - 4　180 天市场独占期效力示例 3**

## (四) 多个第一申请人的情况一

甲公司和乙公司都在同一天提交了包含第Ⅳ段声明的 ANDA 申请。但是，甲公司在早上提交了它的 ANDA 申请，而乙公司则在下午提交。在多个"第一申请人"规则下，甲公司和乙公司都被视为第一个提交 ANDA 申请的公司，对于以后的申请人，两者都享有 180 天市场独占期。然而，甲公司和乙公司的 180 天市场独占期不适用于对方，两者都不会以排他性来阻止对方。这是因为，这两个申请都不是以后的申请，甲公司和乙公司都是第一申请人。180 天市场独占期以甲公司和乙公司中较早的首个销售日起算（见图 5 - 5）。

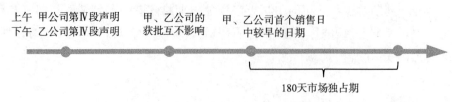

**图 5 - 5　180 天市场独占期效力示例 4**

## (五) 多个第一申请人的情况二

甲公司和乙公司都在同一天提交了包含第Ⅳ段声明的 ANDA 申请。但是,甲公司在早上提交了它的 ANDA 申请,而乙公司则在下午提交。然而,甲公司的 ANDA 申请不规范,FDA 不接受其 ANDA 申请,因为它并不是完全完整的,FDA 驳回了甲公司的 ANDA 申请。随后甲公司修改了 ANDA 申请并再次申请。在这种情况下,乙公司将拥有唯一的 180 天市场独占期,甲公司将被独占期排斥在后,因此它成为后续的申请人 (见图 5 - 6)。

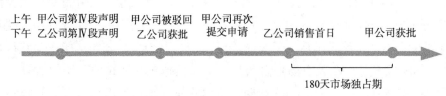

**图 5 - 6　180 天市场独占期效力示例 5**

# 第三节　180 天市场独占期确定的基础

Hatch - Waxman 法案并没有规定 180 天市场独占期的确定方式,因此针对确定 180 天市场独占期的不同基础出现过 "Patent - by - Patent" 和 "Product - by - Product" 两种确定方式。

## 一、"Patent - by - Patent" 的确定方式❶

2003 年 12 月,在 MMA 法案前 FDA 采用 "Patent - by - Patent" (以原研药登记的各项专利为基础) 的方式作为确定 180 天市场独占期的基础。采用这种方式的目的在于鼓励更多的仿制药公司进行专利挑战,以使更多的仿制药提前进入市场。

---

❶ 中国台湾 "经济部智慧财产局" . 103 年度委托研究报告:美国专利连结与橘皮书登录制度研究 [R/OL]. (2014 - 12 - 19) [2020 - 04 - 30]. https://www.tipo.gov.tw/public/Attachment/533117442984.pdf.

"Patent – by – Patent"方式的出发点是好的，但在实际运行的过程中可以发现，该方式会导致独占期相互阻碍的问题发生。例如，甲公司首先针对橙皮书中的第 1 号专利提出了第Ⅳ段声明，但针对第 2 号专利提出第Ⅲ段声明（因为它认为第 2 号专利效力强且不能被挑战）。乙公司随后对第 1 号专利和第 2 号专利（它对第 2 号专利也提出挑战）都提交了第Ⅳ段声明。甲公司发现乙公司针对第 2 号专利进行挑战后，甲公司调查发现它现在也能对第 2 号专利进行挑战并随后修改了其 ANDA 申请增加了第Ⅳ段声明。根据"Patent – by – Patent"的方式，甲公司基于第 1 号专利获得 180 天市场独占期而乙公司基于第 2 号专利获得 180 天市场独占期。最终的结果是，乙公司无法获得其 ANDA 申请的最终上市批准，因为第 1 号专利的第Ⅳ段声明意味着甲公司对其拥有 180 天市场独占期。然而，甲公司也无法获得最终批准（尽管它是第一个提出包含第Ⅳ段声明的 ANDA 申请），因为它被乙公司在第一次挑战第 2 号专利时获得的 180 天市场独占期限制。

当第一申请人没有注意到橙皮书中的弹出式（Pop – Up）专利而后续申请者首先注意到并针对该专利率先提出第Ⅳ段声明时这种相互阻碍的情况更为明显。在 *Apotex Inc. v. Food & Drug Admin* 案中，FDA 对同一个仿制药加巴喷丁授予 Purepac 公司两个独立的 180 天市场独占期。Purepac 公司的第一个市场独占期已经到期。但根据后来公布的专利而授予的 180 天市场独占期有效期将延续到 2005 年 4 月。同时，由于 Purepac 公司的市场独占期并未到期，FDA 并未最终批准 Apotex 公司的申请，推迟了 Apotex 公司仿制药加巴喷丁上市。Apotex 公司声称，FDA 错误地将同一药物的多个 180 天市场独占期授予第一申请人，而在其看来，法律只允许授予第一申请人一次 180 天市场独占期。

## 二、"Product – by – Product"的确定方式❶❷

鉴于"Patent – by – Patent"确定方式在实际操作中可能出现的问题，2003 年 12 月美国国会进行了法律变更，"Patent – to – Patent"的方式被废止。FDA 现在已采用"Product – by – Product"（以提出 ANDA 申请的产品个数）的方式作为确定 180 天市场独占期的基础。这意味着，受到第Ⅳ段声明挑战的产品只产生一个 180 天市场独占期。因此，第一个针对橙皮书中的任何一项专利提交第Ⅳ段声明的申请人获得潜在的 180 天市场独占期，而不管后续申请人是否针对以前未经认证的专利提交第Ⅳ段声明。在基于产品的方式下，重要的是产品，而不是提交了多少份第Ⅳ段声明。同时，不同剂型、剂量的仿制药属于不同的产品，如果以不同的剂型或剂量分别提

---

❶ 中国台湾"经济部智慧财产局".103 年度委托研究报告：美国专利连结与橘皮书登录制度研究［R/OL］.（2014 – 12 – 19）［2020 – 04 – 30］. https：//www. tipo. gov. tw/public/Attachment/533117442984. pdf.

❷ UPADHYE S. Generic Pharmaceutical Patent and FDA Law［M］. Thomson Reuters，2016.

出几个包含第Ⅳ段声明的 ANDA 申请，那么能够针对不同剂型或剂量的产品分别获得 180 天市场独占期。

## 三、180 天市场独占期的确定方式相关示例❶

以下采用相关示例说明"Product – by – Product"的确定方式。

### (一) 是否针对所有专利提出第Ⅳ段声明的影响

A 公司是首个针对药物 1 提出 ANDA 申请的公司，在橙皮书登记的 4 项专利中，A 公司对专利 4 提交了第Ⅳ段声明，而对专利 1、专利 2 和专利 3 则进行了第Ⅲ段声明。因此，在 4 项专利中，A 公司仅向专利 4 提交了第Ⅳ段声明。X 公司是后来的申请人，但对所有 4 项专利均提交了第Ⅳ段声明。尽管 X 公司首次针对专利 1、专利 2 和专利 3 提出了第Ⅳ段声明，但其 ANDA 申请仍受 A 公司 180 天市场独占期的限制。A 公司的 ANDA 申请不受任何 180 天市场独占期的限制（尽管它仍受第Ⅲ段声明的限制）。

### (二) 药物存在不同剂量时的情况

A 公司是首个针对药物 1（例如，10mg 剂量）提出 ANDA 申请的公司，在橙皮书登记的 4 项专利中，A 公司对专利 4 进行了第Ⅳ段声明，对专利 1、专利 2 和专利 3 则进行第Ⅲ段声明。X 公司提交了一份 ANDA 申请，要求批准药物 1（10mg 剂量）和药物 2（20mg 剂量）。X 公司是后来的申请人，但对两个剂量的所有 4 项专利均进行了第Ⅳ段声明。由于 A 公司至少针对一项专利进行了第Ⅳ段声明，X 公司 10mg 剂量的申请将会受到 A 公司潜在 180 天市场独占期的限制。但是，X 公司对药物 2（20mg 剂量）拥有潜在的 180 天市场独占期。A 公司无法阻止药物 2 20mg 剂量的批准，因为它没有针对药物 2 20mg 剂量的药物提交任何包含第Ⅳ段声明的 ANDA 申请。在市场上，A 公司可以以 180 天市场独占期销售药物 1 10mg 剂量的药物；X 公司也可以以药物 2 20mg 剂量的药物进入市场。X 公司可以在第 181 天以药物 1 10mg 剂量的药物进入市场。虽然每种剂量的药物活性成分都是相同的，但这无关紧要。

### (三) 弹出式（Pop – Up）专利的影响一

A 公司和 X 公司在同一天提交 ANDA 申请。但由于橙皮书中没有列出专利，这两份 ANDA 申请均只包含第Ⅰ段声明。但如果有一项专利突然获得授权并按时列入橙皮书中。X 公司注意到了该突然出现的专利，并立即针对其进行了第Ⅳ段声明。

---

❶ UPADHYE S. Generic Pharmaceutical Patent and FDA Law［M］. Thomson Reuters, 2016.

由于这是一项容易挑战的专利，A 公司随后也针对该专利进行了第Ⅳ段声明。由于 X 公司是第一个提交包含第Ⅳ段声明的 ANDA 申请的公司，而 A 公司是第二个提交第Ⅳ段声明的公司，A 公司将受到 180 天市场独占期的限制。由于橙皮书未列出专利，A 公司和 X 公司何时提交 ANDA 申请并不重要。A 公司如果想享受 180 天市场独占期有必要跟踪橙皮书中的专利并及时进行声明。

### (四) 弹出式 (Pop–Up) 专利的影响二

A 公司和 X 公司均提交 ANDA 申请，但 X 公司比 A 公司晚几个月提交 ANDA 申请。这两个 ANDA 申请均包含第Ⅲ段声明，因为唯一列出的专利涵盖化合物本身，它是一项强保护专利，该专利将在几个月后到期。但有一项专利突然获得授权并按时列入橙皮书中。X 公司注意到了该突然出现的专利，并立即对其进行了第Ⅳ段声明。这是一项容易挑战的专利，A 公司随后也进行了第Ⅳ段声明。由于 X 公司是第一个提交包含第Ⅳ段声明的 ANDA 申请的公司，而 A 公司是第二个提交第Ⅳ段声明的公司，A 公司将受到 180 天市场独占期的限制。A 公司如果想享受 180 天市场独占期有必要跟踪橙皮书中的专利并及时进行声明。

### (五) 多项专利对共同第一申请人认定的影响

假设橙皮书中有 10 项专利，每项专利都将在未来到期。在 NCE–1 日期，A 公司和 X 公司都在同一天提交 ANDA 申请。A 公司对专利 1~9 提交第Ⅲ段声明，对专利 10 提交第Ⅳ段声明。X 公司对所有 10 项专利提交第Ⅳ段声明。A 公司和 X 公司被认为是共同第一申请人，并且将共享市场独占期。尽管 ANDA 申请的批准会有所不同，但一开始两者都是首次共同提交，至少目前共同享有 180 天市场独占期。A 公司因缺少法律依据仅对一项专利进行了第Ⅳ项声明，而 X 公司为了克服 10 项专利而提出了更多的依据，这表面上是不公平的，但 MMA 法案就是如此规定的。

# 第四节　180 天市场独占期的触发

确定 180 天市场独占期的起算点是非常重要的，因为只有明确 180 天市场独占期的起算点，才能开始计算 180 天的独占时间，从而明确在后 ANDA 申请何时可以批准上市。确定 180 天市场独占期起算点的主要问题是定义触发事件。也就是说，需要明确拥有 180 天市场独占期的第一申请人的何种行为会触发 180 天市场独占期的启动。

## 一、2003 年 12 月之前的触发规则❶

在 MMA 法案之前，独占期有两种触发方式：（i）商业销售触发；（ii）法院判决触发。对于商业销售触发而言，在实际的认定中并无争议，当 ANDA 申请人开始销售自己的经 ANDA 批准的产品时，它基本上就会触发自己的独占期。而法院判决触发的方式在认定过程中会遇到一系列问题并存在一定的争议，例如：

➤ 法院决定是否必须是第一次提起诉讼（如有）的决定，或者法院决定是否可以来自另一个案件？

➤ 法院判决是否必须来自地区法院或上诉法院？

➤ 法院判决是否必须是认定专利无效或非侵权的"真实"实质性裁定？

➤ 程序性裁定是否导致触发？

➤ 禁反言效力（或其他排除效力）是否符合法院判决的条件（例如，专利权人授予不起诉的契约）

2003 年 12 月生效的 MMA 法案修改了触发规则，即 180 天市场独占期的触发仅有商业销售触发一种。

## 二、2003 年 12 月之后的触发规则❷❸

根据现行《美国法典》第 21 编第 355（j）（5）（B）（iv）条的规定，2003 年 12 月后的 MMA 法案规定的触发规则不再有"法院判决"触发，180 天市场独占期的触发只与商业销售活动有关。同时，FDA 对《美国法典》第 21 编第 355（j）（5）（B）（iv）条中"包括橙皮书所列药物的商业销售"进行了解释，即使第一申请人的 ANDA 申请尚未获得批准，第一申请人销售授权仿制药或参比制剂的行为也同样可以触发 180 天市场独占期。这样规定的目的是防止 NDA 持有人与第一申请人相互联合，通过 NDA 持有人授权首仿药申请人销售授权仿制药或参比制剂而阻碍真正的仿制药上市或其他 ANDA 申请的上市许可。

前已提及，针对同一药品，存在多个第一申请人的情况。当存在多个第一申请人时，多个第一申请人能够共同享有 180 天市场独占期。但对于同一药品的多个第一申请人，其 180 天市场独占期起算日均为第一位上市者的上市日期。如果第二家

❶ UPADHYE S. Generic Pharmaceutical Patent and FDA Law［M］. Thomson Reuters，2016.

❷ Guidance for Industry 180 - Day Exclusivity：Questions and Answers［EB/OL］.（2017 - 01 - 31）［2020 - 04 - 30］. https：//www. fda. gov/regulatory - information/search - fda - guidance - documents/guidance - industry - 180 - day - exclusivity - questions - and - answers.

❸ UPADHYE S. Generic Pharmaceutical Patent and FDA Law［M］. Thomson Reuters，2016.

共享市场独占期的仿制药公司在第一家仿制药公司通知 FDA 其药品上市时间后第 91 天才上市其仿制药，则其实际享有的市场独占期仅为剩余的 90 天。

## 三、相关信息的公开及获取

FDA 定期公布的第 Ⅳ 段声明专利列表 （可在网站 https：//www. fda. gov/media/133240/download 下载） 中会公开相关 ANDA 申请的 180 天市场独占期的相关信息，具体包括 180 天市场独占期的状态、180 天市场独占期决定提出日、第一申请人的申请日、首次上市日期。图 5 - 7 显示了硫酸阿巴卡韦的相关信息。

Paragraph IV Patent Certifications
March 10, 2020

| DRUG NAME | DOSAGE FORM | STRENGTH | RLD/NDA | DATE OF SUBMISSION | NUMBER OF ANDAs SUBMITTED | 180-DAY STATUS | 180-DAY DECISION POSTING DATE | DATE OF FIRST APPLICANT APPROVAL | DATE OF FIRST COMMERCIAL MARKETING BY FTF | EXPIRATION DATE OF LAST QUALIFYING PATENT |
|---|---|---|---|---|---|---|---|---|---|---|
| Abacavir Sulfate | Tablets | 300 mg | Ziagon 20977 | 1/28/2009 | 1 | Eligible | 2/11/2020 | 6/18/2012 | 6/19/2012 | 5/14/2018 |

图 5 - 7　硫酸阿巴卡韦 180 天市场独占期相关信息

# 第五节　　180 天市场独占期选择性豁免和放弃

## 一、选择性豁免和放弃的概念[1][2]

尽管 180 天市场独占期不是既得财产，但一旦存在，就可以在某些方面将其放弃。FDA 对 FDCA 第 505 （j） （5） （B） （iv） 条作出了进一步的解释，允许第一申请人对其获得的 180 天市场独占期进行放弃或选择性豁免。

选择性豁免是指 180 天市场独占期持有人放弃其阻止后续仿制药公司的权利，允许特定后续申请的 ANDA 在市场独占期内获得批准，这样做的目的在于鼓励专利挑战并增加市场竞争。例如，假设 A 公司对一个非常重要的产品拥有 180 天市场独占期。由于它的规模限制，A 公司在专利诉讼结束前还不能推出仿制药。然而，X 公司是仿制药领域的世界领先者，并且具有推广仿制药的风险承受能力。X 公司是一个后来的申请人，当 180 天市场独占期启动时，其受到 180 天市场独占期的限制。A 公司可以和 X 公司做下面这样的交易，A 公司特别授予 X 公司一项选择性豁免，

[1]　Guidance for Industry 180 - Day Exclusivity：Questions and Answers ［EB/OL］. （2017 - 01 - 31） ［2020 - 04 - 30］. https：//www. fda. gov/regulatory - information/search - fda - guidance - documents/guidance - industry - 180 - day - exclusivity - questions - and - answers.

[2]　UPADHYE S. Generic Pharmaceutical Patent and FDA Law ［M］. Thomson Reuters, 2016.

允许 X 公司授权申请 ANDA 并最终获得批准。因此，通常的交易是 X 公司销售其产品并向 A 公司支付授权税。

完全放弃是指第一申请人放弃阻止任意其他后续申请者的权利，任何及所有以后可批准的 ANDA 申请均可被批准。因此，选择性豁免是针对特定仿制药公司 ANDA 申请的豁免（可能有一个或多个豁免者），放弃适用于所有在后的 ANDA 申请。

## 二、多个第一申请人情况下的选择性豁免或放弃❶❷

在 MMA 法案修正后，多个 ANDA 申请者（在同一天提交）都被视为"第一申请人"，其共享 180 天市场独占期。那么，在众多的第一申请人中，任意一个第一申请人都可以单独选择性豁免或放弃独占期吗？

可以将这个问题进行分解转化，放弃、选择性豁免、市场独占期和丧失之间有什么区别或相似之处？放弃就像丧失一样，即第一申请人的 180 天市场独占期消失了。在那格列奈案的批准和丧失问题中，FDA 决定，当多个第一申请人中的一个第一申请人丧失市场独占期时不会被其他第一申请人拒之门外。根据上述决定，合乎逻辑的推论应当是，如果第一申请人放弃，则该申请人也不会被排在其他第一申请人之后。但并不意味着其中一个第一申请人放弃市场独占期代表其他第一申请人也在法律上放弃市场独占期，也不意味着任何后续的 ANDA 申请人都可以启动，因为只有一个第一申请人放弃市场独占期，只有直到所有第一申请人都触发或放弃独占期，后续的申请人才能启动。如果允许一个第一申请人放弃所有第一申请人的独占期，那么一位第一申请人可能会破坏剩余的第一申请人的独占期。例如，后续的 ANDA 申请人可以向一位第一申请人支付费用，让其放弃独占期，这意味着后续的申请人只需支付一个第一申请人费用即可享受利益而不必支付所有第一申请人费用。显然，这样对于其他的第一申请人是不公平的。

关于选择性豁免，这里有趣的问题是，仅仅一个第一申请人的选择性豁免是否意味着被豁免者可以以第一申请人的立场与其他第一申请人分享市场独占期。在这里，那格列奈案的决定可能会有帮助。一个第一申请人市场独占期的丧失不会使所有第一申请人丧失市场独占期，因此随后的申请人仍然被其他第一申请人市场独占期所限制。至于选择性豁免，在只有一个第一申请人的情况下，FDA 允许（在后MMA 制度中）选择性豁免。所以在某种意义上，允许豁免的决定表明 FDA 愿意在后 MMA 制度中继续接受选择性豁免，但 FDA 并没有确切回答如果有多个第一申请

---

❶ Guidance for Industry 180 – Day Exclusivity：Questions and Answers［EB/OL］．（2017 – 01 – 31）［2020 – 04 – 30］. https：//www. fda. gov/regulatory – information/search – fda – guidance – documents/guidance – industry – 180 – day – exclusivity – questions – and – answers.

❷ UPADHYE S. Generic Pharmaceutical Patent and FDA Law［M］. Thomson Reuters, 2016.

人时如何进行处理。从逻辑上来看，第一申请人中的某一个不能邀请一个在后申请人加入剩余的第一申请人的群体。

## 三、选择性豁免或放弃的机制●❷

FDA 已发布文件重申 ANDA 申请人可选择性豁免或放弃其可能享有的任何专有权。如果尚未触发独占期，则第一申请人只能完全放弃市场独占期。如果已经触发市场独占期，则第一申请人可以选择豁免一个或多个后续的 ANDA 申请人。除非第一申请人获得批准，否则不能选择性豁免。如果第一申请人未获得批准，则它将无法在商业市场上触发独占期。

选择性豁免和放弃时机的区别很好理解。当还未触发市场独占期时，第一申请人实际上没有实质的 180 天市场独占期。那么，为什么要允许该第一申请人通过允许、挑选后一申请者进入市场来分割仿制药市场呢？相对地，放弃则是在第一申请人没有真正的有形权利关闭大门的情况下迫使其向所有进入者敞开大门。一旦触发市场独占期，180 天市场独占期的存在就更真实、更具体，因此，第一申请人可以控制谁能进入。

对于市场独占期的放弃，第一申请人只需向 FDA 发送一封信，说明放弃其可能拥有的任何 180 天市场独占期（因为它还没有具体的权利）。对于选择性豁免，第一申请人需要做同样的事情，只是申请人通常会通过姓名和 ANDA 编号来确定豁免接收者。在这两种情况下，第一申请人通常会确定具体的 ANDA、剂量、剂型等。

一般而言，当所有第一申请人都放弃其对 180 天市场独占期的主张时，FDA 可能通知其他有资格获得批准的后续申请人，其 ANDA 可能会获得批准。对于选择性豁免，FDA 的做法是仅通知因选择性豁免而受益的后续申请人。

# 第六节　180 天市场独占期的丧失

## 一、概述

180 天市场独占期以第一家首仿药公司的上市日期为起算日，FDA 必须等到 180

---

❶ Guidance for Industry 180 – Day Exclusivity：Questions and Answers ［EB/OL］. （2017 – 01 – 31）［2020 – 04 – 30］. https：//www. fda. gov/regulatory – information/search – fda – guidance – documents/guidance – industry – 180 – day – exclusivity – questions – and – answers.

❷ UPADHYE S. Generic Pharmaceutical Patent and FDA Law ［M］. Thomson Reuters，2016.

天市场独占期满才能够许可其他仿制药上市。实践中，部分原研药公司为了避免其他仿制药上市会与首仿药公司签订逆向和解协议，通过签订逆向和解协议延后或者不开启 180 天市场独占期，从而阻碍其他仿制药进入市场，大大妨碍了仿制药的发展。为了避免这种情况，美国国会于 2003 年特别针对 Hatch - Waxman 法案中的第 Ⅳ 段声明增加 180 天市场独占期的丧失条款事由（Forfeiture of 180 - day Exclusivity Period），若符合权利丧失的条件，首仿药公司会丧失 180 天市场独占期，FDA 将许可后续仿制药公司的上市申请。

180 天市场独占期丧失相关法条为《美国法典》第 21 编第 355（j）（5）（D）（i）条，该条规定了第一申请人 180 天市场独占期的丧失。丧失条款不是 2003 年之前法案的一部分，引入条款的目的在于情况允许时惩罚首仿药申请人。

180 天市场独占期的丧失与 180 天市场独占期的触发不同。丧失时，180 天市场独占期从某一时间开始存在，随着市场独占期的丧失，独占期就不存在了。但触发表示 180 天市场独占期开始计算。因此，丧失表示市场独占期已结束，触发表示市场独占期开始启动。

## 二、独占期丧失的条款

《美国法典》第 21 编第 355（j）（5）（D）（i）条定义了 6 种可导致 180 天市场独占期丧失的情形，具体为：①上市失败；②违反反垄断法；③撤销申请；④修改专利声明；⑤30 个月内未获得暂时性批准；⑥专利到期。设置丧失条款的目的并不在于限制 ANDA 申请人使用 180 天市场独占期，而在于促进申请人尽快使用它。也就是说，希望还没有上市相关产品的第一申请人尽快上市首仿药，不然将允许后续 ANDA 申请人抢先上市。以下对各种丧失情形进行详细介绍。

### （一）上市失败

上市失败规定有点复杂，下面将其进一步分解为其中包含的概念。MMA 法案之前法律规定的"法院判决"触发条件已经删除，仅有商业销售触发一种。"上市失败"包含两个主要条款，每个条款中都有子条款。在上市失败的两个条款中，有一个"或者"表示相互独立。将这两个条款称为"小（aa）项"和"小（bb）项"。该条序言还指出，这两个条款在时间上与较迟的日期相关。因为小（aa）项也有两个以较早者为基础的子条款，故"上市失败"通常被称为"较迟一个中的较早一个"。下文用易懂的语言描述上市失败条款：

首仿药申请人未能在下列两类较迟的日期内成功上市该药品：

（aa）下列两个日期中的较早日期：

（AA）取得含有 180 天市场独占期的上市许可后，75 天内未将仿制药上市销售；

（BB）提出上市许可申请后，30 个月内未将仿制药上市销售。

（bb）下列 3 个日期后 75 日内：

（AA）在针对专利侵权诉讼或由 ANDA 申请人所提的确认不侵权之诉中，法院最终判决专利无效或 ANDA 申请人未构成侵权，且当事人均未上诉（向联邦最高法院提出再审申请的除外）；

（BB）专利侵权诉讼或确认不侵权之诉中，法院签署和解命令或和解协议，最终判决该专利无效或不侵权；

（CC）根据第（b）款获批的药品持有人撤销了第（b）款或第（c）款规定的专利信息。

因此，"上市失败"包含三个不同的子概念：（i）小（aa）项，特别是小（aa）项、大（AA）项和大（BB）项中定义的注册审批上市子概念；（ii）小（bb）项、大（AA）项或小（bb）项、大（BB）项中定义的专利相关子概念；（iii）小（bb）项、大（CC）项中定义的专利撤销子概念。重要的是记住小（aa）项和小（bb）项是独立的，对较迟发生的事件具有时间限定。在小（aa）项和小（bb）项中，子条款也是独立的。"上市失败"条款的关键因素在于确定是否有确定的小（aa）项日期和确定的小（bb）项日期，这样可以比较哪个是更迟的日期。也就是说，为了确定是否上市失败，必须确定小（aa）项和小（bb）项所限定的日期，以便在两者之间进行比较。

1. 根据小（aa）项上市失败——30 个月批准，75 天上市

上市失败/无诉讼条款还包含另外两个子概念。（i）在 75 天内上市，因为可以做到；（ii）在 30 个月内提交 ANDA 申请并获得批准。

首仿药申请人未能在下列两类较迟的日期内成功上市该药品：

（aa）下列两个日期中的较早日期：

（AA）取得含有 180 天市场独占期的上市许可后，75 天内未将仿制药上市销售；

（BB）提出上市许可申请后，30 个月内未将仿制药上市销售。

大（AA）项中引入了 75 天上市的子概念。这说明，第一申请人的 ANDA 申请根据《美国法典》第 21 编第 355（j）（5）（B）（iii）条最终获批时，这与 30 个月遏制期（如果有）有关，第一申请人必须在 75 天内上市。这意味着，如果在第 76 天上市，则发生丧失事件。如果在第 75 天上市，则第一申请人能够独占市场 180 天。因此，从本质上讲，第一申请人享有 255 天的潜在独占期（75 天准备上市加上 180 天市场独占期）。因此，在小（aa）项/大（AA）项下，关键概念是一旦获批，产品上市时间为 75 天。

在小（aa）项/大（BB）项条款下，第一申请人提交 ANDA 申请后，距离产品

上市还有 30 个月期限。考虑到一旦提交 ANDA 便开始计算时间，所以加速审评很重要。在小（aa）项/大（BB）项条款下，存在 30 个月上市窗口期。但是 30 个月上市窗口期不同于 45 天窗口期提出诉讼时的 30 个月遏制期。因此，区分 30 个月的各种窗口期很重要。

如小（aa）项/大（BB）项所指出的，30 个月窗口期依据的是 ANDA 申请提交日期，而非其他任何日期。这就导致一个悬而未决的问题：有效提交日期是哪天？是 ANDA 申请提交至 FDA 的真实日期，还是 ANDA 申请人收到接收通知书表明 FDA 已接收 ANDA 申请待审批的日期？如果认为是 ANDA 申请提交至 FDA 的日期，那么 FDA 需要花费数周或数月来发出接收通知书，随后开始审评。这段过渡期可简单用于判断提交 ANDA 申请的充分性，而非实质性审评，所以出于丧失目的而剥夺 ANDA 申请的过渡评审期似乎是不公平的。相反，如果规定中的提交日期是指收到接收通知书的日期，那么至少可以开始评审，30 个月窗口期应从这个日期开始计算。这很关键，特别是在批准期延长、年底 ANDA 申请大量提交的时候。FDA 对每年 12 月大量提交的 ANDA 申请不堪重负，甚至无法立即开始任何有意义的审评。但依据 MMA 法案的规定，提交日期为首仿药申请人提交 ANDA 申请的日期，该 ANDA 申请已充分完整，FDA 可以开始审评，这很可能是实际的 ANDA 申请提交日期，而不是行政审查结束的日期。

在研究小（aa）项时，时间为小（aa）项/大（AA）项（75 天上市）与小（aa）项/大（BB）项（30 个月上市）中"较早"的时间。小（aa）项的日期通常很容易确定，因为用于计算 75 天上市窗口期的最终批准日期是公开的。同样，FDA 会发布含第 Ⅳ 段声明的 ANDA 申请的提交日期，后续的 ANDA 申请人通常可以确定小（aa）项日期。

2. 根据小（bb）项上市失败

"小（bb）项"指出，（bb）首仿药申请人或其他申请人（获得暂时性批准的申请人）根据第（B）（iv）段的规定提交并依法保有 180 天市场独占期资格，在发生以下情况后的 75 日后：

（AA）在针对申请人提起的侵权诉讼或者申请人提起的确认不侵权之诉中，法院最终判决该专利无效或不侵权，且该判决未被提起上诉（向联邦最高法院提出再审申请的除外）；

（BB）在（AA）项中所述的侵权诉讼或确认不侵权之诉中，法院签署和解命令或和解协议，最终判决该专利无效或不侵权；

（CC）根据第（b）款获批的药品持有人撤销了第（b）款或第（c）款规定的专利信息。

小（bb）项描述了 ANDA 申请人最终在专利诉讼中获胜、专利不再是障碍的情形。该条款表示，如果上诉，则重要的是在上诉法庭获胜（联邦最高法院的审查除外）；如果不上诉，则是地方法院的决定。预期的诉讼是从第Ⅳ段声明开始的传统专利权人与 ANDA 申请人之间的诉讼。ANDA 申请人针对专利权人提交不侵权之诉这样的反诉也在考虑范围内。总之，小（bb）项/大（AA）项的目的在于确定一个日期，此时诉讼已结束，专利不再是障碍。请注意，FDA 不会研究实质性判决的理由，只会看判决表面。

小（bb）项/大（BB）项描述了以下情形：小（bb）项/大（AA）项中提到的诉讼已和解，或者有和解协议或最终判决宣布该专利不再成为障碍。和解协议表示未侵权或专利无效。尽管没有明确说明，但确定专利不可实施也应类似于大（AA）项或大（BB）项中创建日期确定的事件。

因此，大（AA）项、大（BB）项和大（CC）项共同描述了由于 ANDA 申请人胜诉（根据大（AA）项）或者和解（根据大（BB）项）而使专利不构成障碍或者专利权人删除该专利（根据大（CC）项）的情形。

关于重新核发专利，法院驳回了 FDA 的主张，即在 180 天市场独占期方面，原始专利和重新核发的专利为"权利捆绑"。FDA 的立场是原始专利的 180 天市场独占期可以延续到重新核发专利中。但是 FDA 也指出，法院对原始专利无效的任何判决均无资格触发独占期。相反，法院判决需针对重新核发的专利。但联邦第四巡回上诉法院裁定 FDA 的解释与法规不符。原始专利无效决定足以作为法院决定触发独占期。因此，FDA 的"权利捆绑"理论遭到了驳回。

关于小（bb）项，如果删除专利，是否会在上市失败条款下造成小（bb）项事件而导致丧失？

修订后的美国发明法案（AIA）中的发布后程序的启用不会触发小（bb）项。因为在没有其他事件发生的情况下，专利局取消相关专利中的一项或多项权利要求并不构成侵权诉讼，法院裁定该专利不构成障碍。触发小（bb）项/大（AA）项或大（BB）项事件的唯一法院判决类型是不侵权判决或不侵权之诉判决。

专利局一旦取消专利，专利权人就可以选择以小（bb）项/大（CC）项的方式撤回专利，但撤销可能会也可能不会造成丧失事件。鉴于专利局已撤销专利，有兴趣的仿制药公司可以提起不侵权之诉，以获得专利无效的法院判决。但是，专利权人可以提交申诉，理由是没有可裁决的争议让法院宣布已被撤销的专利无效。因此，可能不会发生小（bb）项/大（AA）项或大（BB）项事件。相反，使用美国发明法案发布后程序进行的专利删除可能会为专利价值扫清道路，但它无法提供一种阻止独占期的方法。也许创建小（bb）项事件的唯一方法是：如果在传统的第Ⅳ段诉讼期间，同时进行美国发明法案的发布后程序以取消专利，然后诉讼的托管法院（如果正在进行或被延迟）可以发布必要的法院命令。

3. 上市失败案例研究：格拉司琼（Granisetron, Kytril）

首仿药的 ANDA 申请者提交了第Ⅳ段声明，但没有被起诉，并且专利权人也没有将相关专利从橙皮书删除，这种情况很有可能发生。这种情况下，ANDA 申请人是否享有独占期并且在未能上市的情况下是否会导致独占期丧失？以下以格拉司琼案进行举例说明。

根据独占期的丧失条款相关规定，如果 ANDA 申请人未能在规定的时间内成功上市，将会面临独占期丧失的局面。在格拉司琼案中，Teva 公司由于只获得临时许可，如果贸然上市，将可能会面临被起诉的风险，因此即使暂时未被起诉，也无法将仿制药上市。具体而言，在格拉司琼 ANDA 申请中，Teva 公司在其 ANDA 中提交了针对专利 US4886808 的第Ⅲ段声明，该专利于 2007 年 12 月 29 日到期，提交了针对专利 US5953340 的 Section viii 声明，该专利于 2016 年 9 月到期，和针对专利 US6294548 的第Ⅳ段声明，该专利于 2019 年 5 月到期（见表 5 - 1）。

表 5 - 1　格拉司琼 ANDA 申请相关专利

| 专利号 | 专利到期日 | Teva 的声明策略 |
|---|---|---|
| US4886808 | 2007 - 12 - 29 | 第Ⅲ段 |
| US5953340 | 2016 - 09 | Section viii |
| US6294548 | 2019 - 05 | 第Ⅳ段 |

Teva 公司于 2004 年 6 月 1 日提交了 ANDA 申请，这意味着 30 个月的上市日期应是 2006 年 11 月 28 日。Teva 公司没有被起诉，但由于采用第Ⅲ段声明 Teva 公司只能获得临时批准，因此无法在 2007 年 12 月 29 日之前上市，这是在提交其 ANDA 申请约 43 个月后。Teva 公司是否因第Ⅳ段专利而被起诉，以及 Teva 公司是否在该诉讼中胜诉，都无关紧要，FDA 都无法批准 Teva 公司的申请，这是因为第Ⅲ段声明将于 2007 年 12 月 29 日才能到期。

在评估小（aa）项和小（bb）项日期时，FDA 认为：

在小（aa）项/大（AA）项下，Teva 公司于 2007 年 12 月 31 日（第Ⅲ段专利到期时）获得最终上市批准，这意味着 75 天后是 2008 年 3 月 15 日；

在小（aa）项/大（BB）项下，Teva 公司于 2004 年 6 月 1 日提交了 ANDA 申请，这意味着 30 个月后是 2006 年 12 月 1 日；

在小（aa）项下，更早的日期是 2006 年 12 月 1 日。

在评估小（bb）项日期进行比较时，FDA 注意到，小（bb）项事件尚未发生：即没有诉讼（大（AA）项或大（BB）项），专利权人也没有要求将专利删除（大（CC）项）。因此，如果没有小（bb）项日期与小（aa）项日期进行比较的情况下，独占期是否会丧失？FDA 表示，由于 Teva 公司可能会因第Ⅳ段声明的专利被起诉，未来可能会有小（bb）项日期。专利权人也可能在未来将专利撤销，从而出现另一个未来的小（bb）项日期。简言之，基于以上理论，在无法确定小（bb）项日期的时候，不能在上市失败的款项下进行独占期丧失的判定，因此 FDA 最终授予 Teva 公司市场独占期。

## （二）违反反垄断法

《美国法典》第 21 编第 355（j）（5）（D）（i）（V）条规定了原研药公司和首仿药申请人逆向和解的情况，虽然存在这一条款，但实际上其作用并不显著，此项条款通常难以适用。此条规定，如果原研药公司和首仿药申请人因非法和解而违反反垄断法，则该逆向和解的协议将会引起独占期的丧失。但这一条款没有实质作用，因为独占期的丧失通常会在一段很长的时间之后发生，在此期间可能已经适用其他丧失条款。此条适用的要求是联邦贸易委员会或司法部已经起诉相关反垄断案件。鉴于此，联邦贸易委员会的行政程序可能要花费数年时间，若加上上诉法院的复审过程，所耗费的过长时间导致这一规定的效力被弱化了，尽管从表面上看似乎不错，但没有任何实质性效力。

设置独占期丧失条款的目的是对与该原研药公司达成和解的仿制药公司进行处罚。而仿制药公司通常通过停止独占期以换取大笔钱款。根据 MMA 法案，通过该条款丧失的独占期每天的罚款为 11000 美元。因此，每年的罚款为 54015000 美元，但是如果该原研药物每年能够赚取数亿美元，这笔罚款是微不足道的。因此，如果法律的惩罚力度不大，原研药公司与首仿药申请人仍然会选择达成这种逆向和解的协议。

## （三）撤销申请

《美国法典》第 21 编第 355（j）（5）（D）（i）（Ⅱ）条相对简单，规定了如果首仿药申请人撤回其申请，则将丧失该独占期。这是有道理的，因为不再有待处理的 ANDA 申请。此外，如果 FDA 确定 ANDA 申请属于法律中的"该申请不符合批准要求"的情况，则该申请也可以视为已撤回。

如果其他丧失条款没有适用，则后来的申请人可以促使 FDA 采取行动，那么这一条规定可能很重要。例如，假设首仿药申请人 ANDA 申请缺陷较多而陷入监管程序；最终，后一个申请者将获得临时批准，但由于 180 天市场独占期，无法获得最终上市批准。在这里，后来的申请者可能会向 FDA 提出申请，要求 FDA 认为首仿药申请者由于无法获得最终的监管批准而被行政撤回。这项行政撤回将会导致独占期的权利丧失。

Risendronate 75 mg 的片剂是因撤回而丧失独占期权利的例子。该案中，Teva 公司提交了 75mg 剂量的 ANDA 申请（具有相应适当的第Ⅳ段声明）。后来，通过补充，它增加了 150mg 的剂量申请，然后在 ANDA 申请中撤回了 75mg 的申请。因此，75mg 剂量被取消了相应的市场独占期。

### （四）修改专利声明

《美国法典》第 21 编第 355（j）（5）（D）（i）（Ⅲ）条也很明确；如果首仿药申请人将其声明修改为第Ⅳ段以外的声明，则将丧失其独占期。不过，这一规定的措辞是一种典型的主谓宾语形式的句子；这一结构表明，首仿药申请人必须是修改或撤销声明的行为人。这可能与 FDA 视为一项声明已修改的能力相冲突。也就是说，这一丧失条款似乎不允许 FDA 自然而然地认为一项声明已修改。

### （五）30 个月内未获得暂时性批准

《美国法典》第 21 编第 355（j）（5）（D）（i）（Ⅳ）条规定，如果首仿药申请人在提交 ANDA 申请后的 30 个月内未获得暂时性批准，则将会丧失市场独占期，除非是由于审查变更或审评要求所致。暂时性批准也明确定义为：

> （AA）一般而言，"暂时性批准"一词是指部长通知申请人，根据本款提出的申请符合第（5）（A）款 [21 U. S. C. 355（j）（5）（A）] 的要求，但由于申请不符合子款 [21 U. S. C. 355（j）（5）（B）] 的要求而无法获得有效批准，具体要求包括根据第（F）款 [21 U. S. C. 355（j）（5）（F）] 或第 355a 条（儿科药独占期）规定的参比制剂具有的市场独占期，或者根据第 360cc（孤儿药独占期）规定的参比制剂具有的 7 年市场独占期。

暂时性批准的定义不同于 FDA 在实践中的实际操作。传统意义上，ANDA 申请是可批准的意味着正常的监管审批流程已经完成，但由于未完成的 30 个月遏制期、180 天市场独占期、未完成的第Ⅲ段声明或儿科药独占期等原因暂时无法批准。对于通常可批准但由于第（AA）款所列排他性而无法批准的 ANDA 申请，只要在 30 个月内收到暂时性批准，丧失条款将适用。

如果暂时性批准意味着没有某些法律障碍，ANDA 申请将最终获得批准，那么暂时性批准也意味着对 ANDA 申请的实质性审查已经完成，消除法律障碍后产品可以上市。因此，ANDA 申请也必须遵守相关的 cGMP（current Good Manufacturing Practices）和质量标准。毫无疑问，FDA 已经加强了 cGMP 的执行力度，并发现了产品质量、不适当的文书工作、未能遵守 SOP 和数据完整性问题而导致的合规性偏差。FDA 发布了多份药品质量控制指导文件。由于 cGMP 的合规性是一个重要的因素，它是不能及时获得暂时性批准的基础。进一步表明，ANDA 申请的质量将很重要，其通过审批的速度也将很重要。

1. 30 个月内暂时性批准的起算时间点

从一开始到 2011 年，FDA 没有颁布任何对 2003 年 12 月通过的 MMA 法案具体实施有意义的规章制度，从字面上理解，法条明确规定的是"未能在申请提交后的 30 个月内"，起算时间点似乎是 ANDA 申请提交日以后的 30 个月内。

2012 年 7 月 9 日通过的《食品和药品管理局安全与创新法》（FDASIA）实施了一系列与 FDCA 和《公共卫生安全法》相关的新规定。根据 FDASIA 第 1133（b）条，当满足以下条件时，它修改了获得暂时性批准的 30 个月的遏制期，在对待审的 ANDA 申请进行修改从而包括第一个提出第Ⅳ段声明（必须使首仿药申请人获得 180 天市场独占权），ANDA 申请人不会同时获得和丧失 180 天市场独占权。

有两个日期需要考虑：（i）2012 年 7 月 9 日为 FDASIA 生效日期；（ii）2017 年 9 月 30 日为日落条款，结束窗口。"免于丧失"的第一个要求是当前没有第Ⅳ段声明的 ANDA 申请必须在 2012 年 7 月 9 日之前提交。这意味着只有那些包含第Ⅰ段、第Ⅱ段或第Ⅲ段声明但没有第Ⅳ段声明的 ANDA 申请，可以符合此规定。如果该 ANDA 申请在 2012 年 7 月 9 日至 2017 年 9 月 30 日之间进行修改，修改后包括一个新的第Ⅳ段声明，以使 ANDA 申请人成为获得 180 天市场独占期的首仿药申请人，然后满足第二要求。该 ANDA 申请是包含与独占期相关的第Ⅳ段声明的首次申请，获得暂时性批准的 30 个月的时间起点现在没有任何风险地定为修改 ANDA 申请使其包含第Ⅳ段声明的时间。可以想象的是，ANDA 申请审理了数月或数年，并且正在通过 FDA 审查队列，然后将其第一时间修改为包含第Ⅳ段声明，因此，在丧失风险前其又获得 30 个月的时间可以获得批准。

2. 30 个月期限的延长

美国国会认识到 FDA 审查 ANDA 申请存在较大的积压，因此修改了获得临时批准的期限，使 ANDA 申请人不会因积压而丧失权利。只有一部分 ANDA 申请人会从这个修正案中受益。

首先，新规定仅涵盖在 2010 年 1 月 9 日（或更准确地说是 2010 年 1 月 11 日，因为 2010 年 1 月 9 日是星期六，此后的第一个工作日是 1 月 11 日）至 2012 年 7 月 9 日（FDASIA 颁布日期）之间提交的 ANDA 申请，并且该 ANDA 申请应当是首次提交第Ⅳ段声明的。或者，一个未决的且没有第Ⅳ段声明的 ANDA 申请，但随后进行了修改，以包含首个第Ⅳ段声明，并且该修正必须在上述窗口期中提交。如果发生这种情况，那么如果在 2012 年 7 月 9 日至 2015 年 9 月 30 日之间的一个窗口期内暂时批准 ANDA 申请，则获得暂时性批准的时间为 40 个月。从 2015 年 10 月 1 日至 2016 年 9 月 30 日，则获得暂时性批准的时间为 36 个月。

3. 30 个月期限的计算

法律规定了 ANDA 申请人需要在 30 个月内获得暂时性批准，那么关键问题在于"30 个月内"是仅限于 30 个月内还是第 31 个月的第 1 天？

有充分的政策理由将"30 个月内"的条款解释为需要在 30 个月到期日之前的一天获得暂时性批准。由于没有"30 个月内"的法定定义，所以 FDA 和法院仍需对此作出决定。另外，申请人对及时获得暂时性批准的速度具有重大控制权，即通过提交符合监管规则的高质量的 ANDA 申请促进审核。申请人可能抱怨 FDA 延误了对

ANDA 申请的审查，延误了发出缺陷通知书等。但是，申请人可以通过及时回复缺陷通知书、提交没有严重缺陷的高质量的 ANDA 申请、定期提醒 FDA 进行审查等方式，鼓励 FDA 更快地进行审查，并且申请人不应该依赖 FDA 来获知获得暂时性批准的最后期限。最后，国会颁布了总计 6 种丧失规定，以尽可能地使之丧失。就是说，从国会的行动中可以明显看出，国会更倾向于丧失，而不希望任何 180 天市场独占期成为瓶颈。

4. 30 个月期限的延迟——审批条件变更和请愿书

原研药公司会向 FDA 提交大量的请愿书来拖延 ANDA 申请的审批通过。请愿书有各种形式和标题，但通常会分解为两个主题：（i）寻求对 ANDA 申请设置其他审批壁垒的请愿书（例如，要求进行新的试验、要求纯度更高的产品、减少杂质等），因此，如果批准请愿书，那么根据这些严格的标准，ANDA 申请可能不会被批准；（ii）要求严格执行现有标准的请愿书，例如，请愿书指出了 ANDA 申请中的某些缺陷，或试图缩小与规范之间的差异。如果原研药公司建立新的壁垒，并且 FDA 同意，此限定条件是否属于"在申请提交后由于审批该申请所强制的变更或审评要求而导致未获得暂时性批准"的情况？❶

从原研药公司的角度来看，原研药公司可能不希望首仿药申请人丧失市场独占期。如果首仿药申请人保留独占期，那么其他 ANDA 申请人将无法上市，原研药公司遭遇的竞争会最小化。如果丧失独占期，FDA 则可以批准后续的 ANDA 申请，从而将打开全面竞争的大门。因此，如果 FDA 同意需要变更为更高的评审要求，但在暂时性批准丧失规定的意义上，这些要求不能视为变更评审要求的情况，那么原研药公司的所有策略都会因独占期丧失而失败。

关于请愿书，法律规定，如果药品申请属于第（j）（5）（D）（i）（Ⅳ）款规定的首仿药申请人提交的，并且该申请的审批因为一项请愿书而延迟，那么，无论 FDA 是否全部或部分地批准或者拒绝该请愿书，该条款所述的 30 个月期限都应该被延长，延长的时间等于自 FDA 收到该请愿书之日起至针对请愿书作出最终执行意见之日的时长（包括上述起始和终止日期）。❷ 因此请愿书的延误并不会导致独占期丧失，如果暂时性批准延误的原因是请愿书，则能够获得暂时审批 30 个月期限的延迟，从而避免审批请愿书导致的独占期丧失。

在 2003 年通过 MMA 法案时，可能需要 30 个月的时间来获得暂时性批准是合理的。毕竟，一个目标是确保首仿药申请人提交高质量的 ANDA 申请，以便快速进行审核，而那些获得 180 天市场独占期的低质量申请也不会陷入监管困境。但是，目前 ANDA 申请的平均批准时间已大大增加。2003 年，如果 ANDA 申请平均批准时间约为 18 个月，那么在丧失事件开始之前，申请人和 FDA 就需要大约 12 个月的缓冲

---

❶ 21 U.S.C.，§355（j）（5）（D）（i）（Ⅳ）.

❷ 21 U.S.C.，§355（q）（1）（G）.

时间。随着批准时间的增加，剩余的缓冲时间明显减少。根据 FDA 显示，2005 ~ 2009 年的 ANDA 申请批准时间从大约 16 个月增加到将近 27 个月，批准时间已大大增加。受影响的 ANDA 申请人面临一些残酷的选择：(i) 请求国会将法定时限从 30 个月更改为更长的时间；(ii) FDA "设计" 理由说明为什么评审要求更改，以致不会导致独占期的丧失。例如，Nycomed 的咪喹莫特乳膏案中，FDA 愿意针对评审要求的变化不采取丧失措施，并且不解释这些变化的要求是什么。

从 FDA 的角度来看，任何与 FDA 自身积压有关的延误都不是对丧失的辩护。也就是说，FDA 的延误仍将对 ANDA 申请人构成独占期丧失的惩罚。例如，Risendronate 片剂 150mg 的案例中，FDA 未能在 30 个月的最后期限之前作出暂时性批准，并且延迟了约 6 个月。尽管所有实质性审查均在 30 个月的截止日期之前完成，但 FDA 仍花了 6 个月的时间来重新审查某些细节，并将卷宗上报 FDA 管理层进行最终签核，这一延迟导致丧失独占期。根据 FDA 政策，尽管所有主要审核均按时进行，但仍需经过 6 个月才能获得批准，因此 FDA 的延误将导致独占期的丧失。

### (六) 专利到期

法律规定，当相关专利到期时，任何 180 天市场独占期也将到期。180 天市场独占期在相关专利到期时终止的原因是，在专利到期时，FDA 认为将第Ⅳ段声明转换为第Ⅱ段声明 (相关专利已到期)，而第Ⅱ段声明不能授予任何 180 天市场独占期。

在橙皮书的专利列表中通常会列出多项专利，对专利列表中的单项专利提出的第Ⅳ段声明将分别影响 180 天市场独占期。比如，若一个 ANDA 申请人针对专利列表中的两项专利首次提出第Ⅳ段声明，如果第一项专利在触发 180 天市场独占期之前到期，则第二项专利的第Ⅳ段声明仍然可以作为首仿药申请人的基础，享有 180 天市场独占期。如果仿制药公司未能成功上市，则随着每项专利到期，相应的 180 天市场独占期也将消失，并被视为丧失独占期的权利。

## 三、ANDA 申请人故意丧失独占期

有些 ANDA 申请人可能会通过一些申请策略而故意丧失 180 天市场独占期，这样做有一些战略性的原因，以下通过两个示例进行说明。

### (一) 向即将到期的专利提交第Ⅳ段声明

假设橙皮书中列出的唯一专利在一年内到期。通常，ANDA 申请人会提交第Ⅲ段声明，因为 ANDA 申请审查时间可能会超过一年，而该专利届时将到期。但是 ANDA 申请人会通过提出第Ⅳ段声明进行专利挑战，从而向原研药公司公开此 ANDA 申请，这样做的目的是什么呢？

如果 ANDA 申请人为这一项唯一的专利进行第Ⅳ段声明，毫无疑问，那么它将发出第Ⅳ段声明通知书。原研药公司可能选择起诉，但也可能不想起诉。如果原研药公司提起诉讼，将有 30 个月的遏制期。但是，这种遏制期将随着专利到期而终止。如果原研药公司不提起诉讼，那就没有任何遏制期。从理论上讲，如果 FDA 能够很快地批准 ANDA 申请，那么 ANDA 申请可以在专利到期之前获得批准，并且仿制药公司可以开始上市销售。

因此，要对即将到期的专利进行第Ⅳ段声明是有战略决策的。如果 ANDA 申请人对该专利提交第Ⅲ段声明，然后该原研药公司又授权另一项专利并将其登记在橙皮书上，那么该新专利就有资格获得 180 天市场独占期。但是，如果另一个进行第Ⅲ段声明的申请人抢先提交第Ⅳ段声明，那么将会阻止其他申请人上市。因此，为了保护自己免受潜在的 180 天市场独占期的封锁，ANDA 申请人可能向即将到期的专利提交第Ⅳ段声明，以至于实际上破坏了其自身和其他任何申请人的 180 天市场独占期。

### （二）向晚期专利提交第Ⅲ段声明，向早期专利提交第Ⅳ段声明

假设专利 1 于 2012 年 5 月 15 日到期，专利 2 于 2016 年 5 月 18 日到期。ANDA 申请人 1 对专利 1 申请了第Ⅳ段声明，并对专利 2 申请了第Ⅲ段声明。在此示例中，2012 年 5 月专利 1 的第Ⅳ段声明似乎是不合逻辑的，因为 2016 年 5 月专利 2 的第Ⅲ段声明将阻止 ANDA 申请的批准，直到 2016 年 5 月为止。在这方面，专利 1 的任何潜在 180 天市场独占期都将在专利 1 的到期日 2012 年 5 月到期。而直到 2016 年 5 月，ANDA 申请才能最终获得批准。

现在，如果 ANDA 申请人 2 申请专利 1 的第Ⅲ段和专利 2 的第Ⅳ段声明的 ANDA 申请，那么就无法获得独占期，因为 ANDA 申请人 1 已经抢先提交第Ⅳ段声明。申请人 2 实际上可能向 FDA 投诉，申请人 1 故意对早期专利申请第Ⅳ声明，但对较后的专利申请第Ⅲ段声明，即利用规则。如果 ANDA 申请人 1 申请专利 1 的第Ⅲ段声明（但仍对专利 2 提交第Ⅲ段声明），那么如果 ANDA 申请人 2 对其专利 1 和专利 2 都提交第Ⅳ段声明，或针对专利 1 和专利 2 分别申请第Ⅲ段和第Ⅳ段的声明，那么 ANDA 申请人 2 可能拥有 180 天市场独占期。ANDA 申请人 2 可能辩称它才拥有独占期的权利。

FDA 面对这一种情况，不会去质疑为什么 ANDA 申请人 1 选择这样一种声明方式。FDA 不认为这样的策略意味着 ANDA 申请人 1 实际上没有有效地维持其对专利 1 的第Ⅳ段声明。

## 四、市场独占期丧失的效力

若第一位首仿药申请人的 180 天市场独占期到期或者丧失，FDA 即可核发上市

许可给后续提出申请的仿制药公司，但后续获得许可的仿制药公司无法拥有 180 天市场独占期，因此将可能发生多家仿制药公司同时取得上市许可的情况。

FDCA 第 505（j）（5）（B）（iv）条关于 180 天市场独占期的条款并未区分丧失独占期资格和没有丧失资格的首仿药申请人，因此当同时存在多个首仿药申请人时，如果其中一位首仿药申请人丧失市场独占期，但其仍然具备首仿药申请人的资格，无需等待其他首仿药申请人的 180 天市场独占期满即可获得其 ANDA 申请的批准。此外，一旦 FDA 批准一个或多个 ANDA 申请，任何首仿药申请人的商业销售将触发所有首仿药申请人的 180 天市场独占期，即使首仿药申请人已经丧失其市场独占期资格。

# 第七节　重新核发的专利及"弹出式"专利

## 一、重新核发的专利（Reissue Patent）和新的 180 天市场独占期

作为一种特殊情况，重新核发的专利是否可作为新专利，给予新的独占期？例如，假设 A 公司第一个提交 ANDA 申请并针对 123 专利提交第 IV 段声明。X 公司随后也提交 ANDA 申请。两家公司均被起诉。诉讼期间，USPTO 将 123 专利重新核发为 RE 789 专利。随后重新核发的专利发布并及时列入橙皮书中。但此次 X 公司修改了 ANDA 申请使其包括针对重新核发专利 RE 789 的第 IV 段声明。X 公司还及时发出通知函。A 公司认为重新核发的专利对其 180 天市场独占期没有太大影响，随后进行声明并发出通知函。那么现在 A 公司是否仍拥有 180 天市场独占期，还是 X 公司拥有它？针对上述问题存在两种观点，有人认为重新核发专利是一项新专利，该专利代替了先前的专利（X 是首次申请人），也有人认为重新核发专利只是先前专利的延续。

在塞来昔布案中，FDA 最初采用了所谓的权利捆绑理论，即原始专利后来被重新核发。FDA 表示，180 天市场独占期将从原始专利转移到重新核发的专利。但法院对原始专利的判决不能同样适用于重新核发的专利。根据 FDA 的理解，如果是出于丧失的目的，还需要法院就重新核发的专利作出裁决。然而，联邦第四巡回上诉法院并不认同 FDA 的做法，它认为重新核发的专利是"不同的"专利，需要进行新的专利声明，也就是说会产生新的 180 天市场独占期。

## 二、"弹出式"（Pop‑Up）专利也存在 180 天市场独占期

"弹出式"专利是在 ANDA 申请提交后新授权公告并在 30 天申报期限内及时列

入橙皮书中的专利。"Late – Listed"专利是在后授权公告但并没有在 30 天申报期限内及时列入橙皮书中的专利。基于"橙皮书冻结"理论,"弹出式"专利不能授予 30 个月遏制期,但可以授予 180 天市场独占期,而且 180 天市场独占期可用于限制之前提交的 ANDA 申请。

例如,假设 ANDA1 是在 1 月 1 日提交的,而当时的橙皮书中没有专利。因此,ANDA1 采用第 Ⅱ 段声明。ANDA2 于同年 9 月 1 日提交,具有相同的第 Ⅱ 段声明。因此,ANDA2 较 ANDA1 晚 8 个月,在 FDA 审评队列中,ANDA1 提前了 8 个月。一项新的专利在同年 10 月公告,并及时列入了橙皮书。ANDA2 申请人及时修改其ANDA申请,使之包含一项新的第 Ⅳ 段声明并及时发送了通知函。几周后,ANDA1 申请者注意到了橙皮书中的该专利,提交了第 Ⅳ 段声明,并及时发送了通知函。

在该示例中,ANDA2 包含对新专利的第 Ⅳ 段声明,并且是首个包含针对橙皮书所列专利提交第 Ⅳ 段声明的 ANDA 申请。因此,它拥有 180 天市场独占期。ANDA1 在大约 8 个月前提交申请,并在队列中处于更靠前的位置,但这并不重要,ANDA1 最终将只能获得临时批准,并受 ANDA2 享有的 180 天市场独占期限制。直至第 181 天或发生丧失事件,ANDA1 才能最终获批。因此,由于 ANDA2 申请人把握了机会,在市场方面取得了显著优势。

ANDA1 申请人如何得知其错失了 180 天市场独占期机会?在上面的示例中,原研药公司可能已起诉 ANDA2 申请人,因为无需等待 45 天的申请期限到期。这是因为"弹出式"专利没有 30 个月遏制期可申请。或者,ANDA1 可以检查 FDA 网站上的第 Ⅳ 段声明部分,并确认网站上报告的日期与其 ANDA 申请或第 Ⅳ 段声明的日期是否一致。

# 第八节　授权仿制药

## 一、概述

在制药行业,授权仿制药是指原研药公司授权另一家公司推出"仿制药"版本的原研药品,与真正的仿制药竞争。授权仿制药一般采取两种形式:(i)原研药公司向其子公司颁发许可证,销售该原研药物的"仿制药"版本;(ii)向销售该"仿制药"版本的第三方公司颁发许可证。如果子公司是授权的仿制药公司,则该产品在原研药公司获批的 NDA 下销售。也就是说,实际上子公司是在销售原研产品本身,但包装可能有所不同。如果第三方是授权的仿制药公司,则许可允许仿制药公司销售其自己的 ANDA 获批的产品,也可以销售原研产品。

授权仿制药最大的异议点在于，它降低了 180 天市场独占期的价值，因为在 ANDA 申请的药品进入市场时原研药公司也可以授权其"仿制药"版本进入市场。在授权仿制药策略流行之前，真正的仿制药公司将享受 100% 的仿制药销售额。这是因为市场上只有两种药物：高价的原研药和低价的仿制药。但是当存在授权仿制药时，则存在三个竞争者——原研药、真正的仿制药和授权的仿制药。由于授权仿制药通常不会花太多钱就可以将其版本推向市场，它有能力降低药品价格，从而严重降低真正仿制药的预期利润。事实上，由于原研药公司通常已经收回研发成本，额外的销售只是增加了利润；原研药公司本身可能允许授权仿制药压低价格，从而惩罚真正的仿制药公司首先挑战其原研药物。由于真正的仿制药的利益已受到授权仿制药公司的损害，目前已经进行有一些研究和诉讼以确定是否允许该授权的仿制药方案。

各利益方正起诉 FDA 以试图阻止 FDA 批准授权仿制药。仿制药公司认为，授权仿制药尽管是基于 NDA 本身获得许可，而不是作为 ANDA 申请的一部分，但在某种程度上是非法的。尽管可能就为什么授权仿制药对仿制药行业不利（除了那些所谓的仿制药公司，其商业模式提供原研药的授权仿制药版本）有一些政策依据，但从法律规定来看并没有禁止授权仿制药。除了政策争议外，授权仿制药策略也是合法的。不过，有些公司已向州法院提起诉讼，要求根据州法律挑战授权仿制药是否反不正当竞争。

## 二、通过医疗补助最优价格法（Medicaid Best Price Law）限制

美国制药行业（无论是原研药还是仿制药）的药品价格主要依据联邦和州政府制定的重要定价方案。因为医疗保险和医疗补助的管理机构可以对支付价格产生重大影响，并且还可能要求各种折扣或回扣，所以这些机构在确定药品价格时具有很大的权力。药品定价超出了本书的讨论范围，但当其应用于授权仿制药时值得注意。2006 年的赤字消减法案（Deficit Reduction Act of 2006）特别提到了授权仿制药以及原研药公司必须付给国家医疗补助机构的折扣金额。具体来说，该法案要求授权仿制药价格（也就是原研药公司卖给授权仿制药公司的价格）包含在最佳价格折扣的计算中。❶ 简而言之，由于原研药价格通常很高，而原研药公司向授权的仿制药公司销售的价格则要低得多，迫使原研药公司向各州支付更高的折扣。如果原研药公司向授权仿制药公司收取高转让价格，则价差会变小，但由于仿制药价格也昂贵，授权仿制药公司可能无动力销售仿制产品。换句话说，如果计算出的价差太大，那么原研药公司可能就不会首先许可授权仿制药公司。

❶ 42 U.S.C.，§1396r-8 (c) (1) (C) (i).

# 第六章  药品专利链接典型案例

本章将对药品专利链接过程中的典型案例进行介绍。

## 第一节  立普妥的专利挑战

立普妥（阿托伐他汀钙，Lipitor）是全球第 5 个上市的他汀类药物，该药于 1996 年 12 月 17 日经 FDA 批准上市，2004 年成为全球第一个年销售额超过 100 亿美元的超级重磅炸弹药物。该药物最早由华纳 – 兰伯特公司（Warner – Lambert Company）研发，后与辉瑞公司合作研发推广。由于其超丰厚的市场销售额，在专利未到期之前，就受到来自各方仿制药公司的专利挑战。

### 一、兰伯西公司的专利挑战❶

FDA 橙皮书收录的立普妥产品专利包括化合物、对映体、制剂、晶型专利，如表 6 – 1 所示。从其专利布局可见，原研药公司围绕核心化合物专利，通过申请不同类型的外围申请（如对映体、制剂或晶型专利），将该产品的专利保护期限延长至 2016 年 7 月 8 日。并且，辉瑞公司基于儿科临床试验，使各专利被授予额外 6 个月的市场独占期。

表 6 – 1  FDA 橙皮书收录的立普妥相关专利

| 专利号 | 最早申请日 | 主题 | 专利到期日 | 独占权到期日 |
| --- | --- | --- | --- | --- |
| US4681893 | 1986 – 05 – 30 | 化合物 | 2009 – 09 – 24 | 2010 – 03 – 24 |
| US5273995 | 1989 – 07 – 21 | 对映体 | 2010 – 12 – 28 | 2011 – 06 – 28 |
| US6126971 | 1993 – 01 – 19 | 制剂 | 2013 – 01 – 19 | 2013 – 07 – 19 |
| US5686104 | 1993 – 01 – 19 | 制剂 | 2014 – 11 – 11 | 2015 – 05 – 11 |
| US5969156 | 1996 – 07 – 08 | 晶型 | 2016 – 07 – 08 | 2017 – 01 – 08 |

---

❶ 张辉，马秋娟，邓声菊. 中美通用名药产业发展中的专利权挑战 [J]. 中国药学杂志，2016，51 (16)：1436 – 1442.

2002 年 8 月，印度兰伯西公司（Ranbaxy）正式向 FDA 提交 Lipitor 仿制药的 ANDA 申请，针对登记在橙皮书中专利，提出第 Ⅳ 段声明（不侵犯橙皮书中所登记的专利）专利挑战。辉瑞公司在规定的 45 天内，在美国特拉华州（Delaware）地方法院提起了侵权诉讼。

兰伯西公司从 2002 年提出 ANDA 申请开始，历经 6 年解决仿制药涉及的专利问题。

## （一）辉瑞公司诉讼策略

原告在提起专利侵权诉讼时，应具体主张被侵犯的专利权利要求，其体现了原告在专利诉讼中的选择策略，原告所主张的两件专利中的 1 项独立权利要求及 6 项从属权利要求构成其专利诉讼基础（见表 6-2）。辉瑞公司主张被侵犯的 US4681893

专利权利要求书中，权利要求 1 保护了通式 Ⅰ 结构的化合物并且是唯一的一项独立权利要求。其中，左侧为带有 4 个取代基（$R_1$、$R_2$、$R_3$ 和 $R_4$）的吡咯环，右侧为吡喃内酯环，两个环通过烷基（标记为 X）相连，权利要求 1 明确定义了各取代基结构种类，并且涵盖"一种羟基酸或其药学上可接受的盐，其对应于上述结构式 Ⅰ 的化合物的打开的内酯环"，即覆盖立普妥中的活性成分阿托伐他汀钙。而原告主张被侵犯的 US5273995 专利权利要求中，仅仅选择了从属权利要求 6，其明确指向阿托伐他汀的半钙盐。据报道，辉瑞公司仅仅主张了 US5273995 专利的从属权利要求 6，是因为与兰伯西公司达成了一致意见。❶ 而在众多的权利要求中选择代表性的权利要求进行审理，被认为是消除不必要的、重复性的证据开示，减少证据开示的周期，能够提高庭审的效率。因此，在许多案件中，双方当事人也会自发地约定或达成一致意见使用几项代表性的权利要求进行诉争，以便缩小诉讼中的争端；当然，专利权人也会在庭审时被要求选择代表性的权利要求。❷

表 6-2　美国专利诉讼中辉瑞公司所主张被侵犯的权利要求

| 专利号 | 被诉侵权的权利要求 | |
| --- | --- | --- |
| | 独立权利要求 | 从属权利要求 |
| US4681893 | 1 | 2~4、8~9 |
| US5273995 | — | 6 |

❶ YU P Z. Improper attachment subsidiary claims will lead to the patent invalid [J]. Intellec Prope J, 2016, 59 (10): 46-55.

❷ 张辉，马秋娟，邓声菊. 中美通用名药产业发展中的专利权挑战 [J]. 中国药学杂志, 2016, 51 (16): 1436-1442.

## （二）兰伯西公司的主张

**1. US4681893 专利**

**（1）没有侵犯 US4681893 专利。**

兰伯西公司认为，其 ANDA 产品不侵犯 US4681893 专利的权利要求 1，因为其 ANDA 产品是阿托伐他汀钙的 R 对映异构体。而对于 US4681893 专利中权利要求 1 保护的技术方案，兰伯西公司主张结构式 I 仅限于外消旋体：①本领域技术人员根据描述的对映体的组成，通常会认为是外消旋体；②说明书仅公开制备外消旋体的反应；③在 US4681893 专利同族专利诉讼中，专利权人表示，其对 "trans" 的引用应解读为 "trans－（±）"；④在起诉 US5273995 专利期间，专利权人认为 US4681893 专利仅限于对映异构体的混合物，而不是 R 对映异构体。因此，兰伯西公司的 ANDA 产品不侵犯 US4681893 专利的权利要求 1。

对此，美国联邦巡回上诉法院不同意❶，其认为，毫无疑问，权利要求 1 中的结构中描述了 R 对映异构体，基于吡喃－2－酮环的顶部（4－羟基）的手性中心的立体化学，将这些化合物标记为 R 和 S。"顺式"和"反式"表示相对于吡喃－2－环的平面的羟基和烷基吡咯基团之间的空间关系，如图 6－1 所示。

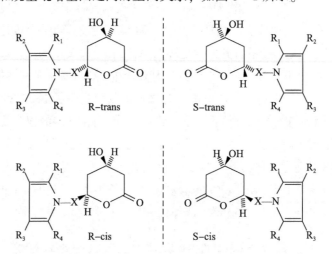

**图 6－1　"顺式"和"反式"空间关系**

CAFC 认为地方法院正确地注意到 US4681893 专利始终将该发明化合物描述为"反式"化合物："上述结构式 I 的化合物具有两个不对称的碳中心……其产生 4 种可能的异构体，其中两种是 R－顺式和 S－顺式异构体，另两种是 R－反式和 S－反式异构体。本发明仅考虑上述式 I 化合物的反式形式。"即，没有任何内在证据将 US4681893 专利的权利要求 1 限定为反式外消旋体，而不是 R－反式对映体、S－反

---

❶　United States Court of Appeals for the Federal Circuit，第 06－1179 号决定。

式对映体或其任何（相等或不等的）混合物。

CAFC 并不认同兰伯西公司给出的相反证据。首先，即使接受兰伯西公司的论点，即外消旋体通常通过描绘其组成对映体之一来表现，也不能说明对 R 对映异构体的描绘总是只代表外消旋体。在这里，US4681893 专利中仅描述了 R 反式对映异构体，然而说明书明确指出了结构式 I 化合物的 4 种可能异构体，并将该发明限制为反式形式。如果本领域技术人员理解权利要求 1 的式 I 时限制为反式外消旋体，则不需要另外明确表示顺式形式。

其次，即使说明书记载的是制备消旋体的反应式，但除非专利权人明确地"意图将权利要求和说明书中的实施例严格地共同延伸"；并且说明书第 10 栏第 36 ~ 38 行中记载了"这些例子是说明性的，不应理解为对本发明范围的限制"。

最后，CAFC 支持地方法院的结论，即在 US4681893 国外同族专利诉讼中，所作陈述与权利要求的解释无关，因为这些陈述是根据丹麦和欧洲法律特有的专利要求作出的。同样，在起诉后一项不相关的 US5273995 专利期间所作陈述，也不能用于解释 US4681893 专利的权利要求。最后，兰伯西公司以司法禁止反悔的名义重申同样的论点，CAFC 并未接受。

由于权利要求 1 被正确解释为包括结构式 I 化合物的反式对映异构体，所以 CAFC 作出侵权确认。

（2）US4681893 专利期延长无效。

基于前面的理由，兰伯西公司认为 US4681893 专利不包括立普妥的活性成分，但是没有传递并告知给 USPTO，因此不能享受专利期延长。

CAFC 认为，根据 Hatch - Waxman 法案，如果专利产品在其商业销售或使用之前已经过监管审查期，则可以延长专利期限。在申请专利期延长时，专利权人有对 USPTO 坦诚和诚实的义务，并且必须披露任何"不利于确定申请延期权利的重大信息"。USPTO 局长负责决定专利是否有权延期，这一决定被给予"极大的尊重"。

上诉中，兰伯西公司声称，如果正确解释，则 US4681893 专利不涵盖对映异构体阿托伐他汀钙（即立普妥中的活性成分），因此根据美国专利法第 156 条的规定，该专利不具备专利期延长资格。另外，兰伯西公司认为，由于辉瑞公司未能披露 Warner - Lambert 对于 US5273995 专利和 US4681893 专利同族诉讼时所作的陈述，基于该不公平的行为，延长专利期限是无效的。

对此，CAFC 认为，兰伯西公司第一个论点在上文中已被拒绝。对于其不公正行为的指控，地方法院审理时认为，被指控隐瞒的信息并不重要，不需要向 USPTO 披露，因为这些陈述"与确定 US4681893 专利的权利要求范围无关"。CAFC 支持地方法院这一决定。

2. US5273995 专利无效

（1）对于权利要求 6。

如前所述，辉瑞公司仅主张 US5273995 专利的从属权利要求 6。该权利要求为："如权利要求 2 所述化合物的半钙盐"，权利要求 2 又从属于权利要求 1。相关权利要求内容为：

　　1. 权利要求 1：一种化合物，其特征在于为阿托伐他汀的酸、内酯或其药学上可接受的盐。

　　2. 如权利要求 1 所述的化合物，其特征在于为阿托伐他汀的酸。

　　……

　　6. 如权利要求 2 所述的化合物，其特征在于为阿托伐他汀的半钙盐。

可见，权利要求 2 本身仅列举阿托伐他汀酸，值得注意的是，它不包括阿托伐他汀酸的药学上可接受的盐。

兰伯西公司在地方法院诉讼阶段主张权利要求 6 无效，因为它没有"通过引用并入其所引用的权利要求的限定范围"和"然后指定主题作进一步限定"。也就是说，权利要求 6 没有缩小权利要求 2 的范围，而是涉及不重叠的主题。对此，地方法院认为，"在起草权利要求 6 时可能存在技术问题"，但是它拒绝承认"如果该权利要求对本领域技术人员而言是一致的，则该起草问题足以使该权利要求书无效"，因为地方法院无法找到任何适用于第 112 条第 4 款的联邦巡回上诉法院判例来使专利无效。

美国专利法第 112 条第 4 款原文为："除以下［关于多重从属权利要求］款另有规定外，从属权利要求应包括对先前提出的权利要求的引用，然后指明对所要求保护主题的进一步限制。从属权利要求应解释为通过引用并入其引用的权利要求的所有限制。"

地方法院理解第 112 条第 4 款为"仅限于形式问题，而不是实质问题"，并认为，对于不符合本条规定的权利要求，USPTO 将其视为"通过异议（Objection）解决的问题"，而不是发出驳回（Rejection）的方式来处理该问题。

然而，CAFC 正是依据兰伯西公司提出的这一理由，支持权利要求 6 无效。它认为，在地方法院审理时，确实没有可适用的联邦巡回上诉法院判例先例。然而，联邦巡回上诉法院认为，正如违反第 112 条其他条款的规定一样，违反第 112 条第 4 款的规定会使专利无效（Curtiss - Wright Flow Control Corp., 438 F. 3d 1374, 1380 (Fed. Cir. 2006).）。在 *Curtiss - Wright* 案中，法院的理由是，"将从属权利要求的附加限制解读为独立权利要求不仅会使该附加限制多余，而且可能使从属权利要求无效"，因为没有按照美国专利法第 112 条第 4 款的要求，对独立权利要求中所述的附加限制进行补充。事实上，如美国专利法第 282（3）条重点增加的规定，"一项专利无效或因未能遵守专利法第 112 条或第 251 条的任何要求而提出的任何诉讼请求"明确包含在侵权诉讼的可用抗辩中。

事实上，CAFC 承认权利要求 6 的可专利性，并理解其可以写作权利要求 1 的从属权利要求或者独立权利要求，但是，CAFC 认为"不应重写权利要求以保持有效性"，因此撤销地方法院对于这一问题的裁定，并裁定权利要求 6 因未能遵守第 112 条第 4 款的规定而无效。

尽管地区法院不愿意将第 112 条第 4 款认定为无效条款，但这样做并不意味着形式高于实质。相反，这与要求申请人在获得专利前满足某些要求的总体法定方案是一致的，其中一些要求比其他要求更具程序性或技术性。例如，美国专利法第 102 (b) & (d) 条（确立法定的一年专利限制）；专利法第 111（a）（2）（C）条（要求申请人提交宣誓）；专利法第 111（a）（3）条（要求随申请提交费用）；专利法第 116 条（要求联合发明人共同申请专利）。

（2）其他无效理由。

兰伯西公司认为 US5273995 专利应当被无效的理由包括：①新颖性；②创造性；③重复授权；④不诚实行为。

关于新颖性与重复授权：依据美国专利审查指南有关新颖性审查的规定，根据现有技术直接可以预期（Anticipation）得到的专利不具备新颖性。兰伯西公司引用了 US5273995 专利审查档案，在 US5273995 的审查过程中，审查员在第一次审查意见（Nonfinal Rejection）及第二次审查意见（Final Rejection）中均认为因先存在的 US4681893 专利，其异构体是有限的，因可预期而认为 US5273995 专利没有新颖性，但在复审中，上诉委员会（Patent Trial and Appeal Board，PTAB）认为 US4681893 专利包含的是 R 与 S 对映异构体，其没有公开 R 或 S 的优选方式，也没有说明应当获得一个纯的光学异构体，因此 US5273995 专利具备新颖性。

关于创造性：审查员在第一次审查意见中认为从有限的异构体中进行有限的拆分，对于本领域技术人员是显而易见的。

关于不诚实行为：兰伯西公司认为，辉瑞公司违反联邦反垄断法，利用立普妥相关的专利来阻止仿制药的竞争，依据是在 US5273995 专利的审查过程中，辉瑞公司为了避免因在先已授权的 US4681893 专利影响 US5273995 专利的授权，采用了欺骗的手段。具体而言，US4681893 专利保护的通式 I 所涵盖的化合物包括阿托伐他汀的消旋化合物，以及与之相关的无活性的对映体及其药学上可接受的盐。US4681893 专利授权 2 年后，辉瑞公司利用阿托伐他汀对映体来寻求额外的专利保护，新的专利说明书公开 R - 异构体显示了预料不到的技术效果。实际上，根据辉瑞公司内部的研究记录显示 R 型异构体仅 2 倍于外消旋体，而这种结果对于本领域技术人员是可以预料的，但是在说明书中却记载相较外消旋体至少 10 倍甚至更多的活性。

地方法院没有接受兰伯西公司的上述理由，同时认为缺少足以显示欺骗 USPTO

的证据。

可见该案的最终结果为，兰伯西公司以引用关系错误对 US5273995 专利挑战成功，从而获得 180 天市场独占期，而不受在后再颁专利 USRE40667E 的影响。

## 二、北京嘉林公司的专利挑战

2007 年 6 月至 2008 年 5 月，中国北京嘉林药业股份有限公司（以下简称"北京嘉林公司"）和张楚前后三次就阿托伐他汀半钙盐的 I 型晶体专利（ZL96195564.3，即表 6 - 1 中 US5969156 同族专利）向原专利局专利复审委员会提出无效宣告请求，无效宣告请求人提出的无效理由主要包括：①制备方法不具备新颖性；②晶型、相应的组合物、制备方法不具备创造性；③晶型得不到说明书支持；④制备方法不清楚、结晶 I 来源不清楚；⑤说明书公开不充分。❶

根据双方当事人提供的证据、理由，合议组认为该案争论焦点聚焦在，说明书是否充分公开了该专利保护的含 1 ~ 8mol 水的 I 型结晶阿托伐他汀水合物，主要争论点在于：①含有不同摩尔水的同一化合物的水合物，其 XPRD 和 $^{13}$C NMR 是否相同；②根据该专利说明书公开的内容是否能够确认并制备得到所述含 1 ~ 8mol 水的 I 型阿托伐他汀水合物。原专利局专利复审委员会于 2009 年 6 月 17 日作出无效决定，基于说明书未充分公开权利要求的技术方案，宣告第 96195564.3 号发明专利权全部无效。

然而，对于该案件的无效诉讼远未结束。专利权人不服该无效宣告决定，起诉至北京市第一中级人民法院。针对上述争议点问题，北京市第一中级人民法院全部支持原专利局专利复审委员会的决定。

专利权人不服一审判决，上诉至北京市高级人民法院（以下简称"北京高院"）。专利权人仅针对权利要求 3 提起上诉，权利要求 3 保护含 3mol 水的 I 型结晶阿托伐他汀。北京高院认为，判断一项发明是否满足关于公开充分的要求，应包括确定该发明要解决的技术问题，该发明要解决的技术问题是获得阿托伐他汀的结晶形式，具体是 I 型结晶阿托伐他汀，用以克服"无定形阿托伐他汀不适合大规模生产中的过滤和干燥"的技术问题。原专利局专利复审委员会没有确定该发明要解决的技术问题，也没有明确哪些参数是"与要解决的技术问题相关的化学物理性能参数"，作出该专利不符合《专利法》第 26 条第 3 款规定的相关认定显属不当。因此，北京高院撤销了原专利局专利复审委员会的无效决定。❷

❶ 国家知识产权局专利局专利复审和无效审理部. 第 WX13582 号审查决定 [EB/OL]. (2009 - 06 - 17) [2020 - 04 - 30]. http://10.76.8.32：9090/reexam_in_new/searchdoc/decidedetail.jsp？jdh = WX13582&lx = wx.

❷ 李亚林. 阿托伐他汀无效宣告请求案评析（上）[N/OL]. [2013 - 06 - 19]. http://www.cipnews. com. cn/cipnews/news_content. aspx？newsId =61222.

对于北京高院的上述判决，原专利局专利复审委员会不服，并向最高人民法院申诉。最高人民法院认为该发明限定了含有 1 ~ 8mol 水的 I 型结晶阿托伐他汀水合物具有相同的 XPRD，该专利说明书中对此应该充分公开，使本领域技术人员可以确认这一问题属于《专利法》第 26 条第 3 款适用范围；水含量的确认对于确认该专利产品而言是必不可少的，与该发明要解决的技术问题也密切相关，由于该专利说明书并未对此进行清楚和完整的说明，不符合《专利法》第 26 条第 3 款的规定。因此，最高人民法院再审撤销了北京高院的二审判决，以说明书没有作出清楚、完整的说明为由维持涉案专利无效。该案也获评 2015 年度最高人民法院十大知识产权案例。❶

北京嘉林公司从 2002 年开始，历经 8 年终于成功无效了阿托伐他汀钙晶型专利，然而，由于我国并未实施专利链接制度，无法从法律层面对仿制药公司进行鼓励与保护，北京嘉林公司虽然拿下首仿资格，但仍面临与国内众多仿制药公司竞争的局面；而兰伯西公司不仅因为专利挑战成功获得无定形阿托伐他汀的 180 天市场独占期，并且通过专利调解与辉瑞公司达成和解，兰伯西公司同样能够生产晶型的阿托伐他汀。

## 第二节　帕罗西汀的专利挑战

帕罗西汀胶囊（Paroxetine）商品名为 Brisdelle，由美国 Noven 制药公司开发，2013 年 6 月 28 日获得 FDA 的上市批准。

### 一、Paroxetine 专利概况

Brisdelle 是老药新用，早期的甲磺酸帕罗西汀（商品名为 Pexeva）和盐酸帕罗西汀（商品名为 Paxil）均已上市，临床常用于治疗重度抑郁障碍、强迫性神经失调、惊恐性障碍、泛焦虑症、创伤后应激障碍等精神疾病，而 Brisdelle 是一种低剂量（7.5mg/天）的甲磺酸帕罗西汀胶囊，用于治疗中度到重度更年期妇女血管舒缩症状（VMS），俗称为"热潮红"，虽不危及生命，但颇令人困扰，能引起不适、不安、睡眠紊乱等症状。有高达 75% 的更年期妇女经历热潮红，而且持续时间长达 5 年或者更久。

由于 Brisdelle 是老药新用，其市场专营保护期有 3 年，即 NP（New Product）的市场专营保护期至 2016 年 6 月 28 日到期。在此之后，FDA 就可以审批 ANDA 产品

---

❶ 2015 年中国法院十大知识产权案件［EB/OL］.（2016 - 04 - 22）［2020 - 04 - 30］. https：// www. court. gov. cn/zixun - xiangqing - 19842. html.

上市。华海子公司 Prinston 和美国 Actavis 两家公司同时提出专利挑战，涉及 5 件专利，涉案专利在后续的专利权变更中专利权人均为 Plaintiff Sebela 公司（以下简称"Sebela 公司"）。❶ FDA 橙皮书收录的有关 Brisdelle 相关专利如表 6 - 3 所示。

表 6 - 3　FDA 收录的 Brisdelle 相关专利

| 专利号 | 最早申请日 | 授权公告日 | 主题 | 专利到期日 |
|---|---|---|---|---|
| US7598271 | 1997 - 06 - 10 | 2009 - 10 - 06 | 晶型 | 2025 - 05 - 04 |
| US8658663 | 2006 - 08 - 04 | 2014 - 02 - 25 | 治疗方法 | 2029 - 04 - 06 |
| US8946251 | 2006 - 08 - 04 | 2015 - 02 - 03 | 治疗方法 | 2026 - 08 - 04 |
| US9393237 | 2006 - 08 - 04 | 2016 - 07 - 19 | 治疗方法 | 2026 - 08 - 04 |
| US5874447 | 1997 - 06 - 10 | 1999 - 02 - 23 | 化合物 | 2017 - 06 - 10 |

其中，US7598271 是 US5874447 的分案申请。

Prinston 公司于 2014 年 4 月 7 日提交 ANDA 申请，对专利 US7598271、US5874447 和 US8658663 采用第Ⅳ段声明，专利权人 Sebela 公司在随后的 45 日内以专利 US7598271 和 US8658663 向美国新泽西州地方法院提起侵权诉讼（对于专利 US5874447：Sebela 公司与 Prinston 公司和 Actavis 公司达成协议，后者在专利到期日之前（2017 年 6 月 10 日）不上市销售其仿制药。对于专利 US8946251 和 US9393237：由于 US8946251 和 US9393237 专利是在 30 个月遏制期启动之后才获得授权加入橙皮书，对于这两项专利侵权诉讼不会影响仿制药专利挑战的结果）。美国专利诉讼中 Sebela 公司主张被侵犯的专利权如表 6 - 4 所示。

表 6 - 4　美国专利诉讼中 Sebela 公司主张被侵犯的专利权

| 专利号 | 被诉侵权的权利要求 | |
|---|---|---|
| | 独立权利要求 | 从属权利要求 |
| US7598271 | 1 | — |
| US8658663 | 1, 5 | 2 |

对于专利 US7598271 和 US8658663，原告 Sebela 公司诉被告 Prinston 公司和 Actavis 公司侵犯其专利权。❷ 被告对原告主张的 US7598271 专利侵权提出异议，同时认为，如果专利 US7598271 中的权利要求 1 被认定侵权，则根据美国专利法第 103 条中规定的明显重复授权情形，该权利要求明显无效。对于专利 US8658663，被告主

---

❶　2016 年 7 月 25 日，Sebela 从 Noven 收购了 US7598271、US5874447、US8658663、US8946251 专利以及药品 Brisdelle 的所有权利和收益。

❷　United States Court of Appeals for the Federal Circuit，第 14 - 6414 号决定。

张其不具有非显而易见性、公开不充分等，因此该专利无效。

## 二、US7598271 专利

US7598271 专利的权利要求仅包含一项权利要求 1：帕罗西汀甲磺酸盐晶体，包括如下 IR（红外光谱）特征峰（cm$^{-1}$）：531、546、777、838、931、962、1038、1100、1169、1208、1469、1500、1515、1615、2577、2869、2900、3023。

原告主张：指纹区的峰误差范围在 ±14cm$^{-1}$、非指纹区的峰误差在 ±18cm$^{-1}$；ANDA 产品的红外特征峰与 US7598271 专利限定的红外特征峰相对应。与此相反，被告认为：峰位误差只有较窄的 ±4cm$^{-1}$，即使使用原告主张的宽峰位误差，权利要求包含的一个特征峰也并未出现在被诉产品的峰位中，并向法院提交了误差在 ±10cm$^{-1}$ 的侵权分析报告。

法院裁决认为，仿制药不侵犯 US7598271 专利权，理由包括：

（1）被告的 DMF（Drug Master Files，原料药、药用辅料及包装材料申报资料）❶ 披露的产品信息不对 US7598271 专利构成侵权。法院认为，被告的 DMF 确定药物的多晶型依赖于 XRPD 而不是红外光谱，并且 DMF 中的一致性声明并不能表明 ANDA 产品的红外光谱具有与 US7598271 专利的权利要求 1 中所列特征峰对应的峰值。

（2）使用原告倾向的误差范围，ANDA 产品的红外光谱并未包含 US7598271 专利权利要求 1 中的所有的特征峰。

（3）原告主张的误差范围没有可信的证据支持。

（4）原告不能基于 Myerson 博士对产品 Benneker 光谱的叠加分析和 DSC 分析进行论证。法院认为，虽然根据 Myerson 博士的试验显示，ANDA 产品和原告产品的 Benneker 叠加光谱"非常非常相似"、DSC 的起始温度也是相对应的，但是授权 US7598271 专利中并不包括 Benneker 光谱和 DSC 数据；同时法院认为，在侵权判定中，不应将被告的产品或者工艺与专利权人的实际生产中的产品或者工艺相比较；唯一比较的对象应是专利中的权利要求。

（5）干涉程序的结果不会改变法院的分析。

## 三、US8658663 专利

US8658663 专利权利要求书包含 5 项权利要求，Sebela 公司主张被侵权的权利要

---

❶ DMF 是提交给 FDA 的文件，它可以用来提供有关一种或多种人用药品的制造、加工、包装和贮藏中使用的设施、工艺和物料的详细机密信息。DMF 的提交无法律和 FDA 规章的必需要求，也不存在批准或不批准，提交与否完全由申请人自己决定。DMF 中的信息可以用来支持新药临床研究申请（IND）、新药上市申请（NDA）、仿制药申请（ANDA）等，但不能用于代替上述申请。

求 1、2 和 5 为：

权利要求 1. 一种治疗患有与更年期相关的体温功能调节障碍的患者的方法，包括给予患者甲磺酸帕罗西汀，以帕罗西汀计 7.5 mg/天。

权利要求 2. 根据权利要求 1 所述的方法，其中所述体温功能调节障碍选自包括潮热、盗汗及其组合的情况。

权利要求 5. 一种治疗患有与更年期相关的体温功能调节障碍的患者的方法，包括向所述患者施用帕罗西汀，其中所述帕罗西汀为药学上可接受的甲磺酸盐形式、无定型或晶型形式，或其混合物，所述给药帕罗西汀甲磺酸盐以帕罗西汀计，为 7.5mg/天。

被告主张 US8658663 专利无效的理由包括：

（1）权利要求保护的治疗方法不具备非显而易见性。

针对治疗方法专利，Prinston 公司列举了多篇现有技术。其中，Stearns（2005）公开了使用盐酸帕罗西汀 10mg/天治疗血管舒张（Vasomotor Symptoms，主要临床表现为潮热、出汗）的方法；Coelingh 公开了使用帕罗西汀 0.09~12mg/天治疗血管舒张的方法，其中更优的剂量是 0.21~8.4mg/天；Lemmens 公开甲磺酸帕罗西汀优于盐酸帕罗西汀。因此，现有技术唯一没有公开的技术特征是特定的使用剂量 7.5mg，该剂量在 Coelingh 的推荐剂量范围内。

Stearns（2005）公开了使用盐酸帕罗西汀 10mg/天治疗血管舒张，在此基础上，医生能够根据上述内容采用盐酸帕罗西汀 10mg/天治疗潮热患者，虽然帕罗西汀有多种副作用，但是 Stearns（2005）公开在低剂量下短时使用副作用并不显著。Stearns（2000，2005）公开了帕罗西汀治疗潮热的有效剂量能够低至 10mg/天，Coelingh 公开了帕罗西汀治疗潮热的剂量为 0.09~12mg/天，Lemmens 则公开了在药物稳定性方面，甲磺酸帕罗西汀较盐酸帕罗西汀有很大的优势。在明确剂量与副作用之间的关系但并不明确剂量与疗效之间的关系的情况下，本领域技术人员有动机使用低于 10mg/天的剂量并且能够预期其发挥作用。尽管存在失败的可能性，但要求保护的发明并不能满足长期以来的迫切需求，也没有在治疗效果和工业上取得预料不到的效果。因而，相关权利要求不具备非显而易见性。

（2）保护客体——发明（Utility）。

Prinston 公司还辩称如果治疗方法权利要求不因显而易见而无效，则其还因为不满足美国专利法第 101 条关于发明（Utility）专利的要求。Prinston 公司认为，如果相关治疗方法权利要求被认为是非显而易见的，那么就需要进一步的实验数据证明发明专利是可信的，而相关申请并没有公开合理的证据以使本领域技术人员认为发明是可信的。

评估发明是否可信的时间点应当截至申请日。申请人在申请中列举了一系列剂量权利要求并认为相关剂量是有效的。但是除了相关现有技术外，说明书中并未提供任何与剂量相关的证据。申请人没有提供进一步的临床研究数据和动物实验，也没有进一步对作用机理进行说明。尽管说明书中有两个预言性质的实施例，但是很明显，说明书中包含的一些剂量可能不会像所描述的那样有效。发明并不是对新发现的奖励，而是对于具体的、成功的实验结论的补偿。因此，要么法院认为治疗方法是显而易见的，要么认为相关发明因为不可信而是无效的。

（3）说明书公开不充分。

Prinston 公司也辩称如果治疗方法被认为是非显而易见的，则相关专利因为说明书撰写不符合美国专利法第 112 条规定而无效。被告对于说明书撰写的争辩与其保护客体中相关争辩比较相似。也就是说，他们认为如果专利是非显而易见的，权利要求中 7.5mg/天的剂量并不能得到所公开的专利的支持。说明书中简单地列举 7.5mg/天的剂量与其他剂量，并不能说明 7.5mg/天的剂量是结论性的。当专利申请以后并且临床实验进行之后，专利申请人将剂量修改为 7.5mg/天。如果法院认为专利是非显而易见的，则也应当认为说明书并没有合理地向该领域技术人员表明发明人在当时已经获得相关权利要求所请求保护的权益。基于以上理由，法院裁定 US8658663 专利因不具备非显而易见性而无效。

2017 年 6 月 9 日，新泽西州地方法院裁决 Prinston 公司不侵权 Sebela 公司的 US7598271 专利，并且 US8658663 专利被无效（法院同时裁决 Sebela 公司另一件 US8946251 专利被无效）。由于 Prinston 公司已经胜诉，FDA 于 2017 年 8 月 18 日批准其仿制药上市（ANDA 批件号为 207188），但由于 ANDA 申请并未在 30 个月遏制期内获得批准，Prinston 公司未获得 180 天市场独占期。

虽然华海公司失去了 180 天市场独占期，但帕罗西汀胶囊作为中国企业第一个通过专利挑战并获得首仿资格的药品，其对于华海公司或者中国仿制药公司仍具有里程碑式的意义，其意味着中国制药企业专利挑战道路走得通，体现了中国制药企业"走出去"，推进国际化进程的决心。

# 第三节　格列卫的专利挑战

甲磺酸伊马替尼（Gleevec，商品名为格列卫）是第一个分子靶向治疗的抗肿瘤药物，是第一个上市的针对慢性粒细胞白血病（CML）的靶向治疗药物，开创了肿瘤分子靶向治疗的时代。格列卫由瑞士的诺华（Novartis）公司研制成功，于 2001 年 5 月在美国获批上市用于治疗费城染色体阳性的慢性粒细胞白血病（CML）或 α - 干扰素治疗失败后的慢性期患者。

## 一、Sun Pharma 的专利挑战

原研药诺华公司于 2003 年 4 月 18 日获批了其 NDA 申请（申请编号为 21 - 588），包括 100mg、400mg 两种不同规格的片剂剂型。FDA 橙皮书收录了格列卫的专利列表，具体类型包括化合物、晶型、治疗方法（见表 6 - 5）。

表 6 - 5　FDA 橙皮书收录的格列卫相关专利

| 专利号 | 最早申请日 | 主题 | 专利到期日 |
|---|---|---|---|
| US5521184 | 1994 - 04 - 28 | 化合物 | 2015 - 07 - 04 |
| USRE43932 | 2011 - 09 - 21 | 晶型 | 2019 - 07 - 16 |
| US6894051 | 1998 - 07 - 16 | 晶型 | 2019 - 11 - 23 |
| US6958335 | 2001 - 10 - 26 | 治疗方法 | 2022 - 06 - 19 |
| US7544799 | 2006 - 09 - 05 | 晶型 | 2019 - 07 - 16 |

印度公司 Sun Pharma 于 2006 年 6 月 16 日根据 FDCA 第 505（j）条的规定，提出了针对甲磺酸伊马替尼片剂 100mg、400mg 的 ANDA 申请（申请编号为 78 - 340），并且获得了首仿药申请人的资格。

在 ANDA 申请中，Sun Pharma 公司根据 FDCA 第 505（j）（2）（A）（vii）（Ⅳ）条的规定，针对专利 US7544799、USRE43932、US6894051 提出了专利权无效、无法实施或不侵权的第 Ⅳ 段声明。并且通知 FDA，Sun Pharma 的申请符合 FDCA 第 505（j）（2）（B）条的要求，在规定的 45 天期限内未被提起诉讼。专利 US7544799、USRE43932 均是在 ANDA 申请提交之后登记于橙皮书上的，因此如果针对专利 US7544799、USRE43932 产生了专利挑战，也不会导致相应的遏制期。

针对专利 US6958335，Sun Pharma 公司根据 FDCA 第 505（j）（2）（A）（viii）条作出了分别声明，声明了专利 US6958335 是一种使用方法专利，与 ANDA 申请的适应证有所不同。

对于格列卫的基本专利 US5521184，Sun Pharma 公司的策略是提出第 Ⅲ 段声明，待其于 2015 年 7 月 4 日专利权到期后，Sun Pharma 公司可上市销售其仿制药，而此时诺华公司的专利 US6894051 还在专利保护期内。

Sun Pharma 公司于 2007 年 8 月 24 日向诺华公司发出了通知函，告知其已经向 FDA 提交 ANDA 申请，以期在其专利 US6894051 的专利权到期之前上市销售格列卫的仿制药，但诺华公司并未在 45 天窗口期内提出专利诉讼。

2013 年，Sun Pharma 公司向联邦法院提出了确认不侵权之诉，要求作出专利 US6894051 的专利权无效的宣告性判决。至此，诺华公司提出反诉，要求作出专利

US6894051 的专利权有效的宣告性判决，指控 Sun Pharma 公司侵犯其专利 US6894051 的多项权利要求，并且要求在专利 US6894051 的专利权期满之前不得批准 ANDA 生效，Sun Pharma 公司在专利期满之前不得生产、使用、销售其仿制药，如果违反，则要求 3 倍赔偿。

2014 年 5 月，在诉讼作出任何实质性裁决之前，Sun Pharma 公司和诺华公司达成了和解，和解协议的双方并未披露协议的具体条款，只是宣布，Sun Pharma 公司将在基本专利 US5521184 专利权到期的 7 个月后，于 2016 年 2 月 1 日上市格列卫仿制药。FDA 于 2015 年 12 月 3 日批准了 Sun Pharma 公司的 ANDA 申请，并且根据其首仿药申请人的资格，批准了 Sun Pharma 公司享有 180 天的市场独占期，从其首仿药上市销售日开始计算。

## 二、江苏豪森的专利挑战

格列卫的化合物中国专利 ZL93103566. X 于 2013 年 4 月 2 日期满，江苏正大天晴药业股份有限公司（以下简称"正大天晴"）和江苏豪森药业股份有限公司（以下简称"江苏豪森"）分别在 2010 年 10 月 27 日和 2011 年 4 月 26 日就甲磺酸伊马替尼提交了化药 3.1 类申请，并获得 CFDA 批准，生产伊马替尼胶囊和片剂仿制药。为了遏制仿制药的竞争，诺华公司向北京市第二中级人民法院提起诉讼，指控江苏豪森销售的格列卫仿制药（商品名为"昕维"）中，在其包装盒及药品说明书中部分信息表明了该药品可用于胃肠基质肿瘤（GIST）患者的治疗，侵犯了诺华公司治疗方法专利 ZL01817895.2（US6958335 中国同族）的专利权。诺华公司也就同样的理由起诉正大天晴侵权，正大天晴与诺华公司最终达成了和解，而江苏豪森拒绝和解，针对专利 ZL01817895.2 向原国家知识产权局专利复审委员会提起无效宣告请求，涉案专利仅有一项权利要求，要求保护一种具有通式 I 的 4 -（4 - 甲基哌嗪 - 1 - 基甲基）- N -［4 - 甲基 - 3 -［（4 - 吡啶 - 3 - 基）嘧啶 - 2 - 基氨基］苯基］- 苯甲酰胺或它的可药用盐在制备用于治疗胃肠基质肿瘤的药物组合物中的用途。无效宣告请求人提出的无效请求理由包括：①制药用途权利要求不具备新颖性；②制药用途权利要求不具备创造性。

根据双方当事人提供的证据、理由，合议组认为该案争论焦点聚焦在于：①证据 1 公开日的认定；②对于以"某物质在制备用于治疗某疾病的药物中的应用"形式撰写的医药用途权利要求，"治疗某疾病"应理解为"对患有某疾病的患者治疗有效"还是理解为"对某疾病的体外细胞实验有效"或"对某疾病的动物模型试验有效"；③对于以"某物质在制备用于治疗某疾病的药物中的应用"形式撰写的医药用途发明，如果现有技术公开的内容不能反映该物质能够有效治疗所述疾病患者的确切结论，则该医药用途发明是否具备新颖性；④就医药用途发明而言，判断发明相对于现有技术是否显而易见时，需要考虑本领域技术人员是否会尝试采用某物质治疗某疾病，但还应考虑该尝试是否有合理的成功预期，即考虑是否能合理地预见该方案能解决所要解决的技术问题、达到预期技术效果。原国家知识产权局专利复审委员会于 2015 年 10 月 23 日作出无效决定，基于制药用途权利要求相较于证据 1 不具备创造性，宣告第 01817895.2 号发明专利权全部无效。❶

诺华公司不服，向北京知识产权法院上诉，北京知识产权法院认为，该专利权利要求 1 不仅应对 GIST 的体外细胞实验有效，或对 GIST 的动物模型试验有效，还应当达到"能够有效治疗 GIST 患者"的程度。证据 1 指出"在本文写作之时，一项选择性酪氨酸激酶抑制剂 STI571 针对 GIST 的试验已经刚刚在达纳－法伯癌症研究公司开始（与全球其他的研究中心合作），非常早期的结果看起来令人兴奋"，这一表述直接明确了 STI571 可以治疗 GIST，"令人兴奋"的表述会带给该领域技术人员足够的动机，促使其将 STI571 用于 GIST 治疗的临床试验，并对这一途径的成功具有合理的预期。基于此，北京知识产权法院于 2016 年 12 月 30 日作出判决，驳回原告诺华公司的诉讼请求。❷

诺华公司不服一审判决，再次向北京市高级人民法院上诉，北京市高级人民法院判决驳回上诉，维持原裁定。

至此，伊马替尼原研药和仿制药的专利之争才落下帷幕，江苏豪森虽然赢得了专利挑战，但由于中国不存在 180 天的首仿药市场独占期，其仿制药昕维上市便遭遇了其他仿制药公司的共同竞争，正大天晴的伊马替尼胶囊格尼可、石药集团伊马替尼片诺利宁等相继获批上市，导致江苏豪森的首仿药昕维仅分走约 10% 的市场份额。

❶ 国家知识产权局专利局复审和无效审理部. 第 27371 号审查决定 [EB/OL]. (2019 – 12 –31) [2020 – 04 –30]. http：//10.76.8.32：9090/reexam_in_new/searchdoc/decidedetail. jsp？jdh = 198525&lx = fs.

❷ 北京知识产权法院. 诺华股份有限公司与国家知识产权局专利复审委员会一审行政判决书（2016）京 73 行初 985 号 [EB/OL]. (2018 – 05 – 08) [2020 – 04 – 30]. http：//wenshu. court. gov. cn/website/wenshu/181107ANFZ0BXSK4/index. html？docId = 0f3a66c84eb54010962ca8d60010e973.

# 第七章  药品专利延长制度

## 第一节  药品专利延长制度起源与发展

20 世纪初，各国尚未建立起成熟、完整的药品审批及上市体系，导致未经严格临床试验和审批的药品有可乘之机。

1937 年，美国田纳西州马森基尔制药公司主任药师哈罗德·沃特金斯为了小儿方便服用，用工业溶剂二甘醇代替乙醇和糖，配制成口服液体磺胺酏剂。由于当时美国法律未明确规定药品必须经过安全试验才能上市，未经临床试验的磺胺酏剂被投向市场。磺胺酏剂造成 358 人肾衰竭、107 人中毒死亡，其中大部分是儿童，社会舆论哗然。"磺胺酏剂"事件引起了美国政府对药品监管的重视，并迅速采取应对措施，从政策和法案层面保障上市药品安全。

1938 年，美国国会通过 FDCA 要求所有新药的生产者向 FDA 提供能证明该药品安全的证据，FDA 将对提交的证明材料进行审核，只有通过审核且获得 FDA 批准的新药才可以上市。为强化药品管理、保证药品的安全性和有效性，1962 年，美国国会通过了 Kefauver - Harris 药品修正案，第一次要求生产企业在药品上市前必须向 FDA 提供其有效性的证明。

20 世纪 50 年代，德国制药商格兰泰推出沙利度胺，其用于抗早孕症状，如恶心、呕吐等。由于疗效显著，不良反应少，沙利度胺迅速被全球广泛使用。因为孕妇服药后可止吐，疗效明显而被称为"反应停"，但随后发现沙利度胺造成了数千海豹胎儿。在这次大规模的胎儿浩劫中，欧洲经济共同体认识到了药品审评监管的重要性，于 1965 年 1 月 26 日颁布理事会 65/65/EEC 指令（欧共体药品行政保护指令），其明确规定药品申请上市时需要提交试验数据以证明药品的安全性和有效性，具体规定了在药品上市前需要提交理化属性、生物学和微生物学试验结果（药学试验）、药理学和毒理学试验结果（临床前）、临床试验结果。该项指令与其他指令一起在 2001 年被统一为一部法典 2001/83/EC，即《关于人用药品的共同体法典》。❶

---

❶ 李丹. 美国、欧盟及我国药品注册管理制度研究比较［D］. 杭州：浙江大学，2013.

在对药品上市试验数据要求趋于严格的背景下，为了符合上市要求，制药厂商需进行更多、更久的临床前试验、临床试验以提供药品监管部门所要求的数据，各国药品监管部门同样也需要耗费大量时间审评药品的安全性和有效性。上述药品监管程序最大程度上保证了公众用药的安全性、有效性，与此同时，也不可避免地拖延了药品的上市时间。

医药产业具有高度依赖研发的特性，而药物研发本身则具有时间长、投入大、风险高的特点，疾病成因的复杂性、研发过程的曲折性、行政审批的阻碍以及研发后成本收回的不确定性均对医药研发产生重大影响。任何一个环节出错，都可能导致前期的巨额投入化为乌有。

专利制度赋予发明创造一定时间的独占权，在此期间发明人垄断其技术，从而有更大可能收回研发成本，赚取更多利润，进而促进发明人积极进行发明创造。医药产业的特殊性促使其对于专利保护的依赖相较于其他产业更加明显。原研药公司在药品上市后依赖专利保护期内的销售收入来回收前期的巨额研发成本并创造更多利润，而一旦专利到期，仿制药就会大量进入市场，由于其低成本和低价格的优势，对专利药品的价格和销量形成巨大冲击。

由于多数国家的专利制度采用先申请制，原研药公司为防止竞争企业在其研发过程中提前申请专利造成研发损失，通常在研发早期阶段提出专利申请。而药品从基础研发、临床试验到批准上市通常需要 10 ~ 15 年，但基于 TRIPS 第 33 条规定，多数国家的专利保护期限为 20 年。

因此，待原研药被批准上市，凭借其高度垄断性回收成本及创造利润的专利有效期被大大缩减。此种情形不利于各国原研药公司的发展，打击了原研药公司的研发热情，也降低了各国社会公众获得更有效治疗药物的可能性。

据此，为弥补临床试验以及药品行政审批所造成的专利有效期减损，美国、日本、欧盟等国家和地区赋予了药品专利期限一定的延长时间。

美国于 1984 年正式通过了 FDCA 的一项修正案，即 Hatch - Waxman 法案。此项法案确立了药品专利期延长制度，并同时简化了仿制药的审批程序以平衡原研药公司与仿制药公司、社会公众三者之间的利益。

由于受美国的影响以及日本国内医药产业的发展，日本于 1988 年引进了该制度；1992 年，欧盟通过 1768/92/EEC 建立了相应的专利期延长制度——补充保护证书制度。

## 第二节　药品的研发与上市

药品专利期延长制度的初衷是弥补药物研发以及行政审批所造成的专利有效期

减损，延长原研药的垄断期，阻遏仿制药过早瓜分市场。因此，有必要对原研药、仿制药的研发过程以及药品行政审批程序进行阐述。

## 一、药物研发过程

### （一）原研药

在 2019 年全球销量排名前十的药物中，6 个为大分子生物药物（其中 4 个为单克隆抗体药物），4 个为小分子化学药物。销售额排名第一的是艾伯维公司上市的阿达木单抗注射液产品修美乐（Humira）（见图 7 - 1）。❶

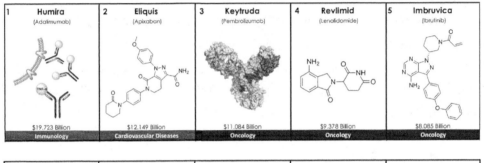

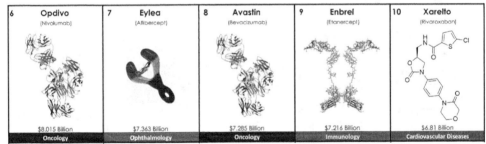

**图 7 - 1　2019 年全球药物销量前十的产品对比**

在新药研发领域，小分子化学药物与大分子生物药物是目前全球各大医药企业争相竞逐的研发热点。

小分子化学药物，分子量通常小于 1000Da，通过化学合成工艺制备，结构简单明确，通常按治疗用途和药理作用分类，约有 30 个大类，如抗感染药、抗寄生虫病药、解热镇痛药、麻醉药、心血管系统用药等。

大分子生物药物是使用生物技术（DNA 重组），通过生物体合成活性物质，并

---

❶　Njardarson group. TOP 200 Pharmaceuticals by retail sales in 2019 ［EB/OL］. （2019 - 12 - 31）［2020 - 07 - 22］. https：//njardarson. lab. arizona. edu/sites/njardarson. lab. arizona. edu/files/Top% 20200% 20Drugs% 20By% 20Retail%20Sales%20in%202019V2. pdf.

经纯化、重新折叠等复杂的后续流程生产的药物，如荷尔蒙、单克隆抗体、细胞因子和胰岛素等。生物治疗药物尤其是单克隆抗体主要用于治疗癌症、自身免疫性疾病。生物治疗药物的相对分子质量要大得多（某些单克隆抗体的相对分子质量超过150000 Da），且通常具有高度复杂的二维、三维构象，有特定的翻译后修饰和糖基化模式。

无论是小分子化学药物还是大分子生物药物，原研药物在提交上市申请前均需要经过临床前试验及临床试验验证药物的有效性和安全性。

基础研究可以持续长达6年，在完成系统的临床前研究确定候选药物后，原研药公司开始进行临床试验，该试验包括如图7-2和表7-1所示的4个阶段：

I期临床试验：将产品给少量健康志愿者使用，以确定药物是否安全并确定更合适的剂量。

II期临床试验：仅少量药物施用患者评估该产品对疾病的有效性并确定副作用。如果这些方法成功，则该产品将进入Ⅲ期临床试验。

Ⅲ期临床试验：将产品用于大规模临床试验，成千上万的患者来监测疗效并评估长期使用副作用。这些研究还有助于确定允许使用的药物以及相对于其他竞争药物是否更有效疗法。

Ⅳ期临床试验：获得上市授权后，原研药公司将继续在更广泛的人群中使用后监测疗效和副作用。❶

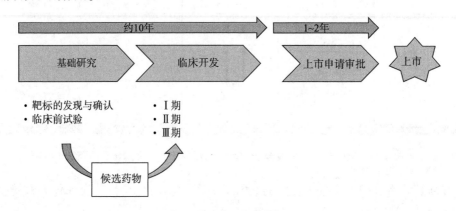

图7-2　药物研发流程

表7-1　不同临床试验阶段对比

| 阶段 | 患者人数和类型 | 持续时间 | 目标 |
| --- | --- | --- | --- |
| I期 | 20~100名健康志愿者 | 1年以上 | 确定药物的安全性以及合适的给药剂量 |

❶　Raphaël De Coninck，Elina Koustoumpardi，Roman Fischer，et al. Assessing the economic impacts of changing exemption provisions during patent and SPC protection in Europe ［R/OL］．（2016－02－28）［2020－07－22］．https：//ec. europa. eu/growth/industry/policy/intellectual－property/patents/supplementary－protection－certificates_en.

| 阶段 | 患者人数和类型 | 持续时间 | 目标 |
|---|---|---|---|
| Ⅱ期 | 数百名患者 | 1～2年 | 获得药物治疗的有效性数据，以及进一步的安全性数据 |
| Ⅲ期 | 数百至数千名患者 | 2～4年 | 确证治疗有效性以及监测长期使用的副作用 |
| Ⅳ期 | 不定：通常数千名患者 | 不定 | 开发新的适应证，与其他治疗方法相比，确定药物在更大范围不同病人类型中的临床效果和长期安全性 |

## （二）化学仿制药与生物类似药

1. 定义

（1）《美国法典》将仿制药定义为与参比药物具有相同的药物活性成分、剂型、规格、给药途径、说明书、质量、适应证等特性，并且与参比药物生物等效。

欧洲药品管理局 EMA 对仿制药的定义为：与参比制剂具有相同的活性成分（不考虑所使用的赋形剂）和剂型，与参比制剂的生物等效性通过恰当的生物利用度研究得到证实。

我国国家食品药品监督管理局对仿制药的定义为：具有与原研药品相同的活性成分、剂型、规格、适应证、给药途径和用法用量的原料药及其制剂。[1]

（2）"生物类似物"的命名和定义目前在各国或地区的药品监管机构尚未统一。

FDA 将其称为 Follow–on Protein Products，认为该类药物应与参照药高度相似，在临床非活性成分中可存在微小差异，但是与参照药相比，应在安全性、纯度和药效方面没有临床意义的差异。

EMA 将生物类似物称为 Similar Biological Medicinal Products，认为该药应和原研药是本质上相同的生物物质，要求提供具有可比性的质量、非临床和临床研究数据来证明该类产品的安全有效。

2015 年，国家食品药品监督管理总局（CFDA）公布的《生物类似药研发与评价技术指导原则（试行）》对生物类似药的定义为：在质量、安全性和有效性方面与已获准注册的参照药具有相似性。[2]

2. 研发差异

小分子化学药物已经有 100 多年的发展历史，小分子化合物的合成、生产、纯

---

[1]　蒋煜. 化学仿制药新法规对研发及注册管理的影响分析 [J]. 中国新药杂志, 2016, 25 (18): 2067–2073.

[2]　（美）Shein–Chung Chow. 生物类似药的研究设计和统计分析 [M]. 姚晨, 阎小妍, 译. 北京：北京大学医学出版社, 2019：231.

化随着化学制药工业的发展已不存在较大的技术壁垒。大分子生物药物的生产有其独特性，是利用活的有机体（如动物细胞、酵母菌、植物细胞、细菌、病毒），采用多种生物技术，在受控的条件下，经过复杂的转录和修饰、纯化步骤制成，因为蛋白质具有独特的多维结构，其复杂的作用方式难以精确复制。此外，生物药物的复杂性还由产品内在或生产工艺因素造成。即使氨基酸序列相同，且通过相同的细胞或微生物生产，也可能因结构修饰造成约 108 种潜在的变异体。此外，蛋白质本身非常不稳定，其结构中非共价键的稳定性很容易被外力因素（如摇动、温度等）破坏，加热、延长保存、有机溶剂、氧气、pH 及其他多种因素都可引起蛋白质结构改变。生产条件（如剂型、操作、储存）的不同也可影响生物活性，最终导致疗效和安全性不同。即使是同一批次，在储存、流通的过程中，生物药（尤其是蛋白类药物）的结构和活性也不可避免地会有所变化。

由于生物药有更大的分子量和复杂的结构，生物药的表征面临很大的挑战。尽管随着现代科技的进步，分析表征生物药的技术手段越来越先进，但是基于目前的表征技术，也不可能将生物药的结构等特性完全表征清楚。❶

正是因为化学药与生物药的特性不同，化学仿制药与生物类似药在研发上存在有较大差异（见表 7 - 2）。

化学仿制药通常具有成熟的合成工艺和明确的合成路径，在研发过程中一般基于合成工艺、生物等效性进行相应的研发工作。生物类似药的研发包括工艺研究、细胞库建立、临床前研究和临床研究等多个步骤，并采用逐步递进法证实生物类似性。在临床研究上需要证明其与原研药在免疫原性、药效学和药代动力学上的高度相似性。生物类似药在研发过程中通常需要两个阶段的临床研究——一项 I 期研究来证明具有相似的药代动力学和药效学和一项关键性研究（III 期）来证明其与参照生物药具有相似的疗效、安全性和免疫原性。如果在高度监管的市场，通常还需要进行头对头、等效性或非劣性试验。此外，生物类似药的适应证扩展也有更为严格的要求，需要充分的临床数据证明其作用机制、药代动力学、药效学、免疫原性、毒性等与原研药高度相似。

表 7 - 2　化学药与生物药的差异

| 项目 | 化学药 | 生物药 |
|---|---|---|
| 分子量 | < 1000Da | > 1000Da |
| 制备方法 | 化学合成结构明确、易于纯化、容易表征 | 细胞或生物体合成结构复杂、纯化过程复杂、难以表征 |
| 稳定性 | 单一分子实体，通常稳定 | 非均一混合物，通常不稳定 |

❶ 周爱萍. 生物治疗药物和生物类似药研究进展 [J]. 中国新药杂志, 2017, 26 (3)：296 - 299.

| 项目 | 化学药 | 生物药 |
| --- | --- | --- |
| 敏感性 | 产品质量受生产过程与环境的微小变化小 | 产品质量对生产过程与环境的微小变化非常敏感 |
| 给药方式 | 口服、注射、经皮等多种方式 | 注射（多数情况） |
| 免疫原性 | 无 | 有 |

生物药的临床前和临床阶段的研发成本更高，这也导致生物类似药在获批上市前的仿制成本往往是化学药的上百倍。一般认为化学仿制药的研发需要 2 年左右的时间，而生物类似药研发通常需要 5~9 年。世界最大的仿制药公司之一——著名跨国企业诺华公司旗下的山德士公司认为，一种典型的化学仿制药的仿制成本为 200 万~300 万美元，而生物类似药的仿制成本则高达 0.75 亿~2.5 亿美元，两者相差百倍（见表 7-3）。

表 7-3　化学仿制药与生物类似药的研发差异

| 项目 | 化学仿制药 | 生物类似药 |
| --- | --- | --- |
| 合成途径 | 化学合成 | 经 DNA 重组技术，在生物体内合成 |
| 产物 | 与原研药具有完全相同的化学分子式 | 生产工艺存在天然变异性，不可能完全相同，但具有高度相似性 |
| 药理学要求 | 需要完整的药学质量证明 | 不仅需要完整的药学质量证明，还需要对其与参比制剂之间的结构和生物活性进行比较研究 |
| 开发过程 | 基于生物等效性进行开发，证明其与参比制剂在药代动力学上相同 | 基于可比性研究以证实生物类似性，进行对比性临床研究证明其在化学结构、生物活性、有效性、安全性和免疫原性等方面高度相似 |
| 临床要求 | 主要包括药代动力学、生物等效性研究 | 除药代动力学和药效学可比性研究外，还需要安全性和有效性证据 |
| 研发周期 | 约 2 年 | 5~9 年 |
| 研发费用 | 200 万~300 万美元 | 0.75 亿~2.5 亿美元 |

## 二、药品注册上市程序

原研药公司在获得上市申报所需的试验数据后，向国家药品监管部门提交药物注册上市申请，由国家药品监管部门对试验数据进行审核并决定是否批准上市。而审批时间通常需要 1~3 年，药品注册上市审批所需时间同样也减损了专利保护期。

下面以欧盟药品注册为例进行介绍。

相对来说，欧盟的注册管理体制要复杂一些。由于欧盟是由多个成员国组成的，所以欧盟药品的审批程序既包括针对整个欧盟市场的集中审批程序（Centralized Procedure），也有成员国各自独立的成员国审批程序（Independent National Procedure）和成员国之间的相互认可程序（Mutual Recognized Procedure）。由于相互认可程序在执行过程中暴露的问题，为了加强各成员国的协作，根据2004/27/EC指令，欧盟引入了非集中审批程序（Decentralized Procedure）和协调工作组，协调工作组主要负责解决在非集中审批程序和相互认可程序中出现的分歧。总之，申请药品在欧盟上市许可的方式主要有集中审批程序、成员国审批程序、非集中审批和相互认可程序3种。

## （一）集中审批程序

药品在欧盟上市许可的集中审批程序的机构是EMA，一旦获得上市许可，该药品就可以在整个欧盟市场上自由销售。

EMA负责审评经由集中程序提交的药品申请。含有用于治疗以下疾病的新活性成分的药品，必须通过集中程序审批：艾滋病、癌症、神经退行性疾病、糖尿病、病毒性疾病、自身免疫疾病和其他免疫缺陷疾病、罕见病用药；通过生物技术工艺如基因工程制备的药品、前沿治疗药品，如基因治疗、体细胞治疗或组织工程治疗药品。

以下药品可选择申请集中程序审批：含有新活性成分且适应证不在上述适应证范围内的；为重大治疗学、科学或技术创新的；批准授权对欧盟公众或动物健康有益处的。集中审评的期限是210天。

## （二）成员国审批程序

成员国审批程序，即申请人在哪个国家申请上市许可，就要按照该成员国的法规要求准备注册资料，如果审批获得批准，就只能在该成员国上市销售。从1998年1月1日至2020年1月1日，成员国审批程序仍继续存在，由于存在相互认可程序，成员国审批程序十分受限，不能获得多个欧盟成员国的上市许可证。

各欧盟成员的药审部门负责对药品进行审批，但成员国的药品审批法规和技术要求不尽相同，因此，药品的成员国审批程序实际上需要按各国医药法规及其最新的技术要求递交相应的申报资料。在提交有效的上市申请以后，成员国应当采取所有合适措施确保在210天内完成药品上市的许可工作。

## （三）成员国之间的相互认可程序和非集中审批程序

相互认可程序以成员国审批程序为基础，其审批过程发生在成员国各自的药品审批部门。与成员国程序不同，只要一种药品经由相互认可程序进行审批并获得第一个成员国批准，相互认可程序所涉及的其他成员国就认可第一个成员国批准的决定，即给予相应的上市许可。除非有充分的理由怀疑该产品的安全性、有效性或质量可控性存在严重问题，这些问题有可能对患者的健康造成危害。上述相互认可程序原则上在90天内完成。

非集中审批程序指未在任何一个欧盟国家获得批准且不在集中程序强制要求的范围内的产品，可在欧盟至少两个成员国同时为该药品申请上市许可。如果药品没有获得欧盟诸国的上市许可，首次申请上市时，申请者既要向某一成员国申请又要向其他成员国提出相互认可的申请。上述程序最多为300天。非集中审批程序和相互认可程序都是以成员国的审批程序为基础的。无论是非集中审批程序还是相互认可程序，都是依据相互认可的原则进入单一市场。非集中审批程序相当于相互认可程序的一个补充。❶

---

❶ 李丹. 美国、欧盟及我国药品注册管理制度研究比较［D］. 杭州：浙江大学，2013.

# 第八章　美、欧、日药品专利延长制度

## 第一节　美国专利期延长制度

### 一、制度概况

美国国会在 1984 年通过 Hatch – Waxman 法案。该法案力求消除正常情况下"某些产品因必须在上市前获得监管部门批准所占用的专利期限"的两种畸变：一是产品必须经监管机构的批准，否则不能在市场上销售，而专利权人在专利早期由于药品审批失去了一定的专利保护期限；二是在专利期限结束之后，由于不允许竞争者在专利到期之前开始进行试验以及进行为获得 FDA 批准所需的其他活动，竞争者无法在专利到期后立即进入市场。该制度通过延长药品专利保护期来弥补药品审批过程中所损失的时间，激励制药公司积极开发新药。❶

该法案于 1988 年 11 月 16 日第一次修订，将动物药和兽药添加到可以构成专利期延长基础的产品列表中，而主要通过生物技术生产的动物药品不包括在专利期延长的规定之内；在 1993 年 12 月 3 日的第二次修订中，该法案规定，如果专利保护的产品有望获得批准，则在该专利的原始到期日之后，可以获得临时专利期延长。

从提交专利申请之日起，很多因素都会导致获得专利权的延迟。当延迟是由 USPTO 造成的时候，可以通过专利期调整（Patent Term Adjustment，PTA）来弥补损失的部分或全部时间。所有专利均可通过 PTA 获得延长，尤其是生物技术和制药领域专利，由于经常涉及长期诉讼、专利审查延误和复杂的法律纠纷，这类专利与 PTA 密切相关。

企业在获得专利权后，同样会遇到延误问题。由于专利药品必须经 FDA 批准才能在市场上销售，由此导致的延迟可以通过专利期延长（Patent Term Extension，

---

❶ FindLaw Attorney Writers. Patent Term Extensions and Restoration under the Hatch – Waxman Act [EB/OL]. (2017 – 07 – 05) [2020 – 07 – 22]. http：//sam. 9shi. cf/index. php? q = aHR0cHM6Ly93d3cudXNwdG92L3dlYi9vZmZpY2VzL3BhYy90cGVwL3MyNzUwUwLmh0bWw.

PTE）进行补偿。本节主要介绍与药品专利相关的 PTE 制度。

## 二、制度详述

PTE 制度设立的目的是通过补偿某些药品因 FDA 审批而导致的有效专利期限缩短，进而鼓励新药研究。例如，对于一种新的人用药物，FDCA 要求需在上市前在动物和人体中进行广泛的试验，以证明新药的安全性和有效性。这些试验和审批过程可能需要很多年。因此，在 Hatch – Waxman 法案之前，有效的专利保护期通常远远少于其法定的专利保护期限。Hatch – Waxman 法案允许通过延长授权专利的专利保护期限，来弥补因等待监管部门审批所花费的时间。❶ 该制度编纂为《美国法典》第 35 编第 156 条。以下介绍《美国法典》第 35 编第 156 条中对于 PTE 制度的规定。

### （一）制度规定

1. 可申请专利期延长的条件

对于某项产品专利、产品用途专利或制造该产品的方法专利，当符合以下情况时，专利保护期可以从原始专利到期日起进行专利期延长。

（1）提交专利期延长申请时，该专利还未到期。

专利期延长申请必须在专利到期前提交。一般情况即在有前景的候选药物被专利覆盖的情况下，申请人通常可以在专利到期前申请和获得 FDA 审批。或者，在先导化合物被专利覆盖并在专利公开后很长时间内才被发掘的情况下，如果专利权人或其代理人合理预期专利会在 FDA 审批完成前到期，则允许专利权人或其代理人先申请专利期延长（例如，在监管审批完成前）。

（2）专利未进行过延长。

专利的期限只能被延长一次。当一项专利涵盖一种以上的药物产品，而这些药物产品均需要得到监管机构的批准时，就会出现这种情况。例如，某件专利保护的是具有良好活性的几种不同化合物的组合配方，虽然该专利所涵盖的不同药品可以分别进行监管审批和单独销售，但该专利期限只允许被延长一次。

（3）专利权人或其代理人及时提出完整的专利期延长申请，并符合第（d）（4）款第 1 段的相关规定。

对于及时的要求是指：申请人必须自药品获批之日起 60 天内提交"及时"申请。对于人用药品，60 天的期限从 FDA 药品批准函上显示的日期开始计算。这段时间的计算至关重要。例如，如果在 6 月 30 日收到 FDA 的批准，则必须在 8 月 29 日

---

❶ FindLaw Attorney Writers. Patent Term Extensions and Restoration under the Hatch – Waxman Act ［EB/OL］. （2017 – 07 – 05）［2020 – 07 – 22］. http：//sam. 9shi. cf/index. php？q = aHR0cHM6Ly93d3cudXNwd
G8uZ292L3dlYi9vZmZpY2VzL3BhY9tcGVuL2MyMjZ3UwZmh0bWw=.

或之前提交 PTE 申请（除非该日期是周六、周日或联邦假日，这会将截止日期延长到下一个工作日）。

（4）该产品在商业销售或使用前，已经经过监管审查期（Regulatory Review Period）。

其中所谓"监管审查期"的含义将在下文第 7 点作详细阐述，其通常包括试验阶段和审批阶段。而对于"产品"中的"药品"而言，是指须经监管部门审查和批准的活性成分。Hatch - Waxman 法案还明确定义"新药的活性成分，包括活性成分的任何盐或酯"（参见下文第 6 点）。因此，制药公司应当意识到，如果母体化合物已获得批准，即使正在进行的研究与已被批准的适应证完全无关，涵盖该母体化合物或其盐或酯形式的新用途专利也将无法获得专利期延长。同样地，在开发组合疗法时，应考虑到与组合中的每种活性成分相关的 FDA 审批情况。除非至少有一种活性成分是新上市的，否则该组合物专利不太可能获得专利期延长，无论是否表现出协同效应。

"活性成分"进一步被解释为，在疾病的诊断、治疗、缓解或预防中发挥药理活性或其他直接作用，或影响人体或动物体的结构或任何功能的任何成分。该术语包括在药品制造过程中发生化学变化，并提供特定活性或效果以改性形式存在于药品中的那些成分。❶

（5）（A）除了（B）或（C）分段规定的之外，该产品是经过监管审查期后，首个被批准上市的产品；

（B）对于使用重组 DNA 技术制造的产品申请延长制备方法专利期的，该产品应是在专利申请过程中，经过监管审查其后首个被批准上市的产品；

（C）如（A）分段的规定，如果专利（i）保护一种新的动物药品或兽用生物制品，其（I）未包含在已延期的任何其他专利中，且（II）已获得用于非食用动物和食用动物的商业销售或使用许可。（ii）没有基于就非食用动物的监管审查而延长；则经过监管审查期后，对于用于食用动物的药物或产品的商业销售或使用的许可须是首次的。

上文（4）、（5）中所提到的以及本节提到的产品均指"获批产品"。

由于事先批准含有相同活性成分的不同药品（例如，不同的剂量强度、形式，或配方）将限制 PTE 的可用性，即 PTE 仅适用于首次被批准的药品的专利，因此，制药公司应注意哪些药品需要 FDA 批准、哪些专利需要 PTE 延长。此外，由于活性成分的监管审查期只能延长一件专利，当多个不同主题类型的专利涵盖作为监管审查主体的药品（例如，一件专利保护获批产品，另一件保护该获批产品的使用方法），也只有一件专利可以延长。然而，该条款并不限制专利权人只能提交一份延期申请，由于不能保证每件申请都会被批准，允许生产商就同一监管审查期提交一份

---

❶ C. F. R. Title 21, Chapter I, Subchapter A, Part60, § 60.3 Definitions

及以上的 PTE 申请。如果一件及以上的专利被认为有资格延期，那么申请人将有机会进行择一选择。

2. 关于专利在延长期内的应用限定

除特殊规定外，延长期间内专利权具有以下限定：

（1）对于产品专利，应被限定在专利获得延长前，依据监管审查期所依据的法律规定所确定的用途；在专利延长审批期间和获得专利延长之后，依据适用的法律法规被批准使用的用途。

（2）对于产品的使用方法专利，应限定于专利请求保护并且获批的用途。

（3）对于产品的制备方法专利，应限定于制备获批产品的方法，或者制备接受监管审查产品的方法。

获批药品专利延长期的保护范围，有时可延及药品的盐或酯。这与"药品"中有关"活性成分"的解释相关，相关内容将在本章第四节辉瑞公司诉雷迪博士实验室案中作详细讨论。

3. 延长期的计算

依据第（a）款中可申请延长的专利，其延长的专利期应等同于该已获批产品的监管审查期，且该监管审查期应从专利授权之日起计算，但是

（1）每段监管审查期的时间，应减去因申请人未尽职责完成而消耗的时间；

（2）按照前述（1）缩减延长期后，对于人用药品，延长期应只包含第（g）（1）（B）（i）款中剩余时间的一半，即从研究用新药（IND）申请被批准到 NDA 初次提交的时间的一半；

（3）如果根据上述（1）、（2）进行专利期限补偿后，使已获批药品的专利自审批之日后剩余的专利期超过 14 年，则专利延长期应被缩减，使总延长期不超过 14 年；

（4）在任何情况下，任何产品均不能基于同一监管审查期进行两次及以上专利期延长。

4. 延长期的申请

（1）申请材料：为了获得专利期延长，专利权人或其代理人应向 USPTO 局长提出申请。该申请只能在收到通过监管审查颁发的商业销售或使用许可之日起 60 天内提交。申请文件应包含以下内容：

（A）已获批产品的信息以及监管审查所依据的联邦法规；

（B）申请延长的专利信息及专利中保护的产品、用途或制备方法的权利要求技术特征；

（C）能够使 USPTO 局长根据第（a）款和（b）款确定专利是否符合延期要求的其他信息，以及能够使 USPTO 局长、卫生与公共服务部部长确定监管审查期的信息；

（D）申请人在该已获批产品的监管审查期间内相关活动的简要描述，以及上述活动的重要时间节点；

（E）USPTO 局长要求的专利信息或其他材料。

（2）（A）有关审查期限：在根据前述规定的提交专利期延长申请的 60 天内，USPTO 局长应根据申请专利期延长的专利类型，相应地通知农业部部长或者卫生与公共服务部部长，并向其传送申请副本。在收到申请副本的 30 天内，各部长应确定申请的监管审查期，并告知 USPTO 局长结果并将结果公布在联邦公告上。

（B）有关裁决与听证：（i）在依据上述（A）分段公告决定后的 180 天内，若有人向作出决定的部长提出请求，有合理理由认为申请人没有在监管审查期内尽职尽责的，该部长应就申请人在监管审查期内是否尽职进行裁决。部长应在收到请求后的 90 天内作出决定。如果专利请求涉及由 FDCA 和公共卫生服务法案（PHSA）规定的药品、医疗器械或添加剂，卫生及公共服务部部长不能将裁决委托给 FDA 局长职衔以下的人；如果专利涉及保护病毒、血清和毒素法规定的产品，农业部部长不能将裁决委托给市场和监管服务助理部长（the Office of the Assistant Secretary for Marketing and Inspection Services）职衔以下的人。

（ii）在部长依据上述（i）作出决定后，应通知 USPTO 局长，并在联邦公告上发布，公告上包含决定结论以及所依据的事实和法律。在决定公告后的 60 天内，任何利益相关人均可以请求作出决定的部长就该决定进行非正式听证。如果听证请求在规定期内提出，则部长必须在请求提出的 30 天内举行听证，或者依据申请人请求的日期进行听证，前提是必须在听证请求提出后的 60 天内举行。举行听证的部长必须通知专利权人和任何相关利益方，并给予他们参加听证会的机会。听证会结束后的 30 天内，部长要作出撤销或维持决定，并通知 USPTO 局长对决定作出修正，且在联邦公告上公布。

例如，对于人用药品专利，由 FDA 计算监管审查期的时间并在联邦公告上公布，在接下来的 180 天内，任何人都可以提交尽职调查申请，对 FDA 的决定提出质疑，如声称 PTE 申请人在监管审查期间未尽职尽责；FDA 将审查申请书和监管审查期，并在 90 天内作出决定。如果有任何利益相关方对该决定不服的，可在决定公告的 60 天内请求 FDA 举行非正式听证会，FDA 将会在听证会结束的 30 天内作出最终决定，并将结果告知 USPTO。

由于 PTE 制度的立法本义并非就产品的整个监管审查期提供全面补偿，PTE 申请人必须证明其在审批期间尽职尽责。通过这一要求，Hatch-Waxman 法案鼓励药品制造商在向 FDA 提出有效的 IND 申请后，积极寻求监管部门的批准，以最大限度地延长有效期。

（3）临时专利期延长申请：如果专利权人或其代理人有理由认为专利在保护期届满后能够依据监管审查期延长专利期的，则可以在保护期届满前 6 个月至 15 天内，向 USPTO 局长提出临时专利期延长申请。申请所需提交的文件与本条第（b）款的要求基本相同，如申请通过则该专利可获得不超过 1 年的临时专利期延长。之后，专利权人或代理人可再次提交临时专利期延长申请，但不能超过 4 次，每次临时申请需在前一个临时专利保护延长期结束前的 30～60 天提出。临时专利期延长将在产品获批之日起的第 60 天结束，但是如果在该 60 天内，申请人向 USPTO 提交之前临时申请时未包含的其他信息，则可以根据规定进一步延长保护期，前提是延长期自专利原届满之日起不超过 5 年。

5. 颁发专利期延长证书

（1）专利保护期是否能够获得延长，将由 USPTO 局长仅根据所提申请中的事实材料决定。也就是说，除"司法需要时"的特殊情况下，USPTO 一般不会考虑任何第三方意见。

（2）如果申请延长的专利，可能在专利期延长的决定授权或驳回之前失效，如果 USPTO 局长认为其专利期有望延长，则可以在作出正式决定前，延长专利期，延长时间不超过 1 年。

6. 一些重要释义

（1）"产品"是指：（A）药品；（B）任何 FDCA 规定的医疗器械、食品添加剂或颜色添加剂。

（2）"药品"是指下列活性成分，包括其任意盐或酯，活性成分可为单一成分或者与其他活性成分的结合形式——

（A）新药、抗生素或人用生物制品，即指 FDCA 和 PHSA 中规定的术语；

（B）兽用新药或兽医用生物制品，即指 FDCA 和病毒、血清和毒素法中规定的术语，但非使用重组 DNA、重组 RNA 或其他涉及特异位点的基因操作技术方法制备的产品。

7. 本款规定的"监管审查期"含义如下：

（1）针对人用药品：

（A）如果该药品是人用药品，则该术语指的是第（B）分段中提及的期限，并受第（6）项规定的限制。

（B）人用药品的监管审查期有以下两种：

（i）该期限于第 505（i）条或第 507（d）条规定的豁免期生效之日起，至第 351 条、第 505 条或第 507 条该申请的初次提交之日为止；

（ii）第 351 条、第 505（b）条或第 507 条的审批药品初次提交之日起，至产品获批之日为止。

（2）针对食品添加剂或着色剂：

（A）若该产品为食品添加剂或着色剂，则该术语指的是第（B）分段中提及的期限，并受第（6）项规定的限制。

（B）食品添加剂或着色剂的监管审查期有以下两种：

（i）该期限于该制剂的重大健康或环境效应试验开始之日起，至 FDCA 所规定的产品使用内容提交请求书之日起。

（ii）该期限于 FDCA 所规定的产品使用内容提交请求书之日起，至该规定生效日为止；如果有人提出反对意见，则至该反对事项解决商业化销售获得批准之日；如果商业化销售获得批准但之后由于反对意见而暂时撤销其进一步推进的，则于该问题获得解决，进程得以推进之日为止。

（3）针对医疗器械：

（A）若该产品为医疗器械，则该术语指的是第（B）分段中提及的期限，并受第（6）项规定的限制。

（B）医疗器械的监管审查期有以下两种：

（i）该期限于该器械在人体进行临床试验之日起，至根据第 515 条初次提交申请日为止；

（ii）该期限于该器械根据第 515 条初次提交申请日起，至该申请依据本法案获得批准之日为止。或者，于该器械根据第 515（f）（5）条初次提交产品开发方案之日起，至该协议根据第 515（f）（6）条发布之日为止。

（4）依据前述规定所指定的期限应受到以下限制：

（A）如果在依据本条规定获得专利前，依据监管审查期确定的专利期延长，均不得超过 5 年。

（B）如果在本条规定生效之日前获得专利权，出现以下情形，则在产品获批之日前，依据监管审查期确定的专利延长期均不得超过 5 年：

（i）并未依据第（1）（B）分段提交豁免申请；

（ii）并未进行第（2）项中提及的重大健康或环境效应试验，且未提交产品规范或注册审批请求书；

（iii）未依据第（3）项进行临床试验或未启动产品开发。

（C）如果在本条规定生效之日前获得专利权，并针对该产品采取第（B）分段所述行为，且该产品商业化销售或使用尚未获批，则依据监管审查期确定的专利延长期均不得超过 2 年。

## （二）完整的申请程序

专利期延长申请的申请日是指 USPTO 收到完整申请的日期。完整的申请必须包括：

（1）对获批产品的确认；

（2）监管审查所依据的联邦法规的确认；

（3）申请延期的专利的确认；

（4）对保护获批产品的权利要求，或使用或制造该获批产品的方法的每项权利要求的确认；

（5）足够的信息以便 USPTO 局长能够根据本条确定专利是否具有延期的资格、延期可获得的权利；使卫生与公众服务部部长或农业部部长能够确定监管审查期长度的信息；

（6）申请人就适用监管审查期内该获批产品开展的活动的简要说明，以及此类活动的重要日期。

简而言之，对于药品的专利期延长，USPTO 负责专利的审批和授予，FDA 负责药品注册审批。FDA 协助 USPTO 确定产品是否符合专利期延长的条件，并提供相关审批信息。USPTO 负责确定专利延长期，FDA 在涉及专利解释和有效性方面与 USPTO 保持一致。

## （三） 申请人所需提交的材料

延长专利期限的申请必须以书面向 USPTO 局长提出。延长专利期限的申请书应当包括：

（1）通过适当的化学和通用名称、物理结构或特性对批准产品的完整标识。

（2）联邦政府的完整身份证明，包括监管审查所依据的法律的适用条款。

（3）根据适用监管审查期发生的法律规定，确定产品获得商业销售许可或使用许可的日期。

（4）产品为药品时，应包含产品中每种活性成分和每种活性成分的鉴定，一份还未经 FDCA、PHSA 或病毒、血清和毒素法批准用于商业销售或使用的声明，或一份活性成分（单独使用或与其他活性成分结合使用）何时被批准用于商业销售或使用的声明，以及获批用途，和相适应的法律规定。

（5）在 60 天期限内提交申请的声明，并说明可以提交申请的最后一天的日期。

（6）发明人姓名或者名称、专利号、颁发日期、有效期的完整证明。

（7）正在申请专利期延长的专利副本。

（8）专利中的免责声明、更正证书、维持费收据或者复审证书的副本。

（9）一项声明，说明专利要求获得批准的产品，或使用或制造经批准产品的方法，以及一份清单，以对应的方式展示相应的权利要求：

（i）批准的产品，所列权利要求包括对应于获批产品的任何权利要求；

（ii）获批产品的用途，所列权利要求包括对应于获批产品用途的任何权利要求；

（iii）制造获批产品的方法，所列权利要求包括对应于获批产品的制备方法的任何权利要求。

（10）根据第 156（g）条，从在相关日期和信息的新页面开始的声明，以便卫生与公共服务部部长或农业部部长（视情况而定）确定适用的监管审查期限；

（i）对于人用药品、抗生素或人用生物产品的专利：

（A）研究用新药（IND）的生效日期和 IND 编号；

（B）最初提交新药品申请（NDA）或产品许可申请（PLA）的日期以及 NDA 或 PLA 编号；

（C）批准 NDA 或签发产品许可证的日期。

（ii）对于新动物药的专利：

（A）对药物进行重大健康或环境影响测试的日期，以及该日期的任何可用证据，或依据 FDCA 第 512（j）条规定的对该动物药的豁免生效日期；

（B）最初提交的动物新药申请（NADA）的日期和 NADA 编号；

（C）批准 NADA 的日期。

（iii）对于兽用生物产品的专利：

（A）根据病毒、血清和毒素法制备实验性生物产品的授权生效之日；

（B）根据病毒、血清和毒素法提交许可申请的日期；

（C）许可证签发日期。

（iv）对于食品或色素添加剂的专利：

（A）开始对该添加剂进行重大健康或环境影响测试的日期以及该日期的任何可用证据；

（B）根据 FDCA 最初提交产品批准申请的日期和申请号；

（C）FDA 发布联邦注册公告的日期，其中列出了附加用途。

（v）对于医疗器械的专利：

（A）研究性装置豁免（Investigational Device Exemption，IDE）和 IDE 编号，或者申请人使用该装置的第一次临床试验的日期（如未提交 IDE），以及该日期的任何可用证据；

（B）根据 FDCA 第 515 条，首次提交产品批准申请或完成产品开发协议的通知的日期和申请号；

（C）申请被批准或宣布协议完成的日期。

（11）从新的一页开始简要说明市场销售申请人在适用的法规审查期内就批准的产品开展的重要活动以及适用于此类活动的重要日期。

（12）一份以新页开始的声明，包括申请人认为该专利符合期限延长的条件，以及所要求延期的时间长度，和如何确定专利延长期。

（13）申请者承诺有义务向 USPTO 局长、卫生和公众服务部部长或农业部部长披露任何对确定专利期延长至关重要信息的声明。

（14）收到延期申请并提出延期申请的规定费用。

（15）与专利权人延期申请有关的联系人姓名、地址和电话号码。

（b）本条下的申请必须附有两份此类申请的副本（共 3 份）。

（c）如果根据本条提出的延长专利期限的申请是非正式的，USPTO 将通知申请人，申请人有两个月的时间，从通知的邮寄日期，或通知中规定的时间，以替换之前的非正式申请。除非通知另有说明，否则该期限可根据第 1.136 条的规定延长。

### （四）同一专利的多份延长申请，或者某种产品基于同一监管审查期的多份专利延长申请

（1）对于任何产品而言，只有一件专利可基于监管审查期进行延长。同一件专利提交一次及以上延期申请的，如果专利可被延长，以第一次申请延期为准，颁发专利期限延长证书。

（2）如果一个申请人基于同一监管审查期，申请两件或两件以上的专利延长，并且在申请人未作出选择的情况下，如果专利可被延长，将对具有最早授权日的专利进行延长。

（3）当提交专利延长申请是基于与多份其他专利延长申请相关的同一监管审查期时，如果基于该监管审查期获批产品的持有人，与专利权人或其代理人一致，则能获得专利期延长。

（4）延期申请应是完整和正式的，无论其是否包含与监管审查期相关的监管获批持有人的身份证明。如果申请包含此类信息，或经修订后包含此类信息，则在确定申请是否符合本条规定的延长资格时，均将予以考虑。基于同一监管审查期的多件专利的专利延长申请，任何申请人均可以在一个月的期限内（该期限不可延长）提供此类信息。未在规定的答复期限内提供上述信息的，被视为有确凿证据证明专利延长申请人不是监管获批的持有人。

（5）根据本条作出的决定应包含在专利期限延长资格的最终决定中，并应视为该决定的一部分。

### （五）临时专利延长申请

（1）专利权所有人或其代理人，如合理地预期某产品可能获批上市，则可据此申请递交临时专利延长申请，将该专利延长至专利期届满后；临时专利延长可申请一次或多次，每次延长最长为 1 年。临时专利延长的初次申请必须在专利期限届满前的 6 个月至 15 天内提出。后续的每一次临时专利延长申请必须在前一次临时专利延长期满前 30～60 天提出。在任何情况下，被授予的临时专利延长都不得超过申请人根据第 156（c）条可获得的最长延长期限。

（2）除了提交产品经确定的商业销售许可或使用许可日期，以及临时专利延长申请是在 60 天期限内提交的声明，提交临时专利延长的申请材料与提出正式申请所需信息相同。

（3）后续提交的临时专利延长申请的内容仅限用于后续临时专利延长请求，同

时声明监管审查期尚未完成，以及所需的且在之前提交的临时专利延长申请中不存在的文件。

（4）根据美国专利法第 156（d）（5）条授予的任何临时专利延长，在所涉产品获得商业销售或使用许可之日起 60 天期限结束时终止。如果在该 60 天期限内，专利权所有人或其代理人提出专利延长申请，包括未包含在临时专利延长申请中的依据第 156（d）（1）条规定的任何补充信息，则该专利应当按照第 156 条的规定进一步延期。

## （六）可延长的专利权

根据美国专利法第 156（a）（5）条规定，药品监管批准必须是该产品的首次获准商业销售或使用，美国专利法第 156（f）条将"产品"种类中的"药品"进一步解释为"活性成分"，活性成分包括任意盐或酯。换言之，对于 PTE 中活性成分的监管审查，标志着该活性成分是首次被批准在美国进行单独或联合销售、使用。例如，如果一种活性成分先前已被批准用于适应证 A，尽管新适应证 B 的监管审查出现延误，但涵盖该同一活性成分用于新适应证 B 的专利将不符合申请 PTE 的资格，因为药品的所有人已经获得商业销售或使用这种活性成分的许可。相关具体案例的讨论参见本章第四节内容。

## （七）人用药品专利期限延长的计算示例

联邦法规对专利延长期计算所依据的各时间节点进行了细化要求，包括：

（a）如果确定人用药品、抗生素药物或人用生物制品的专利有资格延长，则期限应按本条规定的方式延长天计算的时间。专利期限的延长将从专利的原始到期日或由最终免责声明确定的更早的到期日开始。

（b）人用药品、抗生素药物或人用生物制品延长的专利期限，是据卫生与公共服务部部长确定的并依据本条第（d）（1）～（6）款适当缩短所得到的监管审查期。

（c）人用药品、抗生素药物或人用生物制品的监管审查期长短将由卫生与公共服务部部长决定。根据第 156（g）（1）（B）条，它是

（1）自 FDCA 第 505（i）条或第 507（d）条下的对批准产品豁免之日起，至根据上述法规或 PHSA 第 351 条的规定，首次提交该产品申请之日为止的天数。

（2）根据 PHSA 第 351 条或 FDCA 第 505 条或 507 条的规定，从首次提交审批产品的申请之日起至获批之日为止的天数。

（d）对人用药品、抗生素药物或人用生物制品的专利延长期限将由：

（1）从卫生与公共服务部部长确定的监管审查期天数中减去：

（i）本条第（c）（1）～（2）款所述专利授权之日以前的天数；

（ii）在本条第（c）（1）～（2）款规定的天数内，由卫生与公共服务部部长根据

第 156（d）（2）（B）条确定的申请人未尽职尽责的天数；

（iii）本条第（c）（1）款的日期中减去依据本条第（d）（1）（i）、（ii）款扣除的日期后，剩余日期的一半；半天将被忽略。

（2）对于因任何最终免责声明而缩短的原专利保护期，在此基础上加上依据本条第（d）（1）款中确定的天数。

（3）从根据 PHSA 第 351 条或 FDCA 第 505（b）条或第 507 条的规定的申请获批之日起加上 14 年。

（4）比较依据本条第（d）（2）~（3）款获得的日期，选择较早的日期。

（5）如果原始专利是在 1984 年 9 月 24 日之后颁发授权（issued）的，则

（i）在专利的原始到期日或由最终免责声明确定的任何更早日期的基础上，增加 5 年；

（ii）比较本条第（d）（4）~（5）（i）款确定的日期，并选择较早的日期。

（6）如果原始专利是在 1984 年 9 月 24 日之前颁发授权的：

（i）如果在 1984 年 9 月 24 日之前，没有根据 FDCA 第 505（i）条或第 507（d）条的规定提交豁免请求，则

（A）在专利的原始到期日或由最终免责声明确定的任何更早日期的基础上，增加 5 年；

（B）比较本条第（d）（4）、（6）（i）（A）款确定的日期，并选择较早的日期。

（ii）如果在 1984 年 9 月 24 日之前根据 FDCA 第 505（i）条或第 507（d）条的规定提交豁免请求，并且在 1984 年 9 月 24 日之前未批准产品的商业销售或使用，则：

（A）在专利的原始到期日或由最终免责声明确定的任何更早日期的基础上，增加 2 年；

（B）比较本条第（d）（4）、（6）（ii）（A）款确定的日期，并选择较早的日期。

## 三、PTE 计算示例

PTE 的长度即监管审查期的天数，其相当于试验阶段天数 × 1/2 + 审批阶段天数，但在实际操作中是相当复杂的，除了基于整个监管审查期间所用时间（包括试验阶段和审批阶段），还包括作为、不作为行为和整体尽职调查相关日期。下面以一个简单例子进行说明。

X 公司根据最初的实验室研究和测试，确定 X 药是一种潜在有效治疗肺癌的药物。然后，X 公司提交了一件专利申请，申请内容包括通过给药 X 治疗该疾病的方法，并开始试验阶段，以便获得 FDA 批准 X 药的上述适应证，相关日期如下。

1992 年 6 月 1 日，X 公司提出与 X 药品有关的专利申请。

1994 年 10 月 10 日，X 公司提出 IND 申请。

1994 年 11 月 10 日，IND 生效，开始试验阶段（The Testing Phase Period）。X 公司在整个阶段尽职尽责。

1995 年 1 月 5 日，X 公司的专利获得授权，涉及通过给药 X 治疗肺癌的方法的权利要求，原始专利有效期为 2012 年 6 月 1 日。

1999 年 3 月 12 日，X 公司提交 NDA 申请，同时试验阶段结束（1583 天）并开始审批阶段（The Approval Phase Period）。X 公司在整个审批阶段尽职尽责。

2001 年 7 月 5 日，FDA 批准了 NDA，审批阶段结束（846 天）。

X 公司专利的延长期是使用 PTE 计算步骤计算的，如图 8 - 1 所示。

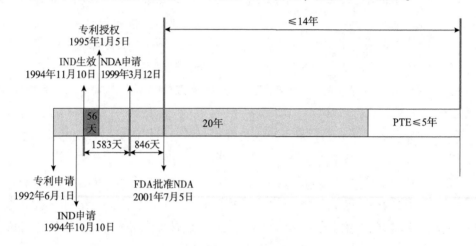

**图 8 - 1  PTE 计算步骤**

（1）计算理论 PTE。假设申请人在整个申请审批期间尽职尽责，则该公司理论上能获得的 PTE 为 $(1583 - 56)/2 + (846 - 0) = 1610$ 天，满足不超过 5 年的要求。

（2）判断是否符合最长延长时限要求。专利原始到期日为 2012 年 6 月 1 日，如果专利有效期延长 1610 天，则为 2016 年 10 月 28 日，但是该日期相比 FDA 批准 NDA 申请的日期（2001 年 7 月 5 日）已经超过 14 年，因此不能按照 1610 天进行延长。

（3）对 PTE 进行校正。基于 FDA 批准 NDA 申请的日期，延后 14 年为 2015 年 7 月 5 日，该日期相比理论到日期 2012 年 6 月 1 日的差值为 1129 天，即为最终的专利期限延长时间。

根据上述日期和信息，X 公司的专利权获得 1129 天（超过 3 年）的 PTE。对于一种重要药物，X 公司额外 3 年的专利保护价值可能高达数十亿美元。根据美国专利法第 156 条的规定，监管审查期计算是从专利授权之日开始的，因此在计算理论 PTE 时，减去了专利授权的时间（56 天），笔者认为这是由于这部分时间损失已经由专利期限调整（PTA）补偿，在此不能重复计算。

## 四、FDA 的职责与责任[1]

应 USPTO 的书面要求，FDA 将协助 USPTO 确定与产品相关的专利是否符合以下专利期限的延长条件：

（1）确认该产品在商业销售或使用之前是否经过监管审查。

（2）对于人用药品、食品添加剂、色素添加剂和医疗器械，确定在监管审查期后对产品进行的商业销售或使用的许可是否是该产品的首次允许的商业销售或使用。

（3）对于兽药产品，在监管审查期后确定是否允许该产品的商业销售或使用该产品：

（i）是该产品的首次允许的商业销售或使用；

（ii）根据监管审查期的法律规定，是首先允许将该产品商业销售或用于食用动物（以适用者为准）。

（4）告知 USPTO，专利期限延长申请是否是在产品批准上市或使用后的 60 天内提交的。

（5）向 USPTO 提供与 USPTO 确定与产品有关的专利是否有资格延长期限相关的任何其他信息。

（6）FDA 将调查结果以书面形式通知 USPTO，并将此通知的副本发送给申请人，同时将通知副本提交给 FDA 档案管理部门：

（i）确定产品监管审查期的时间；

（ii）如有请求，则审查并裁定任何人对 FDA 监管审查期决定的尽职调查的质疑；

（iii）召开听证会，审查对尽职调查质疑的初步审查结果。

## 五、如何布局 PTE 申请和 FDA 审批

首先，根据美国专利法第 156（a）（5）条规定，药品监管批准必须是该产品的首次获准商业销售或使用，因此，制药公司应认识到哪些药品应重点获得 FDA 批准，哪些专利应通过 PTE 延长，因为对于含有相同活性成分的不同药品（例如，不同的剂量、剂型或配伍），在先批准的药物会限制后面批准药物专利申请 PTE，基于活性成分的监管审查期，只能延长一件专利。然而，专利期延长制度并不限制专利权人只能提交一份延期申请请求，由于不能保证每件申请都会被批准，所以允许生

---

[1] 基于 C. F. R. Title 21，Chapter I，Subchapter A，Part 60 和 C. F. R. Title 37，Chapter I，Subchapter A，Part 1，Subpart F 部分。

产商基于相同的监管审查期，提交一份及以上的 PTE 申请。如果一件及以上的专利被认为有资格延期，申请人将有机会进行选择。

就权利要求范围而言，从 PTE 获得的权利包括，任何被批准的产品（对于含产品权利要求的专利）、任何被批准的使用产品的方法（对于含使用方法权利要求的专利）或任何制造被批准产品的方法（对于含制造方法权利要求的专利）。例如，在辉瑞公司诉雷迪博士实验室案中，联邦巡回上诉法院裁定，尽管事实上只有氨氯地平苯磺酸盐（商品名为络活喜）在之前获 FDA 批准，但苯磺酸盐和马来酸盐（如权利要求书中所述）都获得了 PTE 延长。可见，专利期限延长的范围不限于 FDA 批准的范围，相反，法院认为，权利要求中所有的氨氯地平形式都享有 PTE，即"药品"，包括盐和酯形式。同样地，与之相反，如果权利要求的保护范围有限，则延长的范围也将更为有限。

## 六、橙皮书清单与 PTE 申请

专利是否列于橙皮书中，也与确定 PTE 资格有关。决定是否将专利列于橙皮书的最后期限与决定是否提交 PTE 申请的截止日期大致相同。也就是说，NDA 持有人必须在 FDA 批准药品后的 30 天内将专利提交给 FDA，以在橙皮书中列出，并且专利权人必须在 FDA 批准日期后的 60 天内提交 PTE 申请。因此，对于 NDA 持有人和专利权人来说，重要的是了解 FDA 的批准程序，以使专利的商业生存期最大化。

# 第二节　欧盟补充保护证书制度（SPC）

## 一、补充保护证书制度概况

补充保护证书制度（SPC）作为一种具有市场独占权性质的类专利保护制度，是一项特殊的知识产权。该制度适用于经药品监管机构批准上市的特定药品，旨在抵消药品临床前研究、临床试验以及药品审评所造成的药品专利期损失。

欧盟为鼓励药品领域的创新，以实现药品市场的蓬勃发展，通过政策优势吸引原研药公司，减少其向美国和日本等国迁移的趋势，缩小欧盟制药商与国际竞争者的差距，于 1992 年 6 月 18 日颁布了 1768/92/EEC 指令，引入专利期延长制度，即补充保护证书制度（SPC）。其于 1993 年 1 月生效，2004 年、2007 年和 2013 年加入欧盟的国家在加入之日生效。对于在 1990 年 1 月 1 日之前不承认药品专利性的成员

国（希腊、葡萄牙和西班牙），SPC 于 1998 年生效（见表 8-1）。❶

表 8-1　欧盟补充保护证书制度生效国家

| SPC 生效年份 | SPC 生效国家 |
| --- | --- |
| 1993 | 比利时、意大利、法国、英国、爱尔兰、卢森堡、荷兰、德国、丹麦 |
| 1994 | 奥地利、瑞典、芬兰、冰岛、挪威 |
| 1998 | 希腊、葡萄牙、西班牙 |
| 2004 | 捷克、匈牙利、波兰、塞浦路斯、爱沙尼亚、立陶宛、拉脱维亚、马耳他、斯洛文尼亚 |
| 2007 | 保加利亚、罗马尼亚 |
| 2013 | 克罗地亚 |

## 二、补充保护证书制度（SPC）沿革

如图 8-2 所示，欧洲于 1992 年建立了药品补充保护证书制度 1768/92/EEC 指令，随后在 1996 年又建立了植物保护产品的补充保护证书制度（1610/96/EC 指令）。在 2006 年颁布的 1901/2006/EC 指令中，规定了如果在研究计划中包含儿科用药研究可申请延长 SPC 期限至 6 个月。随后又于 2009 年将 1768/92/EEC 指令与 1901/2006/EC 指令中关于 SPC 期限延长的相关规定合并为 469/2009/EC 指令。但由于 469/2009/EC 指令中没有对证书赋予的保护规定任何例外，其阻止了包括以出口至没有保护或专利到期的第三国市场为目的而制造仿制药和生物类似药，也禁止了制造商在证书到期之前的有限时间内存储而生产仿制药和生物类似药。上述情况导致相较于在不存在保护或专利到期的第三国的制造商相比，本国制造商没有能力为出口或进入证书保护期失效的市场而建立生产，使这些制造商更难在保护期失效后立即进入欧盟市场。在这种情况下，欧盟中的仿制药和生物类似药的生产商面临着巨大的竞争劣势。

---

❶ MEJER M. 25 years of SPC protection for medicinal products in Europe：Insights and challenges [R/OL]. (2017-05-31) [2020-07-22]. https：//ec. europa. eu/growth/industry/policy/intellectual-property/patents/supplementary-protection-certificates_en.

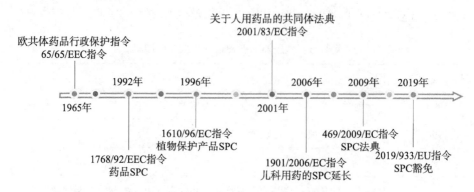

**图 8-2 补充保护证书制度发展进程**

为了在欧盟中的制造商之间创造公平的竞争环境以及使化学仿制药和生物类似药及时进入欧盟市场，增加竞争以降低价格并确保国家医疗体系可持续发展，确保欧盟可以更好地获得负担得起的药品，欧洲议会和理事会在 2019 年对 469/2009/EC 指令进行了修改（2019/933/EU），加入了药品储存（Stockpilling）豁免以及出口豁免等规定，即仿制药公司实施以下行为无需经过证书持有人的授权：

（1）以实际出口到第三国为目的而制造产品以及包含该产品的药品；

（2）以在成员国中存储产品或包含该产品的药品，以便在相应证书到期之后，将其投放到成员国的市场上为实际目的的制造产品以及包含该产品的药品；但上述制造不得早于证书到期前 6 个月。

## 三、补充保护证书制度规定❶

### （一）证书的申请

SPC 是一项国家权利，如果想要获得，就必须单独向各个国家进行申请。469/2009/EC 指令第 9 条规定证书的申请应向授予基本专利的成员国的主管工业产权局提出，并且在成员国获得产品上市许可，延长证书期限的申请应向有关成员国的主管当局提出。

469/2009/EC 指令第 7 条规定，证书的申请应在将产品作为药品投放市场的授权之日和基本专利授权之日中较晚者起 6 个月内提出。对于延长已经授予的证书期限的申请，应在证书到期前 2 年内提出。

469/2009/EC 指令第 8 条规定证书申请应当包含以下内容：

---

❶ THE EUROPEAN PARLIAMENT AND OF THE COUNCIL. 469/2009/EC［EB/OL］.（2009 - 05 - 06）［2020 - 07 - 22］. https：//eur - lex. europa. eu/legal - content/EN/TXT/？qid = 1595393480660&uri = OJ：JOL_2009_153_R_0010_01.

（1）授予证书的请求，特别说明：

（a）申请人的姓名与地址；

（b）如已委任代表，则该代表的姓名和地址；

（c）基本专利号和发明名称；

（d）将产品投放市场的首次授权的编号和日期。

（2）产品上市许可副本，其中标识产品，特别是包含授权编号和日期以及2001/83/EC 指令第 11 条或 2001/82/EC 指令第 14 条中列出的产品特征总结。

（3）如证书申请中包括延长期限的请求，包括声明的副本，表明已遵守 1901/2006/EC 指令第 36（1）条中提到的已完成的儿科用药研究计划。

## （二）证书授予的条件

469/2009/EC 指令第 3 条规定了证书授予的条件：

（a）产品受到有效的基本专利的保护；

（b）已经根据 2001/83/EC 指令或 2001/82/EC 指令获得作为药品上市的有效许可；

（c）产品尚未成为补充保护证书的保护对象；

（d）第（b）款所述批准，是该产品作为药品首次上市许可。

其中在第 1 条具体定义：

"药品"是指为治疗或预防人类或动物疾病而提出的任何物质或物质组合，以及为进行医学诊断或恢复，纠正或改变人或动物的生理功能而可能施用于人类或动物的任何物质或物质组合；

"产品"是指药品中的活性成分或活性成分的组合；

"基本专利"是指保护产品本身，获得产品的方法或产品的应用的专利，其由持有人为授予证书的程序指定。

## （三）证书的授予或驳回

469/2009/EC 指令第 10 条规定证书的申请和与之有关的产品符合 469/2009/EC 指令规定的条件，成员国的主管工业产权局的机构应授予证书。如果所涉及的申请或产品不符合该条令规定的条件，则成员国的主管工业产权局应拒绝该证书的申请。关于证书被授予或被拒绝的通知，应由成员国的主管工业产权局发布。

## （四）证书的期限计算

1. 469/2009/EC 指令第 13 条规定了证书的期限

补充保护证书应在基本专利的有效期限届满后生效，有效期为从提出基本专利申请之日到将该产品投放到共同体市场的首次授权之间的时间减去 5 年，但该证书的有效期限自其生效之日起不得超过 5 年。

SPC 期限计算方式如下：

SPC 保护期 = 首次上市许可的日期 - 基本专利申请日期 - 5 年

通常，以下规则适用于 SPC 期限：

如果在专利申请之日起 5 年内获得在欧盟的首次上市许可，则无法获得 SPC；

如果在专利申请之日起 5 ~ 10 年内获得在欧盟的首次上市许可，则 SPC 的期限可以为 0 ~ 5 年；

如果首次上市许可是在首次专利申请后至少 10 年授予的，则 SPC 将自动获得 5 年。

2. 儿科用药研究的期限延长申请

儿科用药研究的期限延长是与 SPC 体系相关的特殊补偿，旨在激励儿童适应证的研究。其法律依据是 1901/2006/EC 指令第 36 条。

如果根据 469/2009/EC 指令第 7 条或第 8 条提出的申请包括按照经批准的儿科用药研究计划实施的全部研究的结果，专利持有人或补充保护证书的有效期可延长 6 个月。

第一项也应适用于经批准的儿科用药研究计划已完成但是未能通过儿科适应证的批准，但是研究的结果反映在产品特征摘要中，并在适当的情况下反映在有关药品的包装单上。

在第 1901/2006/EC 指令第 36 条适用的情况下，补充保护证书制度规定的期限应延长 6 个月，但该保护期限仅能延长一次。综上可知，上市产品在成员国最长可以获得 5.5 年的 SPC 期限。

## （五）证书赋予的保护

在产品基本专利所赋予的保护范围内，补充保护证书授予的保护应仅适用于将相应药品投放市场的授权书所涵盖的产品；在证书到期之前获得授权的作为药品的该产品的任何用途。证书授予的权利与基本专利授予的权利相同，且受到相同的限制和相同的义务。

可见，SPC 是适用于欧盟国家层面的特殊知识产权，用于延长人用药品的专利保护期。SPC 并不是延长基本专利本身的保护期，其保护仅限于获得上市许可的特定药品，以弥补创新主体获得药品上市许可所耗费的时间。

## （六）证书失效

469/2009/EC 指令第 14 条规定了证书失效情况：

（a）所获得的 SPC 期限结束；

（b）证书持有者放弃；

（c）未及时缴纳年费；

（d）证书所涵盖的产品不再投放市场，成员国的工业产权局可以自行或应第三方的要求，决定证书的失效。

### （七）证书无效

469/2009/EC 指令第 14 条规定了证书无效的情况：

（a）SPC 的授予违反了第 3 条的规定；

（b）基本专利在其有效期限到期之前已经失效；

（c）基本专利被撤回或限于授予证书的产品将不再受基本专利的权利要求保护，或者在基本专利到期后，存在撤销的理由，这些理由将证明这种撤销或限制是合理的。

任何人都可以根据国家法律向负责撤销相应基本专利的机关提交宣布证书无效的诉讼的申请或要求。

## 四、证书的审查[1]

证书的审查主体是成员国的工业产权局，证书审查主要分为形式审查（Formal Examination）和实质审查（Substantive Examination）两部分。

### （一）形式审查

在欧洲大多数国家里形式审查针对 469/2009/EC 第 8 条关于申请文件以及申请费用的审查。如果缺少信息或文件，绝大多数国家的专利局（National Patent Offices，NPOs）将其视为在 SPC 申请提出后可以补正的错误，并通知申请人在一定时间内更正上述错误。在不同国家规定申请人的补正期限是不同的，在瑞典为 3 个月，法国、葡萄牙为 2 个月，而在西班牙仅为 10 天。

上述规则同样适用于上市许可的副本，前提是在证书申请日之间已经获得上市许可。但是在立陶宛，如果申请人未提交上市许可的副本，则会导致 SPC 申请被驳回。

### （二）实质审查

在不同的国家专利局中，对于 SPC 申请的审查存在较大差别。根据国家专利局审查专利的方法，可将欧洲国家分为进行全面实质审查的审查国家和不进行全面实

---

[1] Max Planck Institute for Innovation and Competition. Study on the Legal Aspects of Supplementary Protection Certificates in the EU ［R/OL］. (2018 - 12 - 31) ［2020 - 07 - 22］. https：//ec. europa. eu/growth/industry/policy/intellectual - property/patents/supplementary - protection - certificates_en.

质审查的非审查国家。在欧洲绝大多数国家属于审查国家类型，而法国、希腊、意大利、立陶宛、拉脱维亚、荷兰等国家则属于非审查国家类型。

大多数国家专利局（CH，CZ，DE，DK，FR，HR，HU，IE，IT，LT，LV，NL，PL，PT，RS，SE，SK，UK）需要对 SPC 第 3 条中规定的 4 种要求进行审查：

（a）产品受到有效的基本专利的保护；

（b）已经根据 2001/83/EC 或 2001/82/EC 指令获得作为药品上市的有效许可；

（c）产品尚未成为补充保护证书的保护对象；

（d）第（b）款所述批准，是该产品作为药品首次上市许可。

在 469/2009/EC 指令第 10 条中规定了成员国可以规定，国家专利局无需核实第 3（c）、（d）条规定的条件是否得到满足即可授予证书。

奥地利和卢森堡仅审查第 3（a）、（b）条是否满足要求。芬兰、希腊、罗马尼亚和西班牙的国家专利局不会审查是否符合第 3（d）条的规定。

在一些国家专利局中，得到确认审查第 3（d）条的规定的能力被限制。比如，拉脱维亚的国家专利局指出，很难审查第 3（d）条关于首次上市许可的通知。如果有疑问，拉脱维亚的国家专利局要求申请人通过确认所提供的信息的正确来进行澄清。爱尔兰国家专利局不会对所有上市许可进行依职权检索，通过在卫生产品监管局（Health Products Regulatory Authority）的在线注册簿中检索上市许可。英国专利局不进行正式的检索以确认 SPC 申请是否符合第 3（d）条的规定，其基于申请人、第三方提供的信息或者通过咨询与该产品有关的其他 SPC 申请所获得的信息的"非正式检索"进行关于是否符合第 3（d）条规定的审查。丹麦国家专利局也遵循类似的做法。

## （三）审查期限

在大多数国家/地区中，没有规则来确定审查必须在特定期限内开始和/或完成。但是关于期限的规定，在法国、德国、希腊、意大利、卢森堡、西班牙存在。法国的审查期限为 12 个月，德国的审查期限为 8 个月。

在法国，如果自申请日起 1 年内未批准 SPC，则认为 SPC 申请被拒绝。

在西班牙，应自 SPC 申请在官方公报上发布之日起 10 个月内授予证书；如果 SPC 申请在提交的文档中存在一些违规行为，则截止日期延长到 15 个月。

## （四）审查员背景

不同国家专利局中的审查员背景也是不同的。在许多国家专利局里，审查 SPC 申请的审查员具备技术资格，如化学、生物技术、生物或制药的学位和法律培训（AT，CH，CZ，DE，ES，IT，SK）或完整的法律教育（FR），包括研究生法律资格（英国）。

在其他国家专利局中，审查 SPC 申请的审查员仅仅需要具有技术资格（FI，GR，HU，IE，LT，PL，PT，RO）。在卢森堡，SPC 审查员接受有关 SPC 法规、重点是行政方面的专利法培训。在一些国家专利局中（例如丹麦），审查员与法律部门合作审查 SPC 申请。

## （五）德国 SPC 审查❶

由上文分析可知，由于欧盟是多个国家的集合体，而每个国家对 SPC 审查规定都不尽相同。下面仅以德国作为代表性的国家对其 SPC 审查指南进行介绍。

1. 审查主体

专利部门负责处理授予证书的事务，具体领域的专利部门取决于证书申请中所指出的基本专利中 IPC 主分类。

审查组需要至少由 3 名成员构成，如果案件存在特殊的法律层面上的困难，还应包含专利部门具有法律资格的成员参与。专利部门的主席可以单独负责处理所有专利事务，但决定除外或者他可以将这些事务授权给部门中具备技术资格的人员。

在根据职责分配负责处理 IPC 分类下的案件的审查员需要在审查程序前作报告。

在审查程序中，作报告的审查员可能在必要时对证书请求保护的产品（活性成分或活性成分的组合）分配额外的二级分类（精准分类）。

2. 审查期限

证书申请应尽快在收到申请人提交申请后的 8 个月内以中间通知书或授权决定的方式处理。

关于授予补充保护证书的决定应尽快在基本专利期限到期前作出，以避免证书生效的延误。

3. 形式审查

在授予证书的过程中，必须初步审查证书授权请求是否满足所有形式要求。

除非另有说明，部门高级工作人员负责审查形式缺陷。上述工作人员可以通知申请人纠正形式上的不足。如果是广泛而复杂的缺陷，就将初步审查的结果转发给专利部门。在实质审查的范围内，专利部门还必须审查是否符合形式要求并指出存在的缺陷。

4. 实质审查

在审查证书申请期间，除了验证是否满足形式要求外，还必须验证是否满足授予证书的实质性要求。

（1）上市许可是否基于欧盟指令。

在审查随附的上市许可证书期间，必须注意上市许可是否基于 2001/83/EC 指令

---

❶ GERMAN PATENT AND TRADEMARK OFFICE. Examination Guidelines for Supplementary Protection Certificates［EB/OL］.（2015 - 01 - 23）［2020 - 07 - 22］. https：//www. dpma. de/suche. html.

授权。基于 726/2004/EC 指令的药品的集中程序上市许可在德国同样有效且必须是首次上市许可。

（2）上市许可是否有效。

根据 469/2009/EC 指令第 3（b）条的规定，证书申请之日在德国的有效药品上市许可是获得证书的条件。根据专利局目前的实践中，这种情况意味着该上市许可在证书申请的提交日时实际有效，以及特别地，并没有因撤销、撤回或许可期限到期而失去有效性。

考虑到 469/2009/EC 指令中第 14（d）条中证书失效的原因，必须确保提供的德国市场上的上市许可在申请证书之日没有被撤销、撤回；否则，该申请将被驳回。然而，申请不会基于上市许可在申请日后失效的原因而驳回。

（3）上市许可是否为首次。

根据 469/2009/EC 指令第 3（d）条的规定，提交的德国上市许可是该产品在德国的首次上市许可。

德国专利局没有检索、确证以全面验证所述情况的要求。由于在德国不可能基于 469/2009/EC 指令第 10（5）条规定放弃上述条件的验证，至少要在可行的范围内进行验证。鉴于申请人的诚实义务通常被认为申请人各自的陈述是准确的。

如果发现任何证据或信息对申请人的陈述提出质疑，其必须在整个过程中被考虑和澄清。

（4）产品的保护证书是否已被授予。

根据 469/2009/EC 指令第 3（c）项的规定，相同申请人的同一产品的保护证书在德国不能被授予。相同申请人基于相同产品申请多个证书，其仅仅可以获得一个证书。

但是，如果涉及两个或多个相同产品且来源于不同基本专利的两个或多个持有人的申请正在审批，那么向每个持有人均颁发证书，即使该产品的证书已经被授予。

在专利保护几种不同的产品的基础上，有可能获得多个补充保护证书，前提是每个产品都受该基本专利的保护。例如，基于该专利和药品的上市许可是活性成分的组合，基本专利的持有人可以获得活性成分组合的证书，只要是这些活性成分中的一种，单独也受该专利的保护。

相反，基本专利保护创新的活性成分，获得上市许可的药品为含有该成分作为单一活性成分的药物，该专利的持有人已经获得对于创新活性成分的补充保护证书。但此持有人基于相同专利，以及含有该活性成分和没有被该专利保护的其他活性成分的组合的不同药物的后续上市许可，不会获得第二个补充保护证书。检索已授予的证书必须至少在德国专利局内部特定的补充保护证书数据库中进行。或者，可以在 STN 数据库的 INPADOC 和 INPAFAM 中检索。

（5）产品是否被基本专利保护。

根据 469/2009/EC 指令第 3（a）条的规定，证书申请中的产品必须被在证书申请日时有效的基本专利保护。

这意味着基本专利不得在提交证书申请时已失效、撤回或宣布无效。如果仅在基本专利失效后上市许可被批准，那么该证书申请不能提交。

通常，部门高级工作人员负责确认证书申请中所指明的基本专利是指在证书申请日时是否在德国生效。

专利部门还必须通过检查相应的专利登记表（DPMA 登记表、欧洲专利登记表）对其法律地位或程序状态进行审查。

在授予证书时，应该考虑并确认关于 469/2009/EC 指令第 15（1）（b）条的规定，即基本专利未在其有效期限到期之前失效。如果属于该种情况，则必须拒绝该申请。

产品受多项专利保护（例如产品专利或方法专利），申请人本人可以决定选择哪种专利作为基本专利。基本专利可以是方法专利、用途专利或产品专利。

应当注意，根据判例法（CJEU，C－493/12）中的判决，在基本专利权利要求中通过结构性或功能性定义不能确定的活性成分，无论如何都不能被认为受 469/2009/EC 指令第 3（a）条的保护。

5. 中间答复

如果证书的申请不符合规定，专利部门需通知申请人来纠正不足之处，期限为至少 2 个月。经申请人请求，上述期限可以延长。基于法律上的确定性原因，上述通知须通过书面形式。因此，必须发出中间答复。

中间答复的数量取决于澄清事实的义务、授予发表意见的权利以及每个案件的特殊情况。中间答复必须以中立、清晰的方式起草，形式和实质性缺陷必须具体地指出。

中间答复为授予证书或驳回证书作准备，在拟驳回证书申请的情况下，在中间答复里需要指出被驳回的可能性。

6. 证书的授权或驳回

如果证书符合 469/2009/EC 指令的规定，则专利部门应当授予证书。

授予补充保护证书的决定应包含：

（1）上市许可中标识的产品（有效成分/物质或活性成分的组合）；

（2）证书的持有人姓名；

（3）基本专利的申请号；

（4）上市许可的编号和日期；

（5）证书的期限；

（6）证书期限的延长（如果有）。

如果证书不符合 469/2009/EC 指令的规定，专利部门应当驳回该证书申请，但必须给予申请人足够的机会听证。

驳回证书申请的决定应有理由，书面签署并依职权送达申请人，

书面执行副本应附有通知申请人有关上诉可能性的声明。

7. 证书期限的计算

根据 469/2009/EC 指令第 13 条的规定，证书在基本专利到期后生效，生效时间为基本专利申请日与获得将产品投放至市场的首次上市许可日之间减损的时间减去 5 年。药品首次被许可上市时的剩余专利期加 SPC 期限不得超过 15 年。

为了计算期限，首先计算基本专利的申请日期和第一次在欧盟获得上市许可的日期之间的时间。为了计算，首先确定年份，然后是月份，最后是天。应当理解的是，年和月应该作为一个整体而不管实际的天数。相反，以天为单位进行计算必须根据各自月份中实际的天数。证书期限在基本专利有效期满后的第一天开始计算。

# 第三节　日本专利延长制度

## 一、制度概况

与多数国家和地区相同，日本的发明专利有效期为自专利申请之日起 20 年。在此基础上，日本规定了专利期延长制度。不同于美国和欧盟的是，日本是少数直接在日本专利法中规定专利期延长制度的国家❶，法律参考见日本特许厅官网。❷ 日本专利法第 67 条第 2 项作出了如下规定：如果专利发明的实施因为需要获得许可而在一段时期内无法实施，这种许可是旨在确保安全性等目的的法律所规定的，基于政令指定的处置的目的和程序等导致适当处置需要相当长的时间时，该专利的期限可以被延长，最长可以获得 5 年的延长期。日本《专利法施行令》与专利延长审查基准进一步确认了日本专利法所指的"政令指定的处置"包括药品的审批和许可。因此，日本制定的专利期延长制度可以与美国的 PTE 制度和欧盟的 SPC 制度相对应。此外，作为主要的法律依据，日本专利法第 67 条第 2 款、第 67 条第 3 款和第 68 条第 2 款还分别对延长申请的条件、延长申请驳回的理由与专利延长期的效力等进行了规定。《日本专利法实施细则》（《特许法施行规则》，本文译为《日本专利法实施细则》）、《专利法施行令》等也对日本专利期延长制度具体运行提供了一定依据。

---

❶ 又译作特许法，在本书中统一称为日本专利法。

❷ Japanese Law Translation 特許法 [EB/OL]. [2020 - 04 - 30]. http：//www. japaneselawtranslation. go. jp/law/detail/? vm = 04&re = 01&id = 3118&lvm = 01.

早在 1987 年，日本专利法进行修订时即引入了专利保护期延长的相关规定，正式确立了日本的专利期延长制度；1999 年修订日本专利法时，延长专利期的登记条件有所放宽，主要体现在取消了日本专利法规定的"获得专利的发明未能实施满两年"的条件限制，由于给予专利延长的期限取决于获得专利的发明未能实施的期间，在此次专利法修订后，实质上消除了两年的最短延长期限，调整后与欧美的规定一致，均无最短延长期限的限制；此次日本专利法关于专利延长的修订还包括放宽了提交延长申请登记必需文件的时限要求，同时增加了一项义务，即要求提交的文件中包含向第三方披露的足够的信息，目的是防止对第三方造成意外损害。❶

日本特许厅（JPO）是专利延长登记的受理机关，药品专利能够得以延长的基础是相应的药品获得制造销售许可。JPO 在接收到规定期限内提交的专利期延长申请后进行审批和公布，当发现存在不符合延长登记要求的理由时，将发出通知书告知申请人，申请人需在一定期限内进行答复并陈述理由；对于符合条件的申请，登记其专利延长期并进行公布，对不符合条件的申请予以驳回。

## 二、专利延长期的计算与法律效力

### （一）可申请延长的专利类型

根据日本制定专利期延长制度的目的即给予专利期的延长，是弥补获批专利必须获得政令中指定的处置而无法实施的日期，因而所述政令指定的处置涉及的产品与可申请延长的专利类型是直接对应的，在讨论可申请延长的专利类型时，需要明确日本专利法第 67 条第 2 项中"政令指定的处置"包括哪些对象。根据日本《专利法施行令》第 2 条的规定，以下是所述政令指定的两种处置类型：

（i）根据《农药取缔法》规定的农用化学品的注册；

（ii）根据《医药品、医疗器械等产品质量、功效和安全法》所规定的有关药品、体外诊断用药品、再生医疗等制品产品的许可和认证。

以上规定中体现了可申请专利期延长的对象。在实践中，可申请期限延长的对象包括药品、农药、诊断试剂及再生医疗等制品的相关专利，延长申请的对象不包括医疗器械专利，也不包括食物添加物、着色料等化学品。❷ 当专利权人获得一项药品制造销售许可时，并不能以此为基础要求涉及所述药品活性成分的中间体、制造

❶ JPO. Asia – Pacific Industrial Property Center, JIII. Brief Overview of［Patent］Law Revisions during the last decade（1998—2007）［EB/OL］.［2020 – 04 – 30］. https：//www. jpo. go. jp/e/news/kokusai/developing/training/textbook/document/index/Patent_Law. pdf.

❷ 日本特許庁調整課審査基準室. 特許権　存続期間　延長登録制度について［EB/OL］.［2020 – 04 – 30］. https：//www. kantei. go. jp/jp/singi/tiiki/kokusentoc_wg/hearing_s/150327shiryou08 – 01. pdf.

所述药品活性成分的催化剂等专利获得专利期限的延长。在符合其他条件的基础上，涉及药品、农药、诊断试剂及再生医疗等制品产品的物质专利及其组合物专利、制备方法与用途专利均属于可申请专利期延长的专利类型。

在可申请专利期延长对象涉及的产品中，日本将再生医疗制品单独列出也是其特点之一。再生医疗中最常见的是利用干细胞进行治疗，即利用某些具有特定功能的细胞特性，采用生物工程方法获取，或通过体外扩增、特殊培养等处理后，使这些细胞具有增强免疫、杀死病原体和肿瘤细胞、促进组织器官再生和机体康复等治疗功效，从而达到治疗疾病的目的。不同于世界其他国家，日本率先将再生医疗制品单列为第四类医疗产品，独立于药品、医疗器械及化妆品，并根据其自身生物特性建立专门审批制度，兼顾科学性、安全性和临床需要。❶

## （二）专利延长期的计算

根据日本专利法关于专利期延长的审查基准的规定，能够给予的专利延长期等于被批准的专利由于必须获得相应的政令指定的处置（就药品专利而言，其对应的处置通常可理解为药品的制造销售许可）而不能实施的日期，由此来计算能够批准的最长的延长期。具体而言，药品专利能够获得的延长期为专利授权公告之日或对应的药品开始临床试验之日（以二者中时间较晚者起算）与药品获得行政审批许可之日之间的时间间隔，最长不超过 5 年。

在专利期延长申请中，申请人可以请求的专利延长期，应等于或短于药品为了获得制造销售许可而不能实施的期间（虽然通常情况下申请人不会申请较短的延长期）。❷ 如果申请人获得行政审批许可之日早于专利授权公告日，那么该专利延期申请将被拒绝。

在计算药品专利延长期时，主要考虑临床研究所花费的时间，药品在临床前研究所花费的时间并不被考虑在内。获得行政审批许可之日与药品审批机构实际颁发药品制造销售许可的日期并不等同，而是以申请人实际获知或者应当获知该许可之日为准。

图 8 - 3 展示了 3 种不同情况下专利延长登记中专利权人所获得的延长期间的例子。

## （三）专利延长期的法律效力

1. 药品专利延长期间权利范围认定的基本规定与原则

根据日本专利法第 68 条第 2 款的规定，在发明专利延长期间，其发明专利权的

❶ 李昕，宋晓亭. 日本再生医疗法律制度述评 [J]. 国外社会科学，2017（3）：125 - 135.
❷ JPO. 第 IX 部 第 2 章医薬品等の特許権の存続期間の延長 [EB/OL].［2020 - 04 - 30］. https：//www. jpo. go. jp/system/laws/rule/guideline/patent/tukujitu_kijun/document/index/09_0200. pdf.

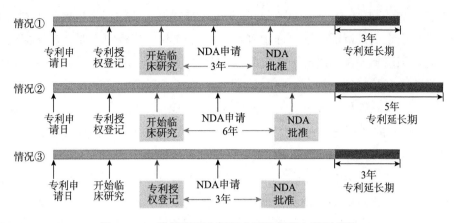

**图 8-3  3 种情况下专利权人所获得的专利延长期**

效力不延及实施第 67 条第 2 项延长登记理由所规定的"政令指定的处置"对象之外的行为产品（该处理中若该对象为特定用途时，为该特定用途对应的产品）。即在专利权的延长期间，专利权的效力仅限于处置对象产品的实施方案；对于药品相关专利而言，可以解释为在专利延长期间，其专利权的效力仅限于药品制造销售许可证所列明的特定活性成分与用途。

JPO 作出以上规定的原因可能是，专利期得以延长的基础是其存在无法实施专利的期间，但导致无法实施专利的处置行为涉及的特征与相应专利的权利要求范围并不是对等的。对专利延长期内法律效力的特殊规定，是为了使无法实施专利的处置行为涉及的特征与专利权人由此应获得的权利更匹配，如此更为符合专利期延长制度的立法宗旨。

举例来说，对于一项在权利要求中保护一种用作药品活性成分的新化合物的专利而言，无论其是否限定用途，在专利延长期间，专利延长期的效力不覆盖将同样的化合物用于许可证上所列举的适应证以外的情况；又如，当药品许可证上只列出一种活性化合物，如果作为被延长对象的专利权利要求中还请求保护其他活性化合物，那么专利延长期的效力并不涉及其他活性化合物。即专利延长期内专利权的效力与原专利权有效期内的效力并不等同，并不是简单地以相关专利的权利要求的范围进行判断。药品专利（尤其是核心专利）在专利延长期内的专利权，其实际的权利范围往往小于原专利保护期内的权利范围。

根据日本专利法第 68 条第 2 款的规定，对应于药品专利，专利延长期间的效力仅涉及药品制造销售许可证中列明的产品的活性成分及其用途。然而，对于此处提及的"用途"的解释在具体审查实践中引起过争议。容易引起关注的问题是，除了考虑药品的活性成分与适应证外，药品制造销售许可证上所列的某些用药特征（如特定的剂量、给药方式等）是否对专利延长期间的效力造成限定，对此并没有相关法律法规加以规定。

根据 2011 年 JPO 修改新的专利延长期间审查基准中的规定，以剂量为例，如果权利要求中限定剂量范围，许可证上列明的剂量也落入其范围，那么延长期内专利权的权利范围除了要考虑适应证还要考虑剂量；但权利要求中对剂量没有进行任何限定，那么专利延长期间的专利权范围不仅涉及许可证上提交延长登记理由时所指明的剂量，而且涵盖任何剂量范围。即作为通常的理解方式，日本专利法第 68 条第 2 款规定中提及的"用途"通常指的是药品的效能/效果所对应的适应证，药品的剂量、剂型、给药方式等用药特征并不包含在内。●

然而，2016 年、2017 年东京地方法院以及日本知识产权高等法院（IPHC）分别在"侵犯药学上稳定的奥沙利铂制剂专利延长期专利权案"（以下简称"奥沙利铂制剂案"）的一审与二审判决中对专利延长期间的效力确立了与上述理解明显不同的判断标准。在此案中，东京地方法院与 IPHC 的判决认为延长专利期间的效力仅限于所颁布的药品上市许可中涉及的特定的药品成分、含量、用法、剂量、效能及效果。该案对确定日本药品专利延长期的权利范围具有非常重要的意义。

2. 涉及专利延长期效力争议的典型判例——奥沙利铂制剂案●

该案涉及专利的专利权人是瑞士 Debiopharm 公司，专利号为 JP3547755，其权利要求 1 请求保护的技术方案如下："一种胃肠外给药的药学上稳定的奥沙利铂制剂，包含浓度为 1~5mg/ml 的奥沙利铂水溶液，pH 为 4.5~6，该制剂中的奥沙利铂含量为最初含量的至少 95%，并且当储放经过一段药品可接受的时间后，该溶液保质澄清、无色且无沉淀。"Debiopharm 公司已依据《日本药事法》第 14 条的规定取得了一项涉及该制剂的药物 ELPLAT 静脉注射液的上市许可，并以该许可为基础申请并获批了以上专利的延长登记。

该案被告是日本著名的仿制药公司 Towa 公司，其于 2014 年 8 月 15 日就奥沙利铂的注射液仿制药获得上市许可，在涉案专利的延长保护期内生产并销售了 Elplat 静脉注射液的仿制药，所述仿制药与原研药在药品的活性成分、给药途径、剂量与用途等方面均相同，区别仅在于在原研药奥沙利铂水溶液之外增加了作为稳定剂的非活性成分浓缩甘油。

Debiopharm 公司遂向东京地方法院提起侵权诉讼，其主张 Towa 公司的药品已侵犯涉案专利延长期间的专利权，并请求法院禁止被告生产、销售其仿制药产品。

2016 年 3 月 30 日，东京地方法院作出一审判决，驳回了原告的诉讼请求。一审判决认为，Towa 公司生产销售的仿制药与原研药并不相同，也并非实质相同，并未

---

● SUEYOSHI T. Patent Term Extensions and Supplementary Protection Certificates（SPCs）– Latest developments in Japan [EB/OL].［2020 – 04 – 30］. https：//aippi. org/wp – content/uploads/2015/09/TSueyoshi_Speaker_Pres_Pharma_3_280814. pdf.

● Debiopharm International S. A. v. Towa Pharmaceutical Co.，Ltd.，平成 28 年第 10046 号之判决［EB/OL］.［2020 – 05 – 11］. http：//www. ip. courts. go. jp/app/files/hanrei_jp/451/086451_hanrei. pdf.

侵害涉案专利延长期间的专利权。Debiopharm 公司对一审判决不服，遂向 IPHC 提起上诉。

IPHC 大合议庭的观点如下：基于在前的日本最高法院对专利延长登记申请的审查的相关判决（平成 27 年 11 月 17 日第三小法庭判决·最高裁判所民事判例集 69 卷 7 号 1912 页）的要旨，日本专利法第 68 条第 2 款规定的物（产品）与用途必须由政令处置中所实际记载的"成分、含量、用法、剂量、效能与效果"来进行限定，其中药品的成分与含量体现了特定的"物"，而用法、剂量、效能与效果则体现了特定的"用途"。因此，专利权的延长期效力所及范围主要涵盖由政令处置中记载的成分、含量、用法、剂量、效能及效果所确定的产品的实施。最终，IPHC 认为，被控侵权仿制药品未落入涉及专利延期后的保护范围，最终维持东京地方法院的决定。

3. 药品的"实质相同"及其判断

由以上判例所确定的专利延长期的法律效力仅限于药品审批许可所涉及的范围，专利延长期的权利范围被严格地限缩。在此基础上，仿制药公司为了规避侵犯延长期的专利权，常使仿制药品在形式上不完全符合原研药品审批许可中所记载的"成分、含量、用法、剂量、效能与效果"，比如对原研药品在非活性成分、剂量、剂型等方面进行微小的效果可预见的调整。

为了满足专利期延长制度的立法宗旨和平衡原则，法院在判例中规定了专利延长期内的效力不仅涉及药品审查许可上记载的"成分、量、用法、剂量、效能与效果"限定的"物"（药品）与用途，对与所述药品"实质相同"的产品也具有效力。

所谓"实质相同"，是指药品的成分、含量、用法、剂量、效能与效果仅仅存在很小的差异，或从整体来看只是形式上的差异。具体地，"实质相同"的产品可以是根据公知或惯用技术加入或调整非有效成分，调整为其他能预期效果具有同一性的剂型，或者在用法、剂量上略微的调整，这需要根据具体情况进行具体分析。

在上述奥沙利铂制剂案中，法院判决认为，根据涉及专利说明书及当事人的相关陈述，被告生产销售的仿制药另外包含的稳定剂甘油并不能认为是非显著的区别，因而其仿制药与原研药并不符合"实质相同"的判断标准，故并不以被告生产销售的仿制药与原研药为"实质相同"的产品为由判定被告侵权。

# 三、专利延长期的审查

## （一）专利延长期的申请与审查

1. 专利延长登记的申请人

根据日本专利法第 67 条第 2 款第 4 项以及第 67 条第 3 款第 1 项第（v）目，专利延长期申请须由专利权人提出。另外，在专利权涉及共同所有的情况下，每个共同所有人都不能单独提出延长申请，而应当由全体专利权人共同提出。提出药品专利延长期的申请人可以与获得药品上市的被许可人不同，例如药品上市的被许可人可以不是相应专利的独占许可持有人。

2. 专利延长期的申请时机与期限要求

药品专利的延期申请必须在获得政令第 67 条第 2 项指定的处置（药品的制造销售许可）之日后 3 个月内提交；对于获得"政令指定的处置"日期的确定，其指的是批准或注册登记的通知到达申请人，使申请人处于了解或应当了解其药品获得许可状态的日期，这不一定是许可证书或注册登记卡实际送达申请人之日；如果申请人在此之前已经知晓获得相应的许可或注册登记，则该日期指的是申请人实际获知的日期。根据日本专利法第 67 条第 2 款与《专利法施行令》第 3 条的规定，在原始专利期届满后，不得再提出延期申请。此外，根据《专利法施行令》第 3 条的规定，如果存在不归咎于申请人的理由，使其在获得药品许可后 3 个月内无法提交药品专利的延期注册申请的情况，申请人应当在上述理由不复存在后的 14 天内（对于外国居民为 2 个月内）（或所涉期限超过 9 个月的，为 9 个月内）提出专利延长申请。❶

1999 年以前，日本专利法规定了申请人需要在专利权原有效期内、距离专利期满至少 6 个月时提出延期申请。而根据现行的日本专利法，如果申请人预期不能在此期间提出专利的延长申请，只需向 JPO 报备相关事宜，说明申请人、相关专利及产品审批过程等基本信息，专利延长申请不会受以上"距离专利期满至少 6 个月内提出"的限制。

3. 专利延长期申请书中应记载的事项

根据日本专利法第 67 条第 2 款与《日本专利法实施细则》第 38 条第 15 款的规定，专利延长申请的个人或实体必须向 JPO 长官提交包含以下内容的请求：

（i）申请人的姓氏或实体的名称及其住所或居所；

（ii）专利号；

（iii）请求延期的期限（不超过 5 年）；

（iv）日本专利法第 67 条指定的处置的内容；

（v）获得专利法第 67 条指定的处置（对于药品专利其对应的一般是药品制造销售许可证）的日期。

申请书中还应说明药品专利延长的原因、标识所述处置的编号（例如药品的许可证编号）以及作为处置对象的产品。

针对以上提到的作为处置对象的产品，申请书中应针对不同的产品类型写明相应的事项。如针对药品而言，写明许可证中记载的名称（产品名等）、有效成分及其功能、效果；对于用于体外诊断的药品而言，写明许可证中记载的名称（产品名

---

❶ JPO. 第 Ⅸ 部 第 2 章医薬品等の特許権の存続期間の延長［EB/OL］.［2020 - 05 - 08］. https：//www. jpo. go. jp/system/laws/rule/guideline/patent/tukujitu_kijun/document/index/09_0200. pdf.

等），反应体系中包含的成分及其使用目的；对于再生药物等产品而言，说明许可证中记载的名称（产品名等）、组成细胞或转基因及其功能、效果、性能。

4. 说明延长理由的材料应记载的事项

说明延期理由的材料必须附加到申请书中。根据《日本专利法实施细则》第38条第16款的规定，附加到申请书中以说明延期理由的材料包括：

（i）"为了实施该申请延长期限的专利，而获得行政审批许可具有必要性"的必要证明材料；

（ii）用于证明实际不能实施该已授权专利期间范围的材料；

（iii）"获得第1项中所述的获批许可人是相应专利的专利权人，或者独占许可或非独占许可的持有人"的必要证明材料；

（iv）包含能够支持以上1至3项材料的信息的材料。

其中，第（i）项材料比较关键，在某些情形中，获得特定内容的药品审批许可对于特定保护范围的专利的实施是否具有必要性，在专利延期申请的实质性审查中，较容易出现争议。当申请人对审查机构将不具有必要性作为拒绝延长登记的理由时，申请人可能不服所述决定而向IPHC提起诉讼；作为基本要求，第（i）项材料包括用于证明或记载以下几项信息的材料：

i）相应的专利处于原专利有效期内，具体信息包括专利的获批登记日、原专利届满日、专利缴费情况等；

ii）已经获得政令指定的处置，具体信息包括药品的行政审查许可、许可的编号、产品的特定用途等；

iii）制造或销售药品的行为，实质上属于实施该请求延长期限专利的行为，因此，申请人需要确认药品许可涉及的活性成分、适应证等特征落入请求延长的专利的保护范围；

iv）现有许可涉及药品的制造和销售行为，不包含在在先许可所涉及药品的制造和销售行为的范围内，对此，申请人需要将现有许可与其知晓的任何在先许可进行比较，并解释现有许可的行为不包含在在先许可的行为范围内的理由。

第（ii）项材料包括专利授权以及仿制药申请行政审批的对应的日期等，还包括在相应的时期内，因获得相应行政审查许可的必要性而使得获批专利不可以实施的相关解释。第（iii）项材料用来证明专利权人与被许可人的关系。第（iv）项材料包括专利公报、上市许可证的复印件等。

5. 关于"获得许可的必要性"的审查基准

（1）"获得许可的必要性"的审查与旧审查基准。

日本专利法第67条第3款第1项第1目规定了"当获得所述政令指定的处置对于实施该（获批的）专利而言不具有必要性"作为驳回专利期延长申请的实质理由（此处的"政令指定的处置"可理解为行政审批许可，为了描述的方便，以下将"获得行政审批许可对于实施获批专利的必要性"简称为"获得许可的必要性")。

在专利期延长申请的审查实践中,"获得许可的必要性"的认定标准非常重要,是决定专利延长申请能否获得批准的主要的实质性要件之一,然而日本专利法与专利延长审查基准对其规定并不够具体,导致实践过程中对于如何认定"获得许可的必要性"发生过许多争议,其审查判断标准也由于一些争议案例的判决而发生了变化。

依照 2001 年版的专利期延长审查基准(以下简称"旧基准"),要使"获得许可的必要性"得到认可,该许可应当是第一次颁布的许可(以下简称"首次许可")。"首次许可"的标准应当依据许可证上载明的药品的有效成分与用途(功能/功效)来判断,这里的功能/功效在审查实务中常被理解为药品的适应证。当有多项许可对应于同样的药品(或者许可证注明的用途对应于同样的药品和用途)时,只有"首次许可"被认为是实施发明专利所必需的,在后获得的许可不能作为专利延长登记的基础。如果在后获得的许可涉及同一活性成分的新用途(一般指适应证),或者涉及不同的活性成分(不同的活性成分均落入相应专利的最宽的权利要求范围内),其就不会因为在先许可的核发而不被认为是"首次许可";如果在后获得的许可涉及的药品具有相同的活性成分与功能/功效(用途),仅仅是制备方法、剂量、剂型、给药方式等有所不同,那么该在后获得的许可将不被认为是"首次许可",不能作为延长专利期限的基础。在认定"首次许可"(按照旧基准其相当于认定"获得许可的必要性")时,只考虑许可证中产品的活性成分及其用途(功能/功效),不考虑剂量、剂型、给药方式等特征。此外,按照旧基准,当存在多项许可对应于同一件专利时,并不会考虑在先的许可所记载的药品是否落入相应的专利的某些或全部权利要求的保护范围内。

按照旧基准,其可能导致在审查实践中一些不合理的判断结果。例如,如果专利权人在先获得一项许可,其相应的特征落入其专利的权利要求 1 的范围,但未落入从属权利要求 2 的范围,专利权人在后获得的许可相应的特征落入权利要求 2 的范围,同时前后两件许可涉及同样的药品活性成分和用途,按照旧基准进行判断将会得出在后许可不属于"首次许可",其对于实施专利发明不是必需的结论,但从专利期延长制度的立法宗旨去判断,由此来否认在后许可对于实施专利发明的必要性是不合理的。

(2)改变旧基准的 *Pacif* 案。❶

2011 年 4 月 28 日,日本最高法院对"包含吗啡的控释组合物"案(以下简称"Pacif 案")的判决是改变专利延长审查旧基准的转折点。同时,该案的判决也对专

---

❶ 2009(Gyo – Hi)324 – 326(Supreme Court of the First Petty Bench [EB/OL]. (2011 – 04 – 28)[2020 – 05 – 14]. http://www.ip.courts.go.jp/app/files/hanrei_en/673/001673.pdf.

利延长期间效力的判定产生了重要影响。

该案的专利权人（专利延期申请的申请人）是武田药品工业株式会社，其拥有一件药品专利，该专利的权利要求 1 请求保护一种控释组合物，其包括含有药物的核心，所述核心被包衣组合物包覆，包衣组合物的组成如下……从属权利要求 14 进一步限定了权利要求 1 中的药物是吗啡或其盐。

专利权人于 2003 年 3 月 14 日已获得的在先许可涉及药品 OPSO，活性成分为吗啡，为体内用药的止痛剂，剂量 5mg/10mg；专利权人于 2005 年 9 月 30 日又获得了另一项药品的制造销售许可（在后许可），其涉及药品 Pacif，剂型为胶囊剂，剂量 30mg，通过特征比对，在后许可涉及的药物胶囊剂型可对应于原专利的控释剂型。专利权人以该在后许可为基础申请上述专利的专利期延长。

JPO 对此进行审查，驳回了专利权人提出的延期申请，理由是：在取得在后许可之前，专利权人已经取得与该案药品具有相同的活性成分和用途的在先许可（OPSO 的行政审查许可），因而目前获得的药品 Pacif 的许可并不属于"首次许可"。由于获得该许可对于实施专利权人的专利发明不是必需的，于是以日本专利法第 67 条第 3 款第 1 项第 1 目规定的"发现获得所述政令指定的处置对于实施该专利发明而言不具有必要性"为驳回理由驳回了该专利的延长申请。专利权人对 JPO 的驳回决定不服，上诉至 IPHC。

IPHC 于 2009 年 5 月 29 日作出判决推翻了 JPO 的决定。IPHC 的判决认为，即使在取得现有许可之前已存在在先许可，但该现有许可对于该专利发明实施的必要性之间并没有直接关联。JPO 要驳回该延长申请需要证明：①获得该政令指定的处置（药品许可）并不导致"解除限制"的结果（隐含的意思为，对于专利发明的实施来说，现有许可的取得对相应专利的实施并不是必需的）；②解除了实施药品制造、销售等行为限制的特定药品，并未落入相应专利的权利要求范围内。由于 JPO 未证明以上两点事实，IPHC 认可了专利权人获得在后许可对于实施该专利发明的必要性，JPO 的驳回理由不成立。随后 JPO 上诉至日本最高法院。

2011 年 4 月 28 日，日本最高法院维持了 IPHC 的判决。日本最高法院认同 IPHC 对日本专利法第 67 条第 3 款第 1 项第 1 目的解释，根据专利权人已获得的在先许可的内容，不能表明为实施该专利而获得在后许可是非必需的；同时还指出，在后许可是为了实施该专利要求保护的方案，而在先许可的药品并没有落入相应专利的权利要求的范围内，这更说明了在后许可的获得对于实施相关专利的必要性。日本最高法院还认为，在一件药品专利已经以在先许可为基础予以专利期延长的基础上，如果在后许可涉及不同的剂型、给药方式等，其可以作为再次延长同一相关专利的期限的基础。

（3）2011 年修正的审查基准。

在日本最高法院针对 Pacif 案作出判决之后，JPO 对专利期延长的审查基准进行了修正，主要体现在依据日本专利法第 67 条第 3 款第 1 项第 1 目判断"获得许可的必要性"时，判断的原则发生了明显的改变。即在比较前后不同的对应于同一件专利的药品制造销售许可时，不再仅仅考虑药品的活性成分及其适应证，还考虑许可证上记载的药品的剂型、给药方式等特征。另外，明确了要考虑不同的药品许可证上相应的特征是否落入相关专利权利要求的范围内，如未落入相关专利权利要求范围内，"获得许可的必要性"将不能得到认可。总的来说，需要以许可中对于药品落入权利要求范围的特征来判断该许可是否为"首次许可"，但"首次许可"的要求仍然是"获得许可的必要性"的前提条件。作为例外，如果权利要求的限定中并不包含特定的用途特征，则意味着许可证上任何医药用途均落入权利要求的范围。对于以多项许可为基础多次延长一件专利期限的情况，如在后获得的许可涉及药物不同剂型、给药方式等，对其也予以考虑，判断认为其对于专利的实施具有必要性时，可以作为再次延长专利期的基础。❶❷

修订后的专利延长审查基准对新的基准如何实践进行了举例说明。在一个例子中，相关专利权利要求请求保护一种用于镇痛的注射剂，拟作为该专利延长申请基础的药品许可中列明了：活性成分 a1（A 的下位概念）、适应证为镇痛剂且剂型为注射剂；如果在先已经获批一项活性成分 a1、适应证为镇痛剂且剂型为注射剂的许可，即使两项许可在剂量等方面有所不同，在后许可也不被认为是"首次许可"，其对于实施所述专利发明不具有必要性。

此外，修订后的专利延长审查基准还明确：在判断"获得许可的必要性"时，应当比对的权利要求为范围最宽的权利要求。举例来说，如果相关的专利权利要求 1 涉及包含具有药学活性化合物的药物，在从属权利要求 2 中限定了该药物的剂型为剂型 A，如果专利权人先获得一项涉及的剂型是剂型 B 的药品许可，此时该许可的获得被认为是实施专利所必需的；如果专利权人在后再获得一项涉及该药物剂型 A 的许可，由于在后的许可与在先的许可均落入范围最宽的权利要求 1 的范围内，也没有涉及新的适应证，此时在后的许可虽然剂型不同，并且对应于从属权利要求 2 中的剂型 A，也不认为是实施专利发明所必需的，不能作为专利期延长的基础。❸

（4）改变 2011 年审查基准的 *Avastin* 案。❹

在 2011 年 JPO 对专利期延长修订了审查基准之后，后来又发生一重要案例，再

❶ SUEYOSHI T. Patent Term Extensions and Supplementary Protection Certificates（SPCs）－Latest developments in Japan［EB/OL］.［2020－04－30］. https：//aippi. org/wp－content/uploads/2015/09/TSueyoshi_Speaker_Pres_Pharma_3_280814. pdf.

❷ Anderson Mori & Tomotsune. Overview of Patent Term Extension in Japan［EB/OL］.［2020－04－30］. https：//aippi. org/download/seoul12/presentations/Pres_Pharma_2_MOno_270912. pdf.

❸ JPO. Revision of the Examination Guidelines for"Patent Term Extension"［EB/OL］.（2012－02－14）［2020－04－30］.

❹ Third Petty Bench of the Supreme Court 2014（Gyo－Hi）No. 356.

次对专利延长获批条件产生了重要影响，即 *Avastin* 案。

该案的专利权人是 Genentech 公司，涉及专利是日本专利 JP3398382。所述专利的权利要求 1 请求保护的内容是一种人源化抗血管内皮生长因子（VEGF）抗体，限定了某些特性如序列特征、KD 值等，但没有限定所述抗体的剂量、用途等技术特征。

Genentech 公司在 2007 年 4 月获得了一项许可，并以该许可为基础获批了第一次专利延长。所述许可的药品有效成分为贝伐单抗（Bevacizumab，商品名 Avastin），其对人 VEGF 能产生靶向作用。该许可载明：适应证为不能治疗性切除的晚期或复发性的结直肠癌，给药途径为静脉滴注，可与其他抗癌药合并使用，剂量是成人 5mg/kg（体重），或 10 mg/kg（体重），给药间隔时间是 2 周或更长时间。

2009 年 9 月，Genentech 公司又获得了一项许可，当前许可与第一次获得的许可的有效成分、用途相同，用法部分相同，但剂量修改为成人 7.5 mg/kg（体重），给药间隔时间为 3 周以上。专利权人于 2009 年 12 月以该许可为基础再次向 JPO 申请专利权期间的延长。

根据 2011 年修订的审查基准，Genentech 公司取得的这两项许可虽然剂量有所不同，给药间隔时间也不完全相同，但这些不同的用药特征并未在请求延长的专利的权利要求中被限定，前后两项许可涉及的药品的有效成分与用途也均相同，在已获得在先许可的基础上，在后许可的获得对于实施所述专利发明并不是必要的。因此，JPO 于 2011 年依据同年修订的审查基准驳回了该专利延长申请。Genentech 公司对驳回决定不服，上诉至 IPHC。

IPHC 推翻了 JPO 的决定，其认为在判断"获得许可的必要性"时，应依据日本专利法设立专利期延长制度的立法宗旨，以实务的观点去判断。在市场上销售新的药品需要获得相应的制造销售许可，对于依照《日本药事法》取得的许可得以解除政令禁止而实施专利的行为，应解释为由该许可记载的成分、用量、用法、剂量和功效所特定的药品的制造、销售等行为。即 IPHC 认可应根据制造销售许可本身来判断是否应批准专利延期申请，认为 2011 年修订的上述关于延长申请的审查基准的相关规定存在问题。其中，也解释了新的剂量、给药间隔在临床医学上确有积极意义。作为结论，IPHC 肯定了专利权人获得现有许可的必要性，判决准予专利期间延长登记。

日本最高法院维持了 IPHC 的判决，并指出如何对类似案件进行审查。

（5）2016 年修正的新审查基准。

在日本最高法院针对以上 Avastin 案作出判决后，JPO 再次对专利延长审查基准进行了修订，并于 2016 年 4 月发布。原来的基准规定专利延长基础的现有许可需要满足"首次许可"的要求，这是专利延长申请中证明"为了实施该申请延长期限的专利而获得行政审批许可具有必要性"的必要材料当中第（iv）项的内容。❶ 在新的基准中，不再出现"首次许可"的概念，在最新的专利期延长的审查基准中，将上述必要材料第（iv）项的内容修改为：现有许可涉及药品的制造和销售行为不包含在在先许可所涉及药品的制造和销售行为的范围内，申请人需要对现有许可与其知晓的任何在先许可进行比较，并解释现有许可的行为不包含在在先许可的行为的范围内的理由。❷ 这是新审查基准对专利延长获批条件最主要的修改。2011 年修订的审查基准中关于在后许可是否由于在先许可的存在而对于实施专利发明是否具有必要性的多个实例所界定的标准也不再适用。2011 年关于药品专利延长的审查基准中规定的其他许多内容，在新的审查基准中无实质性改变。

此外，当存在两项或多项许可对应于一件专利，在判断获得现有许可的必要性时，并非简单地比较先后不同许可的全部特征，只要在后许可与在先许可的相关特征有所不同即认可其"获得许可的必要性"，还要考虑先后不同的许可中注明的产品是否"实质相同"（对于"实质相同"的认定，在"专利延长期的效力"一节已详细述及），如果先后不同的许可注明的产品"实质相同"，获得在后许可的必要性将不能被认可，其也不能作为专利期延长的基础。

## 四、专利期的多次延长与效力形态

一件药品专利的期限可以基于多件药品制造销售许可被延长多次，而多件相关专利的期限也可以基于同一件药品制造销售许可而均获得延长，此亦为日本专利期延长制度的主要特点之一。

如果申请人打算说明不同的许可所涉及的药品剂量和给药方式存在差异，其可以在申请书的"用途栏"中进行说明。此时的情形是多项许可对应于同一件专利，该专利可以基于每一次许可分别给予"不同形态"的延长。所述"不同形态"指的是由于每一次延长时专利权延长的效力、期限分别各自对应于其作为延长基础的许可证（可结合以上"延长期的法律效力"一节的内容进行理解）。JPO 在审查专利期延长申请时，会根据每一项许可结合考虑专利的权利要求范围，再分别对符合要求的申请予以核准。

举例来说，对于保护一种特定化合物的专利，如果专利权人先后取得以该化合物为活性成分治疗疾病 A 的第一项药品上市许可以及以该化合物为活性成分以治疗疾病 B 的第二项药品上市许可，专利权人就可以分别根据为了获得第一项药品上市

❶ JPO. Revision of the Examination Guidelines for "Patent Term Extension" [EB/OL]. (2012 - 02 - 14) [2020 - 04 - 30]. https：//www.jpo.go.jp/e/news/public/feedback/patent_term_rev.html.

❷ JPO. 第 IX 部 第 2 章医薬品等の特許権の存続期間の延長 [EB/OL]. [2020 - 05 - 05]. https：// www.jpo.go.jp/system/laws/rule/guideline/patent/tukujitu_kijun/document/index/09_0200.pdf.

许可以及第二项药品上市许可而无法实施专利的期间分别确定每次专利期延长的形态。例如，第一、第二项许可所涉及药品的活性物质均为化合物 A，其适应证分别为结肠癌、肺癌，其对应的临床试验开始之日均早于专利授权登记日，以这两项许可为基础批准的专利期延长情况如图 8 - 4 所示。❶

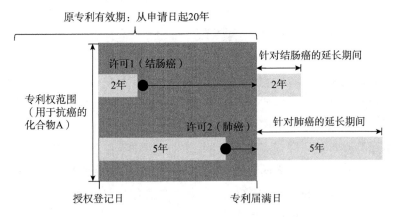

**图 8 - 4　以两项许可为基础的专利期延长情况**

前后获得的用于延长专利期的药品制造销售许可除适应证不同外，也可以是给药方式、剂型等不同。对于先后分别获得的许可所涉及的适应证、给药方式等涵盖的范围有所重叠的情况，若在后许可涉及的特征为在先许可涉及特征的上位概念，这些许可也均可作为获得延长登记的基础，对同一件专利延长多次。例如，申请人在先获得的第一项许可涉及疾病 a1 的治疗，在后获得的第二项许可涉及疾病 A 的治疗，而 A 是 a1 的上位概念（例如 A 是过敏性鼻炎，a1 是慢性过敏性鼻炎），在满足其他审批条件时，以这两项许可作为申请专利期延长的基础均可获得批准，其中对于"许可的必要性"认定的结论是：在后许可中除与在先许可重叠部分的其他部分特征对于实施相应的获批专利而言具有必要性，所获得的专利延长期分别以两次许可所对应的形态存续。在该例子中，如果反过来，在先获得的许可涉及的适应证等特征是在后获得许可相应特征的上位概念，由于在后许可的范围已经被在先许可涵盖，将不被认为是"首次许可"，其"许可的必要性"将得不到认可，从而不能作为再次延长登记的基础。

此外，当多件专利对应于同一项许可时，如果确实为了实施这些专利而获得该许可均是必需的，那么这些专利的保护期可以基于同一许可得以延长。例如，如果申请人同时持有涉及一种已批准药品活性成分的物质专利、以该活性成分用于获批的医药用途的用途专利，以及活性成分制备方法的专利，如果确实为了实施所有这

❶　SUEYOSHI T. Patent Term Extensions and Supplementary Protection Certificates（SPCs）- Latest developments in Japan［EB/OL］.［2020 - 04 - 30］. https：//aippi. org/wp - content/uploads/2015/09/TSueyoshi_Speaker_Pres_Pharma_3_280814. pdf.

些专利而获得该许可是必需的，那么这些专利的每项专利权都能以该许可为基础而得到延长。举例来说，申请人可以根据一项活性成分为化合物 A、适应证为高血压的药品上市许可同时延长涉及化合物 A 的物质专利以及涉及化合物 A 用于制备高血压药物的用途专利的专利期限。

### 五、专利延长申请从提出至审定前过渡期的处理

日本没有规定申请临时专利期延长的制度，但对于专利延长登记申请从提出至审定前的过渡期的处理，日本比美国的规定相对宽松。根据日本专利法第 67 条第 2 款第 5 项的规定，当专利期延长登记的申请一经提交，就视为专利期已经被延长，若所述申请最终被审核驳回或者已有发明专利权期间延长登记，原来视为延长的效果会被排除。日本采用的是无明显不准予延长的情形下直接采用"视为已延长"的方式，避免审查时间过长导致原专利权期满后未能作出延长登记决定的"真空期"的不确定情形。

# 第四节　美、欧、日专利期延长制度比较

## 一、美、欧、日专利延长期限计算方法比较

不同国家和地区的专利期延长制度不同，所采用的专利延长期限的计算方法也具有一定差异。美国涉及药品审评时间、临床试验时间等多个变量，计算相对烦琐与复杂；日本涉及药品上市日期以及专利授权日/开始临床试验之日；欧盟涉及专利申请日与上市日两个变量。欧盟、日本的计算方法中时间点较为明确且容易确定，计算较为简单（见表 8 - 2）。

表 8 - 2　美、欧、日专利延长期限计算方法

| 项目 | 美国 | 欧盟 | 日本 |
|---|---|---|---|
| 延长申请提交时间 | 药品获批后 60 天内 | 获得上市许可（MA）后的 6 个月内提出申请，或在基本专利授权后 6 个月内申请，以较晚者为准 | 在获得上市许可之日（指申请人处于了解或应当了解其药品获批之日）起的 3 个月内提交 |

续表

| 项目 | 美国 | 欧盟 | 日本 |
|---|---|---|---|
| 专利延长期限 | 不超过 5 年，且药品首次批准后剩余专利期不超过 14 年 | 不超过 5 年，且药品首次被批准上市时的剩余专利期加 SPC 期限不得超过 15 年 | 最长不超过 5 年的延长期（原来规定 2 年的最短延长期限，已被废除） |
| 延长期限计算 | 专利延长期 = 试验阶段天数 × 1/2 + 审批阶段天数，试验阶段为 IND 申请生效到 NDA 申请的时间，审批阶段为 NDA 申请到 FDA 批准 NDA 的时间 | SPC 专利补偿期 = 首个获得欧盟成员国上市许可日 – 提交基本专利申请日 – 5 年，涉及儿科用药可额外延长 6 个月的延长期 | 专利延长期 = 专利授权公告之日或对应的药品开始临床试验之日（以二者中时间较晚者起算）与药品获得行政审批许可之日之间的时间间隔 |

不同国家和地区的药品监管、审批制度的不同导致审批时间的差异化以及激励政策的不同，使实际专利延长期限的比较并不能准确体现不同计算方法对于专利延长期限的影响。因此，拟以立普妥在美国专利申请到上市的时间线作为计算基准，比较不同国家和地区专利延长计算方法对专利延长期的影响（见图 8 – 5）。

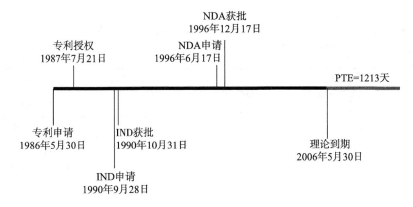

图 8 – 5 立普妥专利申请、专利上市、专利延长时间线

1. 美国

PTE =（1996 年 6 月 17 日 – 1990 年 10 月 31 日）÷ 2 +（1996 年 12 月 17 日 – 1996 年 6 月 17 日）= 约 3.3 年

2. 欧盟（假设）

SPC =（1996 年 12 月 17 日 – 1986 年 5 月 30 日 – 5 年）> 5 年，由于最长不超过 5 年，因此以 5 年计。

3. 日本（假设）

专利延长期限 =（1996 年 12 月 17 日 - 1990 年 10 月 31 日）> 5 年，由于最长不超过 5 年，因此以 5 年计（见图 8 - 6）。

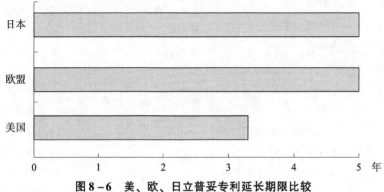

**图 8 - 6　美、欧、日立普妥专利延长期限比较**

可见在同等条件下，通过欧盟、日本专利延期限的计算方法均取得了最多的 5 年保护期限，而美国仅 3.3 年。

## 二、美、欧、日专利延长获批条件比较

表 8 - 3 列出了美国、欧盟、日本针对专利延长获批条件的比较。

**表 8 - 3　美、欧、日专利延长获批实质条件**

| 项目 | 美国 | 欧盟 | 日本 |
|---|---|---|---|
| 法律依据 | 美国专利法第 156（a）条 | 469/2009/EC 指令第 3 条 | 日本专利法第 67 条第 3 款 |
| 专利延长获批实质条件 | （1）提交专利期延长申请时，该专利还未到期 | （a）产品受到有效的基本专利的保护 | 1）相应的专利处于原专利有效期内；3）制造或处置药品的行为实质上属于实施该请求延长期限的专利发明的行为 |
| | （2）该专利未进行过延长 | （c）产品尚未成为补充保护证书的保护对象 | 4）现有许可涉及药品的制造和销售行为不包含在先许可所涉及药品的制造和销售行为的范围内 |

续表

| 项目 | 美国 | 欧盟 | 日本 |
|------|------|------|------|
| 法律依据 | 美国专利法第 156（a）条 | 469/2009/EC 指令第 3 条 | 日本专利法<br>第 67 条第 3 款 |
| 专利延长<br>获批实质条件 | （4）该产品在商业销售或使用前，已经经过监管审查期；<br>（5）该产品是经过监管审查期后，首个被批准上市的产品 | （b）已经根据关于人用药的欧洲共同体法典获得作为药品上市的有效许可；<br>（d）且该产品作为药品首次上市许可 | 2）已经获得政令指定的处置 |

### （一）美国 PTE 的获批条件

对于某项产品专利、产品用途专利或制造该产品的方法专利，当符合如下情况时，专利保护期可以从原始专利到期日起进行专利期延长：

（1）提交专利期延长申请时，该专利还未到期；

（2）该专利未进行过延长；

（3）专利权人或其代理人及时提出完整的专利延长申请；

（4）该产品在商业销售或使用前，已经经过监管审查期；

（5）该产品是经过监管审查期后，首个被批准上市的产品。

对于不同"产品"含义的解释可能导致不同延长申请结果，法院审理中已经有相关案例。❶ 例如，在 *Fisons* 案中，Fisons 拥有 3 件专利，涉及 3 种不同形式的药物（雾化器溶液、水溶液和吸入剂），所有这些药物都含有相同的活性成分克罗莫林钠（Cromolyn Sodium）。对于这 3 种药物，Fisons 依次进行了必要的测试试验，获得了 FDA 的批准，并申请了相应专利的 PTE，鉴于早在 1973 年 FDA 已批准克罗莫林钠吸入胶囊制剂，Fisons 的延期申请均被驳回。尽管 Fisons 认为先前被批准的产品不同于后来被批准的，但联邦巡回上诉法院认为，Hatch－Waxman 法案将"产品"一词定义为"人用药品"，进一步定义为"一种新药的活性成分"，因此，之前的监管审查期和 1973 年 FDA 批准的克罗莫林钠，与后续被批准的产品相比，尽管制剂不同，但含有相同活性成分，导致在后的所有专利都不能获得 PTE。就 PTE 而言，与克罗莫林钠唯一相关的监管审查期已于 1973 年结束，Fison 之后产品的监管审查期限并不能被用于申请 PTE。

Hatch－Waxman 法案还要求，有关的药品监管审批必须针对的是首次商业销售

---

❶ WHITTAKER S, JOHNSON R, WALKER A. Pharmaceutical Patent Term Extension：An Overview［EB/OL］.［2020－04－30］. http：//www. alacrita. com/whitepapers/pharmaceutical－patent－term－extension－an－o-verview.

或使用的产品，如上所述，明确定义为"新药的活性成分……包括活性成分的任何盐或酯"。在某些情况下，活性成分被认为是指整个分子，包括活性部分的任何盐或酯；而在其他情况下，活性成分被解释为更窄的含义，仅限于活性部分本身，不包括其盐或酯形式。在这两种情况下，如果早期产品已获得 FDA 的批准，那么对于在后的含有相同活性成分的产品，其 FDA 监管审查期不能用于申请 PTE 延长。

在葛兰素史克（Glaxo）诉奎格（Quigg）案中，联邦巡回上诉法院将"活性成分"解释为是指整个活性分子，包括其盐或酯部分。葛兰素史克开发并获批了头孢呋辛酯（Cefuroxime Axetil，Ceftin），其为有机酸头孢呋辛的酯化合物。在 1987 年头孢呋辛酯获批之前，FDA 分别于 1983 年和 1986 年批准了两种头孢呋辛盐（Zinacef 和 Kefurox）。而母体化合物本身（活性成分头孢呋辛）从未获得 FDA 的批准。USP-TO 认为，由于头孢呋辛是之前已获批的头孢呋辛盐和头孢呋辛酯的活性部分，葛兰素史克对头孢呋辛酯的专利延长请求被正式驳回，

然而，联邦巡回上诉法院推翻了 USPTO 的决定：首先，其认为相关"药品"为头孢呋辛酯。其次，法院考虑的是头孢呋辛酯或头孢呋辛酯的盐或酯是否已获得监管部门的批准（没有此类批准）；相反，之前唯一获批的产品是头孢呋辛酸盐。因此法院裁定，在先获批的头孢呋辛盐并不能否定葛兰素史克的 PTE 请求。法院进一步认定，头孢呋辛酯专利符合关于"首次商业销售"要求，有资格申请 PTE。

在后来的一个相关案件中，辉瑞公司（Pfizer）诉雷迪博士实验室（Dr. Reddy's Labs）案中，联邦巡回上诉法院给出了不同的结论。在该案中，辉瑞公司主张一件专利，其产品权利要求涵盖氨氯地平及其苯磺酸盐和马来酸盐两种形式。氨氯地平苯磺酸盐已获 FDA 批准，并且辉瑞公司基于苯磺酸盐产品（Norvasc，络活喜）的监管审查过程提出并获得了专利 PTE。

在专利延长保护期内，雷迪博士实验室向 FDA 提出以氨氯地平马来酸盐为活性成分的药品上市申请，适应证与辉瑞公司的苯磺酸盐产品相同。辉瑞公司认为雷迪博士实验室侵犯了其专利权。雷迪博士实验室则认为，尽管氨氯地平马来酸盐在专利保护范围之内，但其延长后的保护范围仅限于辉瑞公司注册上市的氨氯地平苯磺酸盐，其未侵犯延期保护的专利权。一审法院判决认为侵权不成立，理由是根据美国专利法第 156（b）条的限制规定，专利延长保护期限后其保护范围仅限于首次批准上市产品的用途。对于该案而言，批准上市的产品是指氨氯地平苯磺酸盐，因此，生产销售氨氯地平马来酸盐不侵犯专利期延长后的专利权。

辉瑞公司不服一审判决，向美国联邦巡回上诉法院提起上诉。二审法院审理中，将"活性成分"（Active Ingredient）等同于"活性部分"（Active Moiety），即专利延长后的保护范围包括氨氯地平及其任何盐或酯，而不仅限于氨氯地平苯磺酸盐。因此，雷迪博士实验室销售的氨氯地平马来酸盐侵犯了辉瑞公司的专利权。可见该决定将影响美国专利法第 156 条中"产品"一词的含义解释，因为在法院看来，"产

品"更广泛地是指 FDA 批准的药品的活性结构。这导致能否获得 PTE 聚焦在任何包含活性部分的化合物或活性部分的盐或酯之前是否已获得监管批准。根据法院裁定，当产品的"活性部分"在先已获得 FDA 批准，则后续 PTE 申请应被拒绝。

在近期的一项诉讼中，USPTO 发布了一项最终决定，驳回阿斯利康公司申请 Nexium Ⅳ（注射用埃索美拉唑钠）专利的 PTE 请求。在解释其拒绝的最初理由时，USPTO 指出，1990 年，葛兰素史克的判例已经被辉瑞公司的判例隐含地推翻。因此，USPTO 忽略了葛兰素史克关于在 PTE 规则中首次上市请求包含先前获批的专利化合物的不同盐或酯的观点。虽然 USPTO 后来推翻了这一说法，但仍然坚持认为，葛兰素史克案与该案有一些事实差异，葛兰素史克案仍然是具有法律约束力的先例。鉴于埃索美拉唑的另一种盐（Nexium，耐信）的 PTE 请求已被批准，USPTO 否定了关于 Nexium Ⅳ 的 PTE 请求，并确认"必须禁止批准在后的具有相同活性部分的其他化合物的延期"。

另一个越来越受关注的领域是联合疗法。这里，首要的问题是 PTE 是否适用于包含活性成分的组合产品的专利，特别是其中一种或多种活性成分为之前已获得监管批准。在 Arnold Partnership 诉 Dudas 案中，涉诉专利为含有两种活性成分的药物产品，即氢可酮和布洛芬，这两种成分均已获得 FDA 的批准。Arnold Partnership 的专利保护氢可酮和布洛芬的协同联用组合，由于每种成分都能被单独获得，每个成分都需要经过上市前监管审查和批准。Arnold Partnership 辩称，氢可酮/布洛芬的组合产品专利应该延长，因为这是一种新的联合疗法，此前尚未获得批准。

然而，法院并未支持上述观点，将美国专利法第 156（f）条中的"药品"一词解释为指单个活性成分。法院接着指出，"药品可以由一种活性成分组成，也可以由一种与另一种活性成分组合形成"。为了澄清起见，法院提供了一个例子，并指出"为了延长声称含有 A 和 B 组合物专利的期限，A 或 B 之一之前不得销售"。换言之，至少一种活性成分在上市时是新的。在判决书中，法院进一步论述了协同组合物的潜在影响，指出"……在法律语言根本无法区分协同或非协同的组合情况下，协同效应是否应是专利期延长制度中的例外"。

## （二）欧盟补充保护证书（SPC）的获批条件[●]

1. 469/2009/EC 指令第 3 条第（a）款——产品受到有效的基本专利的保护

在 SPC 的授予与无效中，关于产品是否受到有效的基本专利保护往往是最具争议的问题。根据第 3 条第（a）款的规定，问题在于如何确定"产品是否受到有效基本专利保护"的标准。欧盟法院（CJEU）关于判例的决定对于各国 SPC 的审查标准

---

❶ Max Planck Institute for Innovation and Competition. Study on the Legal Aspects of Supplementary Protection Certificates in the EU ［R/OL］. （2018－12－31）［2020－07－22］. https：//ec. europa. eu/growth/industry/policy/ intellectual－property/patents/supplementary－protection－certificates_en.

具有指导意义，下文引用欧盟法院的判例以助于了解欧盟 SPC 的审查标准。

（1） *Eli Lilly* 案（C－493/12）。

HGS 拥有一项专利 EP0939804，该专利披露了一项新的多肽——Neutrokine－α 蛋白。该专利包括一些特异性结合 Neutrokine－α 多肽的抗体权利要求。

其中，授权权利要求 13 如下：

13. 一种与以下分子特异性结合的分离的抗体或其部分：

a） 全长 Neutrokine－α 多肽（SEQ ID NO：2）的 1 至 285 位残基的氨基酸 序列或

b） Neutrokine－α 多肽的胞外结构域（SEQ ID NO：2）的 73 至 285 位残基 的氨基酸序列。

专利说明书指出，此类抗体可能有效抵抗自身免疫性疾病。它没有公开任何抗 体的结构，但是提到了制备抗体的标准方法。

在该案中，提出移送诉讼的原告希望法官确定与该蛋白结合的特异性抗体如 LY2127399（Tabalumab）是否可以获得 SPC，因为此类抗体确实属于专利权利要求 13 的保护范围，但是无论在权利要求或说明书中均未指明该抗体的结构。

CJEU 认为，只有在基本专利权利要求中明确提到或者与之存在必要和具体 （Necessarily and Specifically）联系的补充保护证书保护主题，才能够认定是受基本专 利保护的。CJEU 判例法未给予 Tabalumab 许可，虽然此类抗体确实属于专利权利要 求 13 的保护范围，但不满足第 3（a）条的规定。

（2）*Takeda* 案。

在 Takeda 判决的程序中，基本专利涉及吡啶衍生物以及该吡啶衍生物在生产药 物中的用途。没有一项专利的权利要求涉及吡啶衍生物与另一种药物组合。没有权 利要求涉及使用吡啶衍生物用于制造包含该化合物和至少另一种活性成分的药品。

Takeda 的 SPC 申请则要求吡啶衍生物——抗溃疡药 Lansoprazole 与两种抗生素药 物的组合。英国专利局拒绝了该请求，并在决定中表明："尽管指定专利要求保护特 定类型的吡啶衍生物，例如兰索拉唑，就其本身权利或在瑞士类型的权利要求中， 均无专利权利要求公开了吡啶衍生物与其他活性成分结合使用。更具体地说，在这 些专利中没有任何暗示表明诸如衍生物例如兰索拉唑可与两种选自克拉霉素、阿莫 西林和甲硝唑的抗生素联用，审查员初步观点的核心是缺少任何此类披露或任何此 类暗示，即每个请求中标识的产品均不受任何指定的基本专利保护。"

在 *Takeda* 案中可以获得两个结论：

如果要求两种产品组合使用 SPC，并且该组合属于专利范围的原因仅在于两个 成分之一的活性成分属于专利范围内，那么该组合不受 SPC 保护。

如果要求两种产品组合使用 SPC，且该组合在权利要求中被基本专利保护，则 该组合可以被 SPC 保护。

（3）*Medeva* 案。

在该案中，Medeva 公司中的 SPC 申请程序中指定的基本专利记载了一种获得百日咳博德特氏菌疫苗的方法。制备得到的产品是百日咳杆菌黏附素（Pertactin）和丝状血凝素的组合，其不同用量可以产生协同作用。

基本专利的第一项独立权利要求如下：

> 制备非细胞疫苗的方法，该方法包括制备百日咳博德特氏菌 69kDa 抗原作为单独的组分，制备百日咳博德特氏菌的丝状血凝素抗原作为单独的组分，将 69kDa 抗原和丝状血凝素抗原混合，使 69kDa 抗原和丝状血凝素抗原的量的重量比在 1：10 到 1：1 之间，以产生疫苗效力的协同效应。

申请人基于该专利提出了 5 个 SPC 请求。包括百日咳杆菌黏附素和血凝素的几种成分的组合获得了上市许可。Medeva 公司提交的 SPC 申请的实际情况如表 8 – 4 所示。

**表 8 – 4　Medeva 公司提交 SPC 申请情况**

| SPC | 保护主题 |
| --- | --- |
| 权利要求保护的产品 | A – B |
| SPC 申请中定义的产品 | A – B – C |
| 获得上市许可的产品 | A – B – C – D – E – F |

在该案中存在两个不匹配的地方：

（1）专利中的制备方法所获得的产品和 SPC 申请的产品定义；

（2）上市许可的主题和 SPC 申请中的产品定义。

英国知识产权局的听证官 Lawrence Cullen 博士认为其不符合 469/2009/EC 指令第 3（a）条的规定。受专利权利要求保护的该过程的产品仅由 A 和 B 组成。在专利说明书中没有引用或要求包含 A – B 与其他活性物质的组合。英国知识产权局应用 *Takeda* 案决定，驳回了 SPC 的申请。

2. 469/2009/EC 指令第 3 条第（b）、（d）款——已经根据关于人用药的欧洲共同体法典获得作为药品上市的有效许可，且该产品作为药品首次上市许可

下面以 *Farmitalia* 案（C – 392/97）为例进行说明。

意大利 Farmitalia 公司是该产品的 4 – 脱甲氧基柔红霉素 α – 异头物的国家（德国）专利的所有人。该化合物的通用名为伊达比星。Farmitalia 公司在德国获得了药品 Zavedos 5mg 和 Zavedos 10mg 的国家上市许可。该产品包含伊达比星盐酸盐作为有效成分，它也是国家上市许可标识的活性成分。专利权利要求保护的物质为伊达比星化合物的碱性形式的特定盐。Farmitalia 公司申请了 SPC，其中产品定义如下："伊达比星及其盐类，包括盐酸伊达比星。"

所要求的 SPC 并非指向上市许可的物质的特定形式，而是针对该物质的任何形

式。德国专利商标局以及德国联邦专利法院驳回了 SPC 申请，原因在于其与上市许可所涵盖的产品不一致，在上市许可中的产品为伊达比星特定盐形式。

两者都认为，只有在上市许可中指定为有效成分的产品才能受到 SPC 的保护。由于在上市许可中仅将伊达比星盐酸盐标示为有效成分，SPC 不能授予碱性物质的其他形式。

3. 469/2009/EC 指令第 3 条第（c）款——产品尚未成为 SPC 的保护对象

下面以 *Actavis VS Sanofi* 案（C - 443/2012）为例进行说明。

在该案中，赛诺菲的欧洲专利（英国）EP0454511 保护一类化合物的通式，发明名称为"N - 取代的杂环衍生物，及其制剂，包含它们的组合物"。第一项独立权利要求涉及化合物。

权利要求 20 为："药物组合物，其包含根据权利要求 1 至 7 中任一项的化合物，与利尿剂组合。"

厄贝沙坦落入专利权利要求 1 的范围，英国知识产权局在第一个厄贝沙坦的上市许可的基础上批准了化合物厄贝沙坦的 SPC。

基于化合物厄贝沙坦与利尿剂氢氯噻嗪联用的第二个上市许可，专利权人请求并获得了第二个 SPC。第二个 SPC 的产品定义为"厄贝沙坦，可选地为其盐和氢氯噻嗪。"氢氯噻嗪自 1958 年以来就是众所周知的利尿剂，并且已经与其他活性成分结合使用（见表 8 - 5）。

表 8 - 5　赛诺菲提交厄贝沙坦 SPC 申请情况

| SPC | 保护主题 |
| --- | --- |
| 第一个上市许可 | A |
| 第一个 SPC | A |
| 第二个上市许可 | A - B |
| 第二个 SPC | A - B |

Actavis 无效理由之一为赛诺菲违反了 469/2009/EC 指令第 3（c）条的规定，理由为 SPC 在第一个 MA 中已经授予给厄贝沙坦。案件被转介到欧盟法院。欧盟法院作出决定：在某些情况下，基于专利保护创新的活性成分和药品的上市许可包含该成分作为单一活性成分，该专利的持有人已经获得该活性成分的补充保护证书，它有权反对单独使用或与其他活性成分组合使用的该活性成分，欧洲议会和欧洲理事会第 469/2009 号条例（EC）第 6 条第 3（c）款必须解释为排除该专利持有人基于同一项专利，以及含该活性成分和其他活性成分的组合（本身没有被该专利保护）的不同药物的后续上市许可获得第二个关于活性成分组合的 SPC。

在 *Actavis vs Boehringer Ingelheim Pharma*（C - 557/13）案中，法院也作出了相同

的决定：考虑到所有利益相关方，包括公共卫生利益，如果公认的是，基于活性成分与无限数量的其他活性成分组合（其不构成基本专利所涵盖的发明主题）的发明将授予多个 SPC 的权利，这将违反平衡制药业与公众利益的要求。

### （三）日本专利延长获批条件

1. 日本专利延长获批实质审查的核心条件

日本专利法第 67 条第 3 款第 1 项第 1 目规定了"当发现获得所述政令指定的处置对于实施该（获批的）专利发明不具有必要性"作为驳回专利期延长申请的理由。此处的"政令指定的处置"对应于药品专利即制造销售许可，该条款所规定的"获得许可的必要性"就是日本专利延长获批实质审查的核心条件。

多年来日本专利延长的审查方面的条件和标准发生过多次改变，但上述条款规定的"获得许可的必要性"作为核心条件一直没有发生过改变。而对于如何判断获得相应许可对于实施专利发明而言是必要的，在法条的相关规定中仅体现了一种笼统的概念，较具体的要求则体现在专利审查基准中，遇到案件特定情况审查基准未指明的，需要根据日本专利期延长制度的立法宗旨去分析和判断。

最新的审查基准规定了证明上述"获得许可的必要性"的材料包括用于证明或记载以下几项信息的材料：

（i）相应的专利处于原专利有效期内，具体信息包括专利的获批登记日、原专利届满日、专利缴费情况等；

（ii）已经获得政令指定的处置，具体信息包括表明该处理即药品的行政审查许可等作为相应专利的基础、许可的编号、产品的特定用途等；

（iii）制造或处置药品的行为实质上属于实施该请求延长期限的专利发明的行为，申请人需要确认药品许可涉及的活性成分、适应证等特征落入请求延长的专利的保护范围；

（iv）现有许可涉及药品的制造销售行为不包含在在先许可所涉及药品的制造销售行为的范围内，申请人需要对现有许可与其知晓的任何在先许可进行比较，并解释现有许可的行为不包含在在先许可的行为的范围内的理由。

2. 日本专利法第 67 条第 3 款第 1 项第 1 目 iii）材料的要求

要证明上述日本专利法第 67 条第 3 款第 1 项第 1 目关于"获得许可的必要性"，iii）材料包括制造或处置药品的行为实质上属于实施该请求延长期限的专利发明的行为，即申请人需要确认药品许可涉及的活性成分、适应证等特征落入请求延长的专利的保护范围。

在 2001 年版的专利期延长审查基准中，并不存在以上 iii）材料的要求，按当时的基准，专利延长获批实质条件主要为该许可属于"首次许可"，而判断首次许可依据许可证上载明的药品的有效成分与用途（功能/功效）来判断，即仅以有效成分

（不包括非活性成分）与用途来区分当前许可是否为"首次许可"，不管剂量、给药方式、剂型等特征，也并不会考虑在先的许可所记载的药品是否落入相应的专利的某些或全部权利要求的保护范围内。

2011 年 4 月 28 日，日本最高法院对 *Pacif* 案作出判决后，JPO 修订了审查基准，专利延长获批实质条件发生了变化。

该案的专利权人武田药品工业株式会社拥有一件药品专利，其权利要求 1 请求保护一种控释组合物，其包括含有药物的核心，所述核心被包衣组合物包覆，包衣组合物的组成如下……；从属权利要求 14 进一步限定了权利要求 1 中的药物是吗啡或其盐。

专利权人于 2003 年 3 月 14 日已获得的在先许可涉及药品 OPSO，活性成分为吗啡，为体内用药的止痛剂，剂量为 5mg/10mg；专利权人于 2005 年 9 月 30 日又获得了另一项药品的制造销售许可（在后许可），其涉及药品 Pacif，剂型为胶囊剂，剂量为 30mg，通过特征比对在后许可涉及的药物胶囊剂可对应于原专利的控释剂型。专利权人以该在后许可为基础申请上述专利的专利期延长。

JPO 对此进行审查，驳回了专利权人提出的延期申请，理由是：在取得在后许可之前，专利权人已经取得与该案药品具有相同的活性成分和用途的在先许可（OPSO 的行政审查许可），因而获得药品 Pacif 的许可并不属于"首次许可"。

IPHC 与日本最高法院推翻了 JPO 的决定。法院的判决均认为仅以药品有效成分与用途为考虑因素去解释第 67 条第 3 款第 1 项第 1 目是不恰当的。其判决的观点中还涉及：在先许可的药品并没有落入相应专利的权利要求的范围内，这更说明了在后许可的获得对于实施相关专利的必要性。

日本最高法院对此案作出判决之后，JPO 修改了专利期延长的审查基准，即 2011 年修正的审查基准，其中包含证明第 67 条第 3 款第 1 项第 1 目 iii）材料的要求（2016 年修正的审查基准中对此项要求未进行实质修改）；作为例外，如果权利要求的限定中并不包含特定的用途特征，则意味着许可证上任何的医药用途均落入权利要求的范围。

3. 日本专利法第 67 条第 3 款第 1 项第 1 目 iv）材料的要求

2011 年修正的审查基准需要以许可中对于药品落入权利要求范围的那些特征来判断该许可是否为"首次许可"，并将其作为日本专利法第 67 条第 3 款第 1 项第 1 目 iv）材料的要求。可见，2011 年修正的审查基准与 2001 年版的专利期延长审查基准一样，"首次许可"的要求仍然是"获得许可的必要性"的前提条件，只不过在判断"首次许可"时判断的方法和考虑的因素发生了变化。

对于 2011 年修正的审查基准中新的"首次许可"的判断方法，举例说明如下：相关专利权利要求请求保护一种镇痛的可注射的药品，拟作为该专利延期申请基础的当前药品许可中列明：活性成分 a1（A 的下位概念）、适应证为镇痛剂且剂型为注射剂，如果在先已经获批一项活性成分 a1、适应证为镇痛剂且剂型为注射剂的许可，即使两项许可在剂量等方面有所不同，在后许可也不被认为是首次许可，对于实施所述专利发明不具有必要性。此外，修订后的专利延长审查基准还明确：在判断"获得许可的必要性"时，应当比对的权利要求为范围最宽的权利要求。

在 Avastin 案之后，JPO 新颁布了审查基准对日本专利法第 67 条第 3 款第 1 项第 1 目 iv）材料的要求进行了调整。

Avastin 案专利权人是 Genentech 公司，涉案专利请求保护一种人源化抗血管内皮生长因子（VEGF）抗体，限定的特征中并未包括剂量、用途等技术特征。

Genentech 公司先后获得了两项药品制造销售许可，均涉及有效成分为贝伐单抗（Bevacizumab，商品名 Avastin）的药品，其对人 VEGF 能产生靶向作用。这两项许可药品的有效成分、用途相同，用法部分相同；主要不同在于，在先许可剂量是成人 5mg/kg（体重）或 10mg/kg（体重），给药间隔时间是 2 周或更长时间，而在后作为再次申请专利期限延长基础的许可剂量修改为成人 7.5 mg/kg（体重），给药间隔时间为 3 周以上。

根据 2011 年修正的审查基准对日本专利法第 67 条第 3 款第 1 项第 1 目 iv）材料的要求，Genentech 公司在后许可并不符合"首次许可"的要求，最终 JPO 对在后的延长申请作出了驳回决定。

IPHC 与日本最高法院推翻了 JPO 的决定。其认为应依据日本专利法设立专利期延长制度的立法宗旨，以实务的观点去判断获得当前许可对于实施专利发明是否具有必要性。在市场上销售新的药品需要获得相应的制造销售许可，依照《日本药事法》取得的许可得以解除政令禁止而实施专利的行为，应解释为由该许可记载的成分、用量、用法、剂量和功效所特定的药品的制造及销售等行为。最终认可获得在后许可的必要性，判决 JPO 的驳回决定不当，应准予专利期延长登记。

日本最高法院对此案作出判决之后，JPO 修改了专利期延长的审查基准，即 2016 年修正的审查基准，所述修改包含了证明日本专利法第 67 条第 3 款第 1 项第 1 目 iv）材料的要求，即删除了原"首次许可"的概念，需要表明：现有许可涉及药品的制造和销售行为不包含在在先许可所涉及药品的制造和销售行为的范围内，申请人需要对现有许可与其知晓的任何在先许可进行比较，并解释现有许可的行为不包含在在先许可的行为的范围内的理由。

4. 关于日本专利延长获批条件演变的简要评析

日本在实质审查中对专利延长获批实质条件的调整经历了两次重要的变化，从变化的趋势来看，JPO 整体表现出对专利延长申请的审查标准变得一次比一次宽松，专利延长申请在实质审查中似乎越来越容易获批并给予登记。然而，专利期延长制度还需结合其他方面尤其是专利延长期间的法律效力来看待，在经过 2016 年的奥沙利铂制剂案等经典案例之后，专利权的延长期效力范围仅及于由政令处置中记载的成分、含量、用法、剂量、效能及效果所确定的产品的实施，相当于对日本专利法第 68 条第 2 款规定的"用途"的体现作了扩大化的理解，使专利延长期间的法律效力实质上变窄了。即专利延长获批条件变得更宽松，而每次获得延长的实质效力相应变窄。

# 第九章　药品专利延长制度的实践与影响

## 第一节　药品专利延长实践

### 一、药品专利延长申请趋势

以在英国的药品专利延长作为分析对象，英国知识产权局网站（https：//www. gov. uk/government/publications/ipo – patent – data）下载 Supplementary Protection Certificate data 数据，获取 SPC 数据的 Excel 文档（数据截止日期为 2018 年 5 月 17 日），获取 SPC 申请共计 1589 件。

如图 9 - 1 所示，欧盟 SPC 法规于 1993 年 1 月生效，英国作为首批生效国家，于 1993 年 SPC 申请量达到顶峰，共 175 件。此时英国制药行业以最高的热情响应这一新型的法案，争取新药上市的延长保护。在随后的 20 多年里 SPC 申请量基本持平，2010 年后，年申请量均在 50 件以上，其中 2018 年的数据仅更新至 5 月 17 日，因此结果较少。

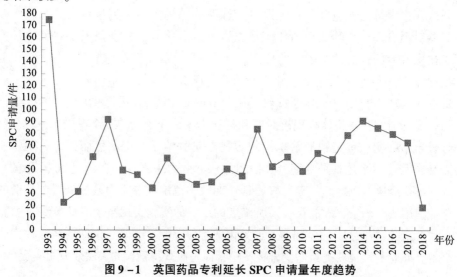

**图 9 - 1　英国药品专利延长 SPC 申请量年度趋势**

## 二、药品专利延长申请人分析

以在英国申请专利延长的申请情况来看，从表9-1可知，主要申请人均为国外制药巨头，诺华（Novartis）以 SPC 申请 76 件、SPC 授权 47 件居首位，其次为拜耳（Bayer），SPC 申请 65 件，SPC 授权 40 件，紧随其后的为默沙东（Merck Sharp Dohme）、葛兰素史克（Glaxo Smith Kline）等。

表9-1 英国药品专利延长 SPC 申请人汇总　　　　单位：件

| 申请人 | SPC 数量 | 授权 SPC 数量 | 驳回 SPC 数量 | 在审 SPC 数量 | 视撤 SPC 数量 |
|---|---|---|---|---|---|
| Novartis | 76 | 47 | 2 | 16 | 11 |
| Bayer | 65 | 40 | 5 | 13 | 7 |
| Merck Sharp Dohme Corp | 58 | 37 | 1 | 12 | 8 |
| Glaxo Smith Kline | 44 | 23 | 0 | 15 | 6 |
| Janssen Pharmaceutica n. v | 29 | 15 | 0 | 14 | 0 |
| Boehringer Ingelheim | 26 | 10 | 0 | 13 | 3 |
| Roche | 25 | 20 | 0 | 4 | 2 |
| Astrazeneca | 24 | 19 | 0 | 4 | 1 |
| Sanofi - Aventis | 24 | 22 | 0 | 2 | 0 |
| Pfizer | 23 | 19 | 0 | 4 | 0 |
| Takeda | 22 | 12 | 6 | 3 | 1 |
| Novo Nordisk | 19 | 11 | 0 | 8 | 2 |
| Medeva | 18 | 4 | 0 | 5 | 9 |
| Aventis Pharma | 18 | 7 | 0 | 4 | 7 |
| Pharmaciaupjohn | 17 | 12 | 1 | 4 | 0 |
| Wyeth | 17 | 7 | 0 | 9 | 1 |
| Zoetis Services | 16 | 9 | 0 | 6 | 1 |
| Genentech | 16 | 12 | 0 | 4 | 0 |
| Biogen | 15 | 5 | 0 | 5 | 5 |
| Eli Lilly | 15 | 12 | 1 | 2 | 0 |
| Pdl Biopharma | 13 | 8 | 0 | 0 | 5 |
| Bristol - myers Squibb Co | 12 | 8 | 1 | 2 | 1 |

## 三、药品专利延长申请审查分析

从表9-2可知，截止检索日为 2018 年 5 月 17 日，英国受理的药物 SPC 授权

959 件，占总申请量的 60.4%，在审 405 件，均为最近几年申请，驳回和视撤分别为 65 件和 158 件，占总申请量的 4.1% 和 10.0%，驳回和视撤数量相对较少。一般而言，SPC 申请满足三个条件（在专利有效期内提出、药品获得上市批准、之前没有获得过 SPC），均可获得授权。

表 9 - 2　英国药物 SPC 申请审查状态

| SPC 状态 | SPC 数量/件 |
| --- | --- |
| Granted（授权） | 959 |
| Lodged（在审） | 405 |
| Rejected（驳回） | 65 |
| Withdrawn（撤销） | 158 |

## 四、药品专利延长保护期限分析

根据欧盟 SPC 规定，SPC 期限计算方式为：SPC 保护期 = 首次上市许可的日期 – 基本专利申请日期 – 5 年，SPC 保护期限最长不超过 5 年。从图 9 - 2 可知，SPC 保护期中，5 年保护期占绝大多数❶，占比为 53%，SPC 保护期在 1 年、2 年、3 年、4 年内的数量相当。同时，也存在极少部分 SPC 保护期超过 5 年，究其原因，主要是 SPC 保护期也存在特殊情况，如果在研究计划中包含儿科用药研究可申请延长 SPC 期限至 6 个月，该特殊补偿旨在激励儿童适应证的研究。

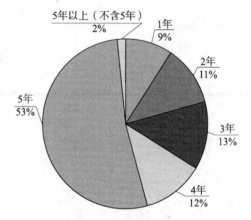

图 9 - 2　英国药品专利延长保护期限 SPC 数量分布

如图 9 - 3 所示，2000 年以前到达专利届满日的专利申请中，专利延长期限主要集中在 3 年和 5 年，共计 86 件；2000 年以后，专利延长申请数量快速增加，并且获得 4 ~ 5 年专利延长期限的数量明显增加，2001 ~ 2010 年、2011 ~ 2020 年和 2021 年之后分别为 219 件、153 件、100 件，专利届满日在 2020 年以后的专利，由于部分延长申请仍然在审或者未提出，数量有

---

❶　需要说明的是，本节对专利保护期限的表述为 1 年、2 年、3 年、4 年、5 年及 5 年以上，其中 1 年指期限为 1 年以内（含 1 年），2 年指期限为 1 年以上 2 年以内（含 2 年），3 年指期限为 2 年以上 3 年以内（含 3 年），4 年指期限为 3 年以上 4 年以内（含 4 年），5 年指期限为 4 年以上 5 年以内（含 5 年），下文不再赘述。——编辑注

所减少，仅作参考。

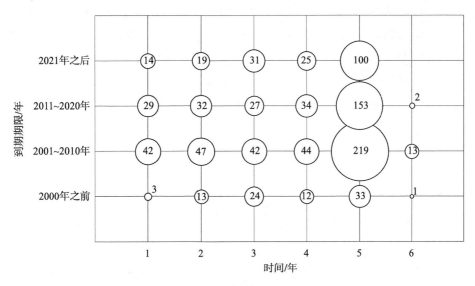

**图9－3 英国药品专利延长 SPC 数量分布**

注：图中数字表示 SPC 数量。

进一步对生物药和化学药的专利延长保护期限分析，从图9－4 可知，生物药和化学药 SPC 保护期限趋势相似，SPC 保护期在 1 年、2 年、3 年、4 年内的数量较少，5 年内数量较多。可见，不论是化学药还是生物药，SPC 均发挥了重要作用，创新主体充分利用 SPC，以弥补药品研发、上市以及审批许可所消耗的时间。

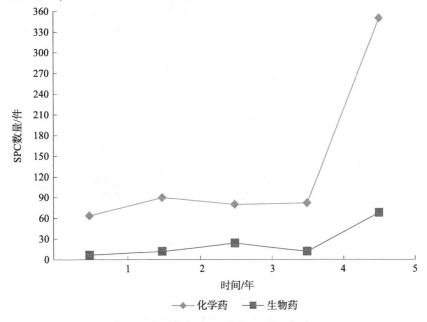

**图9－4 英国化学药与生物药 SPC 专利延长期限分布**

不同国家和地区的专利期延长制度不同，实际的专利延长期限也存在差异。对于美国而言，专利延长期限不超过 5 年，且药品首次批准后剩余专利期不超过 14 年。

如图 9 – 5 所示，在美国获得专利延长的所有专利中，获得 1 ~ 2 年专利保护期限延长的比例最多，占比30%；其次是获得 4 ~ 5 年专利延长的申请，占到28%；其中，相当比例的专利获得了最长 5 年的延长期限，占比达到15%。可见，不同国家专利延长计算方法对专利延长期具有一定影响。

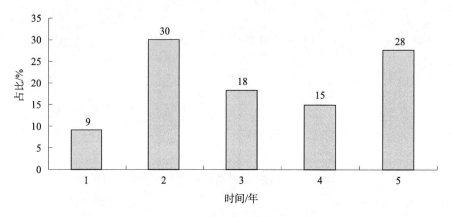

**图 9 – 5　美国药品专利延长期限分布**

同样以在美国获专利延长的专利为例，如图 9 – 6 所示，2000 年以前到达专利届满日的专利申请中，大部分获得了 1 ~ 2 年的专利延长期限，共计 131 件；2000 年以后达到专利届满日的专利申请，获得 4 ~ 5 年延长期限的数量明显增加，分别为 102 件和 94 件，其中延长满 5 年的专利申请分别为 53 件和 56 件。专利届满日在 2020 年以后的专利，由于部分延长申请仍然在审或者未提出，因此相应数量较少，仅作参考。

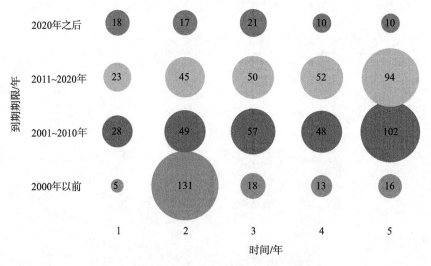

**图 9 – 6　美国药品专利延长 SPC 数量分布**

注：图中数字表示 SPC 数量。

## 五、药品专利延长申请时间与相应专利申请时间对比分析

从图 9 - 7 可知，专利申请后前 4 年 SPC 申请数量均为 0 件，自第 5 年起 SPC 申请数量持续增长，主要集中在专利申请后的 7 ~ 15 年，由于专利制度采用先申请制，原研药公司为防止竞争企业在其研发过程中提前申请专利造成研发损失，通常在研发早期阶段提出专利申请。而药品从基础研发、临床试验到批准上市通常需要 10 ~ 15 年的时间。

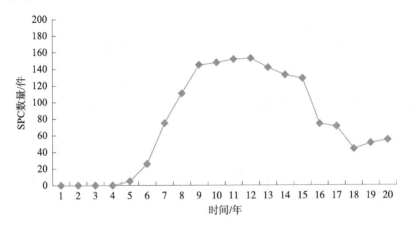

图 9 - 7  药品专利延长申请时间与相应专利申请时间对比分析

## 六、药品专利延长申请的有效成分类型分析

欧盟对授予 SPC 的专利类型有严格的限定，只有上市药品的有效成分、上市药品的制备方法、有效成分的应用或包含该有效成分的剂型这几类专利可以申请 SPC。进一步对申请 SPC 的有效成分进行分析，从表 9 - 3 和图 9 - 8 可知，SPC 申请中，主要是化学药，共 1102 件，占总申请量的 69%；其次是生物药，共 310 件，占总申请量的 20%；再次是植物保护（农药、杀虫剂）。究其原因，生物药的专利申请起步晚，专利申请量少，相应地，生物药的 SPC 申请在前期也比化学药少。

表 9 - 3  药品专利延长申请的有效成分类型分析

| 有效成分 | SPC 数量/件 |
|---|---|
| 化学药 | 1102 |
| 生物药 | 310 |
| 植物保护 | 177 |

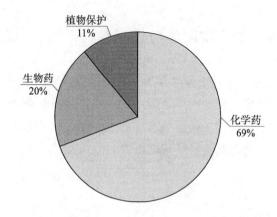

**图9-8 药品专利延长申请的有效成分类型占比分布**

## 七、药品专利延长申请的有效成分类型与时间的对比分析

从图9-9可知，从欧盟SPC规定生效开始，化学药相对于生物药和植物保护，其年申请量基本都处于领先地位，年申请量均超过20件，除SPC规定生效的首年外，化学药在2014年申请量达到峰值108件，之后呈现下降趋势；生物药相对化学药，起步较晚，生物药在2007年前，年申请SPC的数量基本低于10件，2007年后开始快速波动式增长，其中，2007年、2009年、2014~2016年年申请量均超过30件；植物保护在1993~2018年年申请量基本保持平稳，除1997年和2011年外，其余年申请量均低于10件。

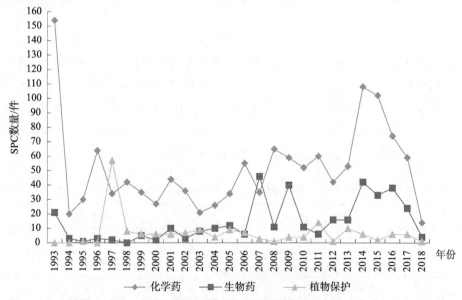

**图9-9 药品专利延长申请类型年度变化趋势对比**

## 八、获批药品专利延长申请的专利分析

英国授权 SPC 数量为 959 件，涉及 850 余件专利，最高一件基本专利获得 8 项英国药物授权 SPC 申请。其中，涉及 3 件以上的专利如表 9-4 所示。

**表 9-4　英国获批药品专利延长申请的专利分析**

| 专利号 | SPC 数量/件 |
| --- | --- |
| EP0451216 | 8 |
| EP0136011 | 5 |
| EP1084705 | 5 |
| EP1185615 | 5 |
| EP1194580 | 5 |
| EP0490972 | 4 |
| EP0012401 | 3 |
| EP0130906 | 3 |
| EP0466199 | 3 |
| EP0502314 | 3 |
| EP1401489 | 3 |

欧盟对授予 SPC 的专利类型有严格的限定，只有上市药品的有效成分、上市药品的制备方法、有效成分的应用或包含该有效成分的剂型等专利才可以申请 SPC。对于有效成分而言，一个有效成分即可对应申请 1 件 SPC 申请，因此，如果一件专利包含多个有效成分，则可获得多件 SPC 授权。

从表 9-4 可以看出，EP0451216 是基本专利，获得 SPC 授权的数量最高，高达 8 件，其申请人为 PDL BioPharma，成立于 1986 年，总部设在内华达州的 Incline Village，主要包括 Queen 等抗体人源化的专利，并有各种生物技术和制药公司的许可协议。通过分析 EP0451216 专利可知，其申请日为 1989 年 12 月 28 日，专利授权日为 1996 年 1 月 24 日，专利于 2009 年 12 月 28 日到期，同族专利分布高达 17 个国家（ZA8909956A、NZ231984A、NO310473B、FI108797B、DK174317B、JP2009165488A、ES2523810T、PH29729A、CA2328851A1、IL162181A、ES2440825T、US5693761A、IE85348B、CZ9104186A3、CN1043875A、AU5153290A、SG78258A1）。1999 年 7 月 26 日首次提出 SPC 申请，2002 年 3 月 8 日首次获得 SPC 授权，SPC 保护期最长至 2014 年 12 月 27 日，即 SPC 保护期限为 5 年。该专利提供了一种与人体 IL-2 受体特异性反应的类人体免疫球蛋白，采用重组 DNA 技术制备，用于治疗 T 细胞介导的

疾病。随后，申请人针对帕利珠单抗、曲妥珠单抗等 8 种单抗采用上述方法进行改进，并申请了 8 件 SPC。

通过对 EP0451216 基本专利授权的 8 件 SPC 分析，其涉及不同的活性成分，具体如表 9 - 5 所示。

**表 9 - 5  EP0451216 基本专利获批的药物授权 SPC 汇总**

| SPC 编号 | SPC 申请日 | 品种 | 专利名称 | 首次上市日 | SPC 授权日 | SPC 到期日 | 专利授权日 | 专利申请日 |
|---|---|---|---|---|---|---|---|---|
| 2000007 | 2000. 2. 11 | 帕利珠单抗 | Humanized Immunog - lobulins and their Production and Use | 1999. 8. 13 | 2002. 3. 8 | 2014. 8. 12 | 1996. 1. 24 | 1989. 12. 28 |
| 2000032 | 2000. 11. 29 | 曲妥珠单抗 | | 1999. 7. 29 | 2005. 9. 30 | 2014. 7. 28 | | |
| 2005009 | 2005. 2. 17 | 贝伐单抗 | | 2004. 12. 16 | 2005. 8. 9 | 2014. 12. 27 | | |
| 2005052 | 2005. 12. 8 | 奥马珠单抗 | | 2005. 10. 25 | 2008. 8. 14 | 2014. 12. 27 | | |
| 2006027 | 2006. 8. 7 | 那他珠单抗 | | 2006. 6. 27 | 2010. 2. 12 | 2014. 12. 27 | | |
| 2007033 | 2007. 4. 17 | 兰尼单抗 | | 2007. 1. 22 | 2009. 10. 4 | 2014. 12. 27 | | |
| 2009055 | 2009. 11. 18 | 妥珠单抗 | | 2009. 10. 1 | 2010. 3. 15 | 2014. 12. 27 | | |

## 九、药品专利延长申请药物品种分析

在英国药物的 SPC 申请中，部分药物 SPC 申请集中，最高一种药物申请 7 件 SPC。其中，获批 3 件以上 SPC 的药物如表 9 - 6 所示。

**表 9 - 6  英国药品专利延长申请 SPC 相应药物品种分析**

| 药品英文名称 | 药品中文名称 | SPC 数量/件 | 专利号 | 对应适应证 |
|---|---|---|---|---|
| Panitumumab | 帕尼单抗 | 7 | EP0979246<br>EP0667165 | 结直肠癌 |
| Estradiol | 雌二醇 | 5 | EP0136011<br>EP0783310<br>EP0770388<br>EP0398460 | 调节激素水平 |
| Adalimumab | 阿达木单抗 | 4 | EP1941904<br>EP0929578<br>EP1593393<br>EP048652 | 类风湿关节炎 |
| Alogliptin | 阿格列汀 | 4 | EP1084705<br>EP1586571<br>EP1931350 | 降血糖 |

续表

| 药品英文名称 | 药品中文名称 | SPC 数量/件 | 专利号 | 对应适应证 |
|---|---|---|---|---|
| elotuzumab | 埃罗妥珠单抗 | 4 | EP2371391<br>EP2068874 | 骨髓癌 |
| rituximab | 利妥昔单抗 | 3 | EP2000149<br>EP2405015<br>EP0669836 | B 细胞淋巴瘤 |
| Brinzolamide | 布林佐胺 | 2 | EP0527801<br>EP0941094<br>EP0527801 | 青光眼 |
| Catumaxomab | 卡妥索单抗 | 3 | EP0763128<br>EP0826696<br>EP1315520 | 肿瘤 |
| Certolizumab | 赛妥珠单抗 | 3 | EP0451216<br>EP1287140<br>EP0731167 | 关节炎 |

表 9-6 列举了部分存在 3 件以上 SPC 申请的药物。此外，氢氯噻嗪、狄诺塞麦、奥马珠单抗、吡格列酮等药品也存在 3 件以上的 SPC 申请。可见，针对热门的在研药物，存在多件 SPC 申请，从申请的数量上可以反映出该药物的研发热度。此外，虽然生物药在 SPC 申请中总体占比不高，但对于特定药物的 SPC 申请量较高，尤其是针对单克隆抗体药物，例如帕尼单抗、阿达木单抗、埃罗妥珠单抗、利妥昔单抗、卡妥索单抗、赛妥珠单抗等。

## 十、小结

本节主要以英国的专利延长分析为对象，针对英国药物 SPC 申请的申请状况、保护期限、药物类型等进行统计分析。由分析结果可知，全球医药巨头公司是 SPC 申请的主要申请人，这意味着 SPC 申请是制药公司补偿重大药物的研发成本、提升获利预期的有效手段。从 SPC 申请已结案件的审查状态来看，授权数量超过 80%，驳回和视撤相对较少。从保护期限上看，大多数药物争取到了 4~5 年的保护期。申请 SPC 的药物类型主要涉及化学药和生物药，其中化学药比例高达 69%。但自 2006年以来，生物药的申请量和占比不断提升，这与生物药领域的高速发展密切相关。

生物药在原研药的基础上进行不断的改进和仿制，因而针对特定种类的单抗药物往往存在多件 SPC 专利申请，从而实现整体研发成本的补偿。

# 第二节　专利延长制度对创新药和仿制药保护的影响

制药公司按照其研发药物的专利情况可分为原研药公司和仿制药公司。原研药公司通常是首先寻找新的药物分子靶点，然后费力地并以昂贵的研发代价，创建新的制剂和剂型，以验证产品在临床试验中的功效，最后注册新药。而仿制药公司则大大缩短了药物的研发过程，只开发替代配方或根据原研药公司的研究结果重建原研药的成分，即仿制药的开发。本节将从专利期延长制度对原研药公司和仿制药公司的影响予以阐述。

## 一、专利延长与创新药研发之间的关系

今天，越来越多的仿制药公司正在开发所谓的改进型仿制药，即产品不仅是复制已知的原研药，还提供更优的效果，例如，提高生物利用度、减少副作用或更方便的施用方式等。因此，按照传统的区分方式来区分原研/品牌药品和仿制药品的界限正变得越来越模糊，但原研药公司仍可从法律保障措施中获益，这些保障措施可补偿它们所承担的研发成本。例如，欧盟 469/2009/EC 指令规定了允许原研药获得最多 5 年的额外保护期，即药品补充保护证书（SPC）。

SPC 制度建立的初衷是考虑到原研药研发具有风险高、投入大、周期长等特点，该特点意味着原研药公司若想进行持续的创新药物研发，就需要持续的研发经费投入，也就意味着需要持续的获利预期。因此，原研药公司的研发投入回报预期在很大程度上决定了制药产业的研发投入强度，而研发投入回报预期又主要来自已上市创新药的销售业绩，这又取决于上市创新药的市场垄断时间和市场需求。延长专利期就意味着延长创新药的市场垄断时间，增加原研药公司获利预期，从而促进创新药持续不断地投入研发，进一步鼓励药物创新。

基于上述利好，SPC 制度在制药行业得到了推广和应用，对创新药的市场垄断时间有了一定的提升。据统计，20 世纪 90 年代早期，75% 的获批新药拥有至少一个欧盟国家的 SPC，平均一款获批新药拥有 6~7 个国家的 SPC。而这一比例在近年来提高到了 86% 的获批新药拥有至少一个欧盟国家的 SPC，平均一款获批新药拥有 18~19 个国家的 SPC（见表 9-7）。后者一方面反映了欧盟成员国的扩张，另一方面也显示了原研药公司向较小市场申请 SPC 的趋势。

理论上来看，SPC 的制度优势维护了原研药公司的利益，并能够鼓励原研药公

司进行新药研发。但从实际效果来看，SPC 对鼓励创新药研发的作用似乎甚小，从表 9 - 7 中的数据来看，随着 SPC 的推广和应用，欧盟的新药批准数量并未出现增长，反而有所倒退。

当前的原研药公司除了真正地从事新药品的研发，还会对其已上市创新药的变体产品进行投资。而 SPC 作为业内公认的专利常青策略，即使原研药公司对现有的专利药品作出微小变动，其也可以凭借这些微小的变动申请 SPC，以此延长其专利保护期，同时避免仿制药品的竞争。因此，SPC 制度给人造成了一种错觉，即患者投入的更多支出用于资助原研药公司开展销售活动并使其获利，而并不是真正用于药品研发。

表 9 - 7 欧盟新药 SPC 的应用情况❶

| 新药首次批准时间 | 新药批准数量/种 | 拥有 SPC 的占比/% | 国家数量/个 |
| --- | --- | --- | --- |
| 1990 ~ 1994 年 | 149 | 75 | 6.50 |
| 1995 ~ 1999 年 | 172 | 85 | 11.60 |
| 2000 ~ 2004 年 | 128 | 86 | 13.94 |
| 2005 ~ 2009 年 | 116 | 94 | 17.91 |
| 2010 ~ 2016 年 | 143 | 86 | 18.81 |
| 总计 | 708 | 85 | 13.44 |

## 二、专利期延长制度能够延长创新药物的生命周期并延缓专利悬崖

由于上市新药需要在其药品说明书中注明药物的活性成分，利用商业秘密的方式保障原研药公司利益的策略显然并不可行。因此，为了垄断药品的高额收益，原研药公司往往会将药品申请专利。获得专利授权就代表原研药公司能够在一定期限内享有对药品的市场垄断权。可见，对于医药行业而言，专利到期在一定程度上代表药品市场垄断周期的终结。超过这一期限，各类仿制药争相上市，原研药的垄断市场将被迅速瓜分，即出现所谓的专利悬崖现象。原研药公司为了继续占有高额收益，将会想方设法运用各种方式以求延长药品专利的保护期。根据欧盟 469/2009/EC 指令，SPC 制度的初衷是为了补偿药品为通过强制性批准程序所造成的药品有效专利期的损失。可见，SPC 制度能够在一定程度上延长药品的市场独占期和生命周期，延缓专利悬崖的到来。

❶ MARGARET K. Economic Analysis of Supplementary Protection Certificates in Europe, 20170130

另外，在数据保护期满后，补充保护期期间，根据 Bolar 例外制度，仿制药公司只能进行必要的研发工作，使它们能够开发自己的仿制药并用于后续的注册程序。在目前的法律框架下，仿制药公司只有在原研药的 SPC 到期后才能开始其药品的生产过程。正如我们所知，药品的生产需要大量准备工作，包括原材料的采购和生产过程的优化和验证，这意味着实际上原研药公司在仿制药公司向药房提供药品前还享受了至少几个月的额外的市场独占期。可见，SPC 制度在法律框架外还能进一步延长创新药物的生命周期，延缓专利悬崖。

以下选取欧盟主要原研药公司的几款明星药物予以具体分析，如表 9 - 8 所示。

表 9 - 8　欧盟主要原研药公司的明星药物 SPC 信息

| 商品名 | 公司 | 类型 | 核心专利 | 专利期限 | SPC 期限 |
| --- | --- | --- | --- | --- | --- |
| 舒利迭（Advair） | 葛兰素史克 | 化学药 | EP0416951 | 2011 - 03 - 13 | 2013 - 09 - 06 |
| 伐昔洛韦（Valtrex） | 葛兰素史克 | 化学药 | EP0308065 | 2008 - 08 - 12 | 2009 - 12 - 12 |
| 克韦滋（Kivexa） | 葛兰素史克 | 化学药 | EP0817637 | 2016 - 03 - 28 | 2019 - 12 - 16（法院判定无效） |
| 易瑞沙（Iressa） | 阿斯利康 | 化学药 | EP0823900 | 2016 - 04 - 26 | 2019 - 03 - 01 |
| 可定（Crestor） | 阿斯利康 | 化学药 | EP0521471 | 2012 - 06 - 30 | 2017 - 06 - 29（法院判定无效） |
| 赫赛汀（Herceptin） | 罗氏 | 生物药 | EP0590058 | 2012 - 06 - 15 | 2014 - 07 - 28 |
| 美罗华（MabThera） | 罗氏 | 生物药 | EP0669836 | 2013 - 11 - 12 | 2018 - 11 - 11 |
| 阿瓦斯汀（Avastin） | 罗氏 | 生物药 | EP1325932 | 2018 - 04 - 03 | 2019 - 12 - 15 |
| 来得时（Lantus） | 赛诺菲 | 生物药 | EP0368187 | 2009 - 11 - 06 | 2014 - 11 - 05 |

上述几款药物均为欧盟几家原研药公司各自的明星药物，对于研究 SPC 制度对创新药的影响具有一定的代表性。从上述几款药物的销量情况来看，如图 9 - 10 ~ 图 9 - 18 所示，SPC 到期前药物销量均维持高位，甚至有两款药物（伐昔洛韦和来得时）的销量仍在上升。可见，对于原研药公司而言，SPC 期间的收益非常可观。同时，由于 SPC 制度的存在，上述几款专利药物的专利悬崖被推迟，尤其是化学药的生命周期得到延长。因此，这几款药物的市场情况可以印证上述分析结论，即 SPC 制度能够延长产品生命周期，延缓专利悬崖。

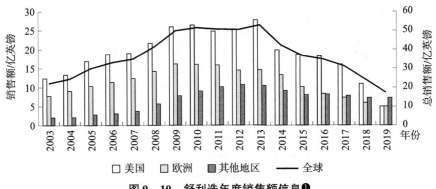

图 9-10　舒利迭年度销售额信息❶

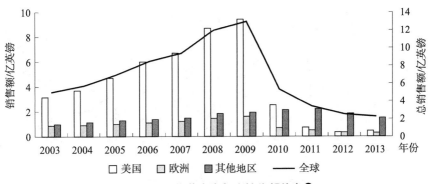

图 9-11　伐昔洛韦年度销售额信息❷

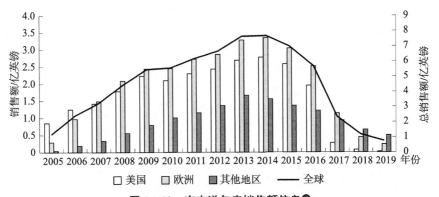

图 9-12　克韦滋年度销售额信息❸

❶　数据来源：葛兰素史克公司财报。
❷　数据来源：葛兰素史克公司财报。
❸　数据来源：葛兰素史克公司财报。

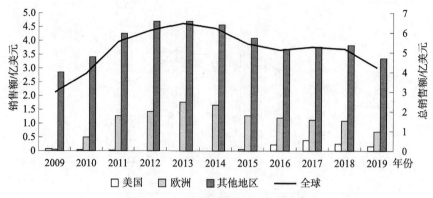

图 9 – 13　易瑞沙年度销售额信息❶

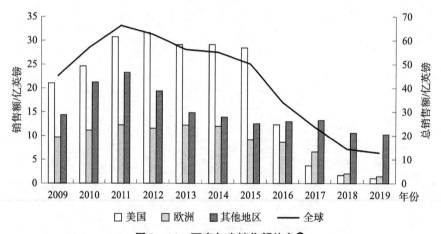

图 9 – 14　可定年度销售额信息❷

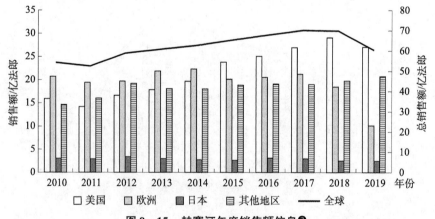

图 9 – 15　赫赛汀年度销售额信息❸

❶　数据来源：阿斯利康公司财报。
❷　数据来源：阿斯利康公司财报。
❸　数据来源：罗氏公司财报。

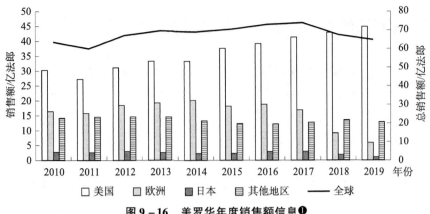

图 9 - 16　美罗华年度销售额信息❶

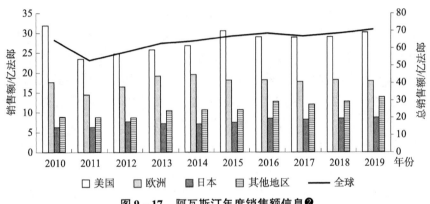

图 9 - 17　阿瓦斯汀年度销售额信息❷

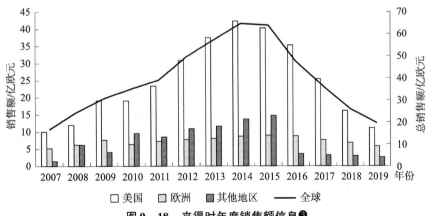

图 9 - 18　来得时年度销售额信息❸

❶　数据来源：罗氏公司财报。
❷　数据来源：罗氏公司财报。
❸　数据来源：赛诺菲公司财报。

### 三、专利期延长制度对仿制药公司的不利影响

虽然 SPC 制度所赋予的权利与基本专利所赋予的权利性质类似，但在法律意义上是一种单独的权利，在相应药品的基本专利到期后才生效。虽然 EMA 在进行仿制药审批时并不考虑其仿制对象的专利情况，但是为了避免可能的侵权行为，实质上 SPC 制度的存在还是推迟了仿制药的上市时间，这对于仿制药公司显然是不利的。另外，仿制药公司只有在其仿制对象的 SPC 到期后才能开始其药品大量生产的过程，并不能在 SPC 到期的同时将其仿制药投放入市场，无形中再一次推迟了仿制药的上市进程。

此外，与印度等没有 SPC 或者类似专利期延长制度的国家的仿制药公司相比，SPC 的存在削弱了仿制药公司在全球市场的竞争力。原因在于，由于 SPC 制度的存在，即使药品专利保护在他国已经到期或者在他国没有专利保护，欧盟仿制药公司也无法在欧盟本土大量生产该药品，也就无法将该药品出口到相应的国家，这导致相应国家的仿制药市场被其他制药公司占领。同理，与他国的仿制药公司相比，欧盟的仿制药公司无法在 SPC 到期之前建立一定的生产能力，从而无法在 SPC 到期后立即进入欧盟市场。为了与欧盟外的仿制药公司竞争，欧盟的仿制药公司不得不将一部分资源转移到欧盟之外的第三国，以便在第三国生产在欧盟仍然受 SPC 保护的药品。这同时也对欧盟经济产生了影响。

考虑到上述不利影响，为了促进欧盟本土仿制药公司的发展，并寻求原研药公司和仿制药公司之间的平衡，2019 年 2 月 20 日，欧盟通过了新的出口生产豁免规定，允许欧盟仿制药公司在原研药 SPC 到期前的最后 6 个月有效期内生产和储备此类药物的仿制药。该豁免规定的出台无疑为欧盟本土的仿制药产业起到了不小的促进作用。

### 四、专利期延长制度对药品价格的影响

从 20 世纪 90 年代起，创新药的市场独占期在多种政策的支持下获得了进一步延长，例如，TRIPS、欧洲 SPC 制度、欧洲实验数据保护制度等。现有专利药品价格的不断攀升是近年来药品支出费用居高不下的主要原因，其中，患者对专利药品的支出费用占所有药品支出费用的 70% 以上，而新一代特效药和抗癌药的零售价更是高达 6 位数。多项研究表明，药品价格的上涨还与市场独占期的延长直接相关。例如，泰国在实施 5 年的市场排他性延长政策后导致每年的药品支出从 1.463 亿美元增加到 6.964 亿美元。❶

---

❶ HU Y Q, et al. Supplementary protection certificates and their impact on access to medicines in Europe: case studies of sofosbuvir, trastuzumab and imatinib [J]. Journal of Phamaceutical Policy and Practice, 2020.

　　欧洲药品 SPC 制度的初衷是弥补原研药公司在研发中投入的费用和上市审批中损失的市场独占期。但实际上，当前的经验表明，新药品的研发费用通常只需要5000 万美元左右。而 90% 的药物在上市后 4 年内的销量就已经超过其研发费用。例如，赫赛汀的研发费用为 4000 万美元，而赫赛汀在上市后第二年的销量就超过了其研发费用的 5 倍（约 2 亿美元）。欧洲药品 SPC 制度给予的延长期不足以弥补原研药公司研发费用的论点显然在赫赛汀产品上站不住脚。对于赫赛汀而言，TRIPS 给予的 20 年保护期对于弥补研发费用来说已经相当足够。欧洲药品 SPC 制度实施的前提似乎是建立在一个错误的基础之上，即原研药公司需要更长的市场独占期来弥补期有效专利保护期和研发费用。而药品 SPC 制度所导致的仿制药竞争推迟则与药品价格的上涨脱不开关系。

# 第十章　专利延长案例

## 第一节　立普妥的专利延长

### 一、立普妥的专利延长

立普妥通用名为阿托伐他汀钙，是全球第 5 个上市的他汀类药物，该药于 1996 年 12 月 17 日经 FDA 批准上市，2004 年成为全球第一个年销售额超过 100 亿美元的超级重磅炸弹药物。该药物最早由华纳 – 兰伯特公司（Warner – Lambert Company）研发，后与辉瑞公司合作研发推广。

#### （一）立普妥在美国申请 PTE

Hatch – Waxman 法案规定，申请人需要在药物获得 FDA 审批通过之日起 60 天内，向 USPTO 提交专利延长申请（Application for Extension of Patent Term Under 35 U. S. C. 156）。在申请中包含专利信息、专利寻求和 FDA 批准上市许可的信息；有关专利商业化开发或应用遵从了法律审查期限方面的规定；有关专利产品、仅专利方法生产的产品是首次获批上市的。

该法案规定，PTE 时间相当于试验阶段天数 × 1/2 + 审批阶段天数（half INDA period + NDA period），并且 PTE 最长期限可为 5 年。从药品经 FDA 审批通过之日起计，剩余的专利保护期加上 PTE 总计不能超过 14 年，否则不予延长。如果生产商完成一次儿科临床试验，那么 FDA 有权给予该药品额外 6 个月的市场独占期。

立普妥授权基础专利如图 10 – 1 所示。

申请日为 1986 年 5 月 30 日；授权日为 1987 年 7 月 21 日；理论专利到期日为 2006 年 5 月 30 日。

申请人 Warner – Lambert 公司在提交的 PTE 申请中需要写明自己计算的 PTE 时间并阐明理由（见图 10 – 2）。

United States Patent [19]  [11] Patent Number: 4,681,893
Roth  [45] Date of Patent: Jul. 21, 1987

[54] TRANS-6-[2-(3- OR
4-CARBOXAMIDO-SUBSTITUTED
PYRROL-1-YL)ALKYL]-4-HYDROXYPY-
RAN-2-ONE INHIBITORS OF
CHOLESTEROL SYNTHESIS

[75] Inventor: Bruce D. Roth, Ann Arbor, Mich.

[73] Assignee: Warner-Lambert Company, Morris
Plains, N.J.

[21] Appl. No.: 868,867

[22] Filed: May 30, 1986

[51] Int. Cl.⁴ ..................... A61K 31/40; A61K 31/35;
C07D 207/327

[52] U.S. Cl. ................................... 514/422; 514/423;
546/256; 546/275; 548/517; 548/537

[58] Field of Search ............... 548/517, 537; 514/422,
514/423

[56] References Cited
U.S. PATENT DOCUMENTS

3,983,140 9/1976 Endo et al. .................. 549/292
4,049,495 9/1977 Endo et al. .................. 435/125
4,137,322 1/1979 Endo et al. .................. 548/344 X
4,198,425 4/1980 Mitsui et al. ................. 514/460
4,255,444 3/1981 Oka et al. .................... 549/292 X
4,262,013 4/1981 Mitsui et al. ................. 549/292 X
4,375,475 3/1983 Willard et al. ............... 514/460

OTHER PUBLICATIONS

Singer, et al.; Proc. Soc. Exper. Biol. Med.; vol. 102, pp.
370-373, (1959).
Hulcher; Arch. Biochem. Biophys., vol. 146, pp.
422-427, (1971).
Brown, et al.; New England Jour. of Med., vol. 305, No.
9, pp. 515-517, (1981).
Brown, et al.; J. Chem. Soc. Perkin I, (1976), pp.
1165-1170.
Journal of the Americas Medical Assoc.; (1984), vol.
251, pp. 351-364, 365-374.

Primary Examiner—Joseph Paul Brust
Attorney, Agent, or Firm—Jerry F. Janssen

[57] ABSTRACT

Certain trans-6-[2-(3- or 4-carboxamido-substituted pyr-
rol-1-yl)alkyl]-4-hydroxypyran-2-ones and the corre-
sponding ring-opened acids derived therefrom which
are potent inhibitors of the enzyme 3-hydroxy-3-
methylglutaryl-coenzyme A reductase (HMG CoA
reductase and are thus useful hypolipidemic or hypo-
cholesterolemic agents. Pharmaceutical compositions
containing such compounds, and a method of inhibiting
the biosynthesis of cholesterol employing such pharma-
ceutical compositions are also disclosed.

9 Claims, No Drawings

图 10 – 1　立普妥申请延长的授权专利

APPLICATION FOR EXTENSION OF PATENT TERM

UNDER 35 U.S.C. §156

Box Patent Ext.
Assistant Commissioner for Patents
Washington, D.C. 20231

Sir:

　　Pursuant to §201(a) of the Drug Price Competition and
Patent Term Restoration Act of 1984, 35 U.S.C. §156, WARNER-
LAMBERT COMPANY, of 201 Tabor Road, Morris Plains, New Jersey,
07950, the assignee of record, hereby requests an extension
to the term of United States Patent No. 4,681,893 of 1213
days, thereby setting expiration to September 24, 2009.

　　The following information is submitted in accordance with
35 U.S.C. §156(d) and 37 C.F.R. §1.740, and follows the
numerical format set forth in 37 C.F.R. §1.740.

图 10 – 2　Warner – Lambert 公司提交的 PTE 申请

　　申请人认为该专利应获得 1213 天的专利延长期限，理由如下：

　　（1）申请人在 1997 年 2 月 14 日提交 PTE 申请，而立普妥在 1996 年 12 月 17 日经 FDA 获批上市，满足 60 天期限内"及时提交"的要求。

　　（2）关于经 FDA 批准的药品与专利保护内容一致的论述（略）。

　　（3）相关证明材料：Warner – Lambert 公司于 1990 年 9 月 28 日向 FDA 提交了关于阿托伐他汀钙（CI – 981）的 IND 申请，根据图 10 – 3 可见，其 IND 申请日为 1990 年 9 月 28 日，FDA 确定的收到该申请的日期为 1990 年 10 月 1 日。FDA 在收到申请后，对 IND 的安全性进行审查，并且须在 30 天内通知申请人是否可以进入临床试验。如果申请人在此期间没有收到任何来自 FDA 的反对意见，则可在 30 天审评时限到期后，自动开展Ⅰ期临床试验。因此，可知关于阿托伐他汀钙的 IND 获批日为 1990 年 10 月 31 日。

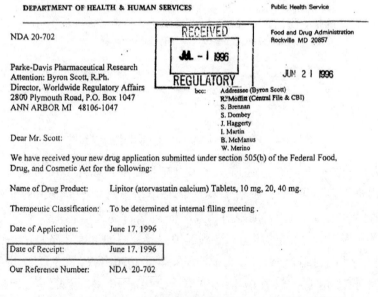

**图 10-3　Warner–Lambert 公司提供的 IND 申请和审批证明材料**

从图 10-4 和图 10-5 可见，Warner–Lambert 公司于 1996 年 6 月 17 日向 FDA 提交了关于阿托伐他汀钙的 NDA 申请，并于 1996 年 12 月 17 日获得批准。

**DEPARTMENT OF HEALTH & HUMAN SERVICES**　　Public Health Service

NDA 20-702　　　　　　　　　　　　RECEIVED　　　　Food and Drug Administration
　　　　　　　　　　　　　　　　　JUL -1 1996　　　Rockville MD 20857

Parke-Davis Pharmaceutical Research
Attention: Byron Scott, R.Ph.　　　REGULATORY　　JUN 21 1996
Director, Worldwide Regulatory Affairs
2800 Plymouth Road, P.O. Box 1047　　bcc:　Addressee (Byron Scott)
ANN ARBOR MI　48106-1047　　　　　　　R.Moffitt (Central File & CBI)
　　　　　　　　　　　　　　　　　　　　S. Brennan
　　　　　　　　　　　　　　　　　　　　S. Dombey
Dear Mr. Scott:　　　　　　　　　　　　J. Haggerty
　　　　　　　　　　　　　　　　　　　　I. Martin
We have received your new drug application submitted under section 505(b) of the Federal Food,
Drug, and Cosmetic Act for the following:

Name of Drug Product:　　Lipitor (atorvastatin calcium) Tablets, 10 mg, 20, 40 mg.

Therapeutic Classification:　To be determined at internal filing meeting.

Date of Application:　　　June 17, 1996

Date of Receipt:　　　　　June 17, 1996

Our Reference Number:　　NDA 20-702

**图 10-4　Warner–Lambert 公司提供的 NDA 申请证明材料**

NDA 20-702

DEC 17 1996

Parke-Davis Pharmaceutical Research
Division of Warner-Lambert Company
Attention: Byron Scott, R.Ph.
Director, Worldwide Regulatory Affairs
P.O. Box 1047
Ann Arbor, Michigan 48106-1047

Dear Mr. Scott:

Please refer to your June 17, 1996, new drug application submitted under section 505(b) of the
Federal Food, Drug, and Cosmetic Act for Lipitor™ (atorvastatin calcium) Tablets, 10, 20, and
40 mg.

We acknowledge receipt of your amendments dated July 16 and 30, August 5, 21, and 27,
September 3, 11, and 17 (2), October 8 (2), 9, 16, 23 (2), 25 (3), 29, and 31, November 5, 6, 8,
15, 22, 26 (2), and 27 (2), and December 2, 9, 13, and 17 (3), 1996.

This new drug application provides for the use of Lipitor as an adjunct to diet to reduce elevated
total-C, LDL-C, apo B, and TG levels in patients with primary hypercholesterolemia
(heterozygous familial and nonfamilial) and mixed dyslipidemia (Fredrickson Types IIa and IIb).
Lipitor is also indicated to reduce total-C and LDL-C in patients with homozygous familial
hypercholesterolemia as an adjunct to other lipid-lowering treatments (e.g., LDL apheresis) or if
such treatments are unavailable.

We have completed the review of this application, including the submitted draft labeling, and have
concluded that adequate information has been presented to demonstrate that the drug product is
safe and effective for use as recommended in the draft labeling. Accordingly, the application is
approved effective on the date of this letter.

The final printed labeling (FPL) must be identical to the draft physician labeling
(Revision 9) submitted on December 17, 1996, and the draft carton and container labels submitted
on October 31 and November 8, 1996. Marketing the product with FPL that is not identical to
this draft labeling may render the product misbranded and an unapproved new drug.

**图 10 - 5    Warner - Lambert 公司提供的 NDA 审批证明材料**

计算 PTE 时间如图 10 - 6 所示。

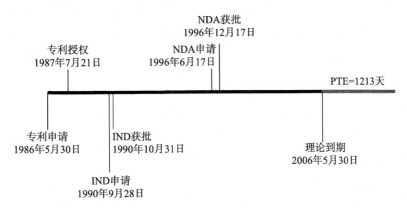

**图 10 - 6    计算立普妥 PTE 的各时间截点**

PTE = (1996 年 6 月 17 日—1990 年 10 月 31 日) ÷ 2 + (1996 年 12 月 17 日—1996 年 6 月 17 日) = 1213 天。该延长时间不满 5 年，并且从 NDA 获批之日起计算至专利延长期限结束，不满 14 年。

经审批，该专利（专利号为 US4681893）获得了 1213 天的专利延长期，延长至 2009 年 9 月 24 日。

由于生产商完成一次儿科临床试验，FDA 给予立普妥药品额外 6 个月的试验数据保护期。最终专利获得延长期（见表 10-1）。

表 10-1    FDA 橙皮书记载的立普妥专利到期日

| 专利号 | 专利过期日 | 是否物质专利 | 是否产品专利 | 专利用途代码 |
| --- | --- | --- | --- | --- |
| US4681893 | 2009-09-24 | Y | Y | U-161 |
| US4681893 * PED | 2010-03-24 | | | U-161 |

## （二）立普妥在欧盟的专利延长

为了补偿药品为通过上市许可批准程序所造成的药品有效专利期的损失，欧盟通过授予 SPC 的方式给予特定药品专利期的延长。SPC 由欧洲议会于 1992 年颁布通过，并于 1993 年生效，每一种药品可获得一件 SPC。

SPC 的期限为减损期减去 5 年，并且最长不超过 5 年，儿童用药可额外获得 6 个月的补偿。其中，减损期是专利申请日到上市许可的时长，剩余的专利保护期加上 SPC 总计不能超过 15 年，否则不予补偿。

阿托伐他汀钙在欧洲的专利 EP0247633，如表 10-2 所示，其获得 SPC 后专利期延长至 2011 年 11 月 6 日。由于辉瑞公司在该药物获批后对其进行了针对儿童的安全性和有效性研究，额外获得 6 个月的专利延长期，使立普妥在欧洲的专利保护期延长至 2012 年 5 月 6 日，相关信息可以在欧洲专利局网站（https：//worldwide. espacenet. com/？ locale＝en_EP）查询到。仿制药公司雷迪博士（Dr Reddy's）实验室曾就该 6 个月的延长期提出无效，但经欧洲高等法院裁决，维持辉瑞公司对立普妥专利保护期的 6 个月延长。进行药物儿科安全性和有效性实验也成为制药公司延长专利保护期的策略之一。

表 10-2    立普妥在欧洲获得的专利期限延长

| 事件代号 | 类别 | 事件描述 | 事件日期 | 说明 |
| --- | --- | --- | --- | --- |
| SE SPCG | 超出知识产权期限的保护 | SPC | 1997-11-24 | 延长至 2011-11-06 |
| SE SPCZ | 超出知识产权期限的保护 | SPC 的延长 | 2011-05-03 | 延长至 2012-05-06 |

## （三）立普妥在日本的专利延长

在日本，药品和农药的专利期限可以延长 5 年。但是日本没有规定任何额外的延长期限（例如，欧盟的 6 个月儿科用药延长期）。与美国或欧盟不同的是，日本专利延长并没有自上市之后加延长期不能超过 14 年或 15 年的规定。

延长期限的申请必须在产品首次获得监管机构批准后 3 个月内提出。值得注意的是，在日本，随后批准将相同活性成分用于第二适应证可以作为进一步扩展的基础。日本也是唯一一个有最短专利延长期限（2 年）的国家。在日本专利权到期前 6 个月，不能随时向日本特许厅提交专利期限延长申请。

由于药品上市前必须经政府审批，延长的专利期限相当于专利发明不能实施的期限，日本专利延长期限计算是自临床试验开始之日或专利注册之日开始的，以较晚者为准，直至监管许可邮寄给申请人的前一天结束。其中，临床试验开始之日指提交 IND 的日期，专利注册之日指专利授权日。以立普妥在日本的延长为例，其获得了 4 年 19 天的专利延长，其专利延长审查结果可在 JPO 网站查询，如图 10 - 7 所示。

```
Filing date                        Jun.06,2000
Patent number                      2019432
Requested period for extension     4 year(s) 19 day(s)
Applicant

   Warner Lambert company

Contents of government disposition
   (1) Disposal used as the Reason for extension of the duration of a patent right
   Recognition of the same Article same clause concerning the drugs specified in the first item of Pharmaceutical Affairs Law Article 14
   (2) The number which specifies disposal
   Approval number 21200AMY00048000
   (3) The thing which was the target of disposal
   Generic name: Atorvastatin calcium hydrate
   Chemical name: (-)-monocalcium   Screw [(R [ 3 ], 5R)-7
   - [2-(4-fluorophenyl)-5-iso ***
   Roux 3-phenyl-4-phenylcarbamoyl 1H
   - Pyrrol 1-yl]-3, 5-dihydro****
   *****} trihydrate
   Chemical formula:


   (Note) Please confirm about a chemical formula by a Patent Office Gazette (Heisei 12(2000) July 25 issue, 58-page public announcement item).
   (4) The purpose specified about the thing which was the target of disposal
   It uses as manufacturing raw materials of drugs.
```

**图 10 -7　立普妥在日本获得的专利期限延长**

## (四) 立普妥在美国、欧洲和日本获得的专利延长期对比

表 10 - 3 列出了立普妥在美国、欧洲和日本获得的专利延长期结果。

**表 10 - 3　立普妥在美国、欧洲和日本获得的专利延长期**

| 专利号 | 原始到期日 | 延长时间 | 专利延长后到期日 |
|---|---|---|---|
| US4681893 | 2005 年 5 月 30 日 | 1213 天 | 2009 年 9 月 24 日* |
| EP0247633 | 2005 年 5 月 29 日 | SPC +6 个月 | 2012 年 5 月 6 日 |
| JPH0757751 | 2005 年 5 月 29 日 | 4 年 19 天 | 2011 年 6 月 17 日 |

注：*立普妥在美国数据独占权到期日 2010 年 3 月 24 日。

## 二、专利延长与药品销量、价格关系对比

### (一) 药品销量

立普妥在 2004 年成为首个"超级重磅炸弹药物",随后几年销售继续攀升,峰值出现在 2006 年,当时的全球销售额接近 130 亿美元。然而,随着专利保护期的到来,2009 年开始出现下滑。到 2012 年,即立普妥迎来全球专利到期的第一年,销量显著降低,跌至 39.48 亿美元(见图 10 - 8)。

**图 10 - 8 1999 ~ 2017 年立普妥全球销售额年度变化趋势**

### (二) 专利保护期与药品价格、销售额

图 10 - 9 显示了 2006 ~ 2016 年荷兰立普妥规定日剂量(Defined Daily Dose,DDD)的价格年度趋势。仿制药于 2012 年进入市场,在 2012 年专利到期之前,原研药变化曲线和总市场变化曲线是相同的,说明立普妥市场几乎全部被辉瑞公司占领。药品平均价格在 2006 ~ 2011 年仅缓慢下降,但在 2012 年最后的额外 6 个月的专利保护期届满后急剧下降,并在随后的几年中继续逐渐下降。对比专利期届满前 3 年和后 3 年的平均 DDD 价格,前者比后者高出 21 倍。从 2012 年起,随着多达 9 ~ 10 个仿制药竞争对手进入市场,辉瑞公司收取的价格比市场平均价格低 40%,这是由于辉瑞公司在 2012 年后通过大幅降低药价,削减仿制药的竞争力进而保持其市场地位。但是,如图 10 - 10 所示,专利到期后,无论是对于销售额还是 DDD,辉瑞公司在立普妥市场的占有率都迅速下降。❶

---

❶ Effects of supplementary protection mechanisms for pharmaceutical products [EB/OL]. (2018 - 06 - 15) [2020 - 04 - 30]. https://www.technopolis - group.com/report/.

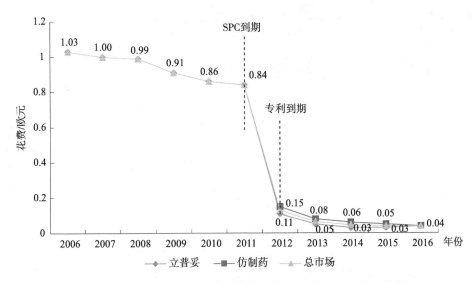

**图 10 - 9    2006 ~ 2016 年立普妥在荷兰的 DDD 价格年度变化趋势**

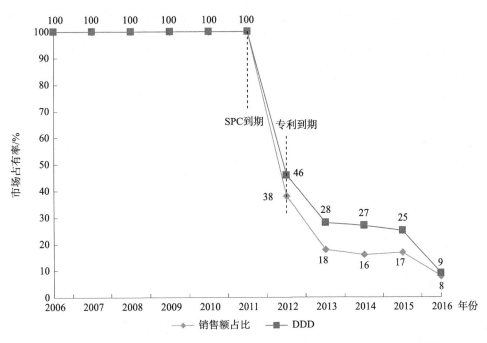

**图 10 - 10    2006 ~ 2016 年立普妥在荷兰的 DDD 价格下降比和市场占比趋势**

## （三）专利保护期与用药人数、用药成本

如图 10 - 9 和图 10 - 11 所示，DDD 价格的下降趋势与每名患者的平均年度费用下降趋势相吻合，后者从 2006 年的 348 欧元下降到 2016 年的 17 欧元。其间，使用

立普妥的患者数从 2006 年的 43.48 万人逐渐增加到 2016 年的 54.15 万人。❶

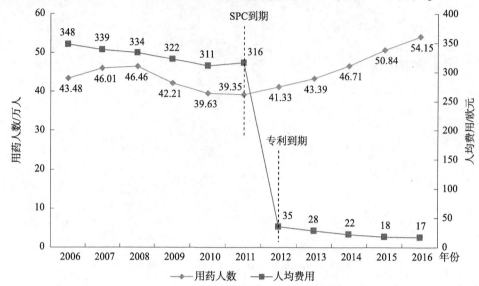

图 10 - 11　2006 ~ 2016 年立普妥在荷兰的用药人数和人均费用趋势

如图 10 - 12 所示，在荷兰，患者服用立普妥的总成本从 2006 年的 1.51 亿欧元下降到 2011 年的 1.24 亿欧元，然后在 2012 年下降到 1400 万欧元，并在 2016 年继续逐步下降到 900 万欧元。2006 ~ 2011 年，荷兰的消费占立普妥全球销量的 1.7%。❷

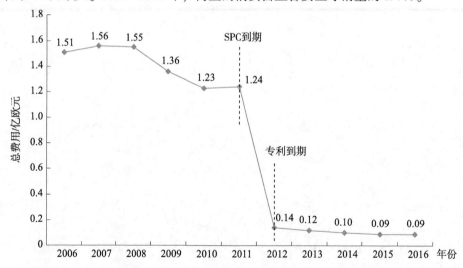

图 10 - 12　2006 ~ 2016 年立普妥在荷兰成本趋势

❶　Effects of supplementary protection mechanisms for pharmaceutical products［EB/OL］.（2018 - 06 - 15）［2020 - 04 - 30］. https：//www. technopolis - group. com/report/.
❷　Effects of supplementary protection mechanisms for pharmaceutical products［EB/OL］.（2018 - 06 - 15）［2020 - 04 - 30］. https：//www. technopolis - group. com/report/.

## 三、药品专利期延长制度取得的积极效果

新药研发从靶点选择开始，先后经历先导化合物的确定、活性化合物筛选、候选药物选定、临床前研究（包括 CMC、药代动力学、安全性、毒理试验、制剂开发）、临床研究（Ⅰ期、Ⅱ期、Ⅲ期）、新药申请、批准上市、Ⅳ期临床研究，整个过程耗时长、投入大、风险高。目前将创新药推向市场所需的费用需要超过 10 亿美元、研发周期超 10 年，而开发仿制药的成本只需要 100 万~200 万美元，如果没有高回报，那么必将极大地影响创新药研发的积极性；如果没有创新药的研发，仿制药也将不复存在。美国由于实施了专利期延长制度，有效延长了创新药实际的专利期，创新药继续以合法的方式保持市场垄断地位，给制药企业带来了巨额的药品专利独占销售利润，制药企业可以收回大量研发成本再投入其他创新药的研发中，形成良性循环，继而推动疾病治疗与公共健康发展。

据统计，Hatch-Waxman 法案颁布以后，创新药的平均有效专利期由 9 年延长至 11.5 年。专利期延长 5 年（最长延长期）的专利药占全部新药申请的 9%，延长 3 年以上的达 34%。2000~2012 年，170 种最畅销药物中 49%（83 种）获得了专利期延长（延长期中位值为 2.75 年），有效专利期中位值为 13.75 年，而 87 种未获得延长药物的有效专利期为 10 年。在未获得专利期延长前，仅 20 种药物（24%）的有效专利期超过 12 年，获得专利期延长后有 51 种药物（61%）的有效专利期超过 12 年。❶ 而在专利延长期期间，创新药将持续创造高额的利润，继而激发创新药开发的积极性，如美国礼来公司的百忧解于 1986 年上市，其基础专利在 1995 年初到期后获得专利期限的延长，而该药约有 80% 的销售额是在专利延长期内获得的。❷

除了辉瑞公司的立普妥，很多重磅炸弹药物销量都与专利期延长制度密切相关。例如，《我不是药神》中的救命药格列卫（通用名为伊马替尼）于 2001 年 5 月 10 日获得 FDA 批准上市，其美国基础专利 US5521184A 于 2013 年 5 月 28 日期满，在美国其最终专利保护期延长 586 天，于 2015 年 1 月 4 日到期，之后再获得 6 个月的儿科用药市场独占期。2016 年 2 月 1 日，太阳制药的伊马替尼仿制药被批准在美国上市。从图 10-13 可以看出，专利保护期的延长使格列卫在 2013~2015 年仍能保持较高的销售额，专利到期后，格列卫销售额迅速下降。诺华公司 2016 年的年报显示，格列卫专利到期后仿制药进入市场使格列卫销售额降低 29%，诺华公司在美国年度销售额降低 8%，至 109 亿美元。

---

❶ BEALL R F. Patent term restoration for top-selling drugs in the United States [J]. Drug Discovery Today, 2019, 24 (1): 20-25.
❷ 丁锦希. 美国药品专利期延长制度浅析：Hatch-Waxman 法案对我国医药工业的启示 [J]. 中国医药工业杂志, 2006, 37 (9): A113-A117.

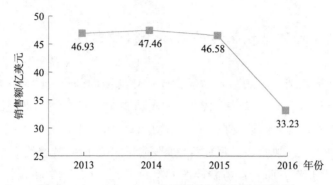

图 10-13 2013~2016 年格列卫年度净销售额对比

格列卫在中国的基础专利 CN93103566. X 于 2013 年 4 月 2 日期满，由于中国专利保护期延长制度尚未颁布，期满后便遭遇仿制药的冲击。2013 年，豪森药业股份有限公司仿制药伊马替尼片昕维和江苏正大天晴药业集团伊马替尼胶囊格尼可获批上市，2014 年石药集团伊马替尼片诺利宁获批上市。仿制药的上市使诺华公司格列卫的价格由最初的 23500 元/盒/月下调至 11000~12000 元/盒/月，市场份额也被仿制药分走了近 20%。

# 第二节 利妥昔单抗的专利延长

## 一、利妥昔单抗的研发历程[●]

利妥昔单抗（Rituximab）是一种嵌合抗体，其具有人 Fc 部分，保留了识别 CD20 的鼠可变区，最初由 Biogen IDEC 公司研发。利妥昔单抗与 CD20 上的 170~173 位和 182~185 位氨基酸结合。由于氨基酸 167 和氨基酸 183 之间存在二硫键，所以结合后的氨基酸形成环。

1990 年 8 月，Biogen IDEC 公司研究人员开始对小鼠进行免疫试验。1991 年 1 月，获得识别 CD20 的杂交瘤（2B8）。然后根据相应的鼠抗体，设计出嵌合抗体（C2B8）。1992 年春季，通过在中国仓鼠卵巢（CHO）细胞异源表达第一次产生了利妥昔单抗。

1992 年 12 月，Biogen IDEC 公司向 FDA 提交了一项研究性新药（IND）申请，该申请距第一次使用 CD20 免疫小鼠仅两年半时间。

1995 年，Biogen IDEC 公司与基因泰克公司开展了合作，以加速利妥昔单抗的开

---

❶ ULRICH S. Rituximab [J]. mAbs, 2014, 6 (4): 820~837.

发。基因泰克公司资助了研发费用，以此获得了利妥昔单抗在美国共同销售的权利。2009 年，罗氏制药完成了对基因泰克公司的全资收购，利妥昔单抗自此成为罗氏制药的重磅药物。

利妥昔单抗于 1997 年首次在美国获得 FDA 批准，批准的适应证包括滤泡性淋巴瘤、弥漫性大 B 细胞淋巴瘤和慢性淋巴细胞白血病。从开始研发到 FDA 批准上市，利妥昔单抗整个研发过程仅用了 7 年时间。进展如此之快的主要原因是，其间利妥昔单抗被 FDA 授予了孤儿药资格。1998 年 6 月，EMA 批准了利妥昔单抗在欧洲的上市申请。2000 年利妥昔单抗被批准进口到中国市场销售，其在中国的商品名为美罗华。

## 二、利妥昔单抗的专利申请与药品注册情况

利妥昔单抗的核心专利是 WO9411026A2，由 Biogen IDEC 公司申请，优先权日为 1992 年 11 月 13 日，1993 年 11 月 12 日正式提交申请。如上所述，1992 年 12 月，Biogen IDEC 公司向 FDA 提交了一项研究性新药（IND）申请。也就是说，在提交优先权后不久，Biogen IDEC 公司即提交了临床试验申请，这或许是由于在欧洲的临床试验可以破坏专利申请的新颖性，在正式启动临床试验前必须提交专利申请。通过分析专利申请和药品注册的时间可以猜测，在 Biogen IDEC 公司递交专利优先权时，该公司应该已经作好包括药品注册和临床试验的准备工作（见表 10 – 4）。

表 10 – 4　利妥昔单抗在主要国家和地区批准信息

| 国家和地区 | 商品名 | IND 时间 | 批准日期 |
|---|---|---|---|
| 美国 | Rituxan | 1992 – 12 | 1997 – 11 – 26 |
| 欧洲 | MabThera | 未知 | 1998 – 06 – 02 |
| 中国 | 美罗华 | 未知 | 2000 年进口 |

## 三、专利布局情况●

### （一）美国核心专利布局情况

1993 年，Biogen IDEC 公司递交了第一件保护利妥昔单抗的核心专利申请并获得了授权（US5736137A），该专利保护抗 CD20 抗体，由保藏号为 ATCC 69119 的杂交

---

● 生物医药的专利江湖之：美罗华［EB/OL］．［2017 – 09 – 04］．https：//mp．weixin．qq．com/s/_A2OMn73xHnGVmK3UZIhuQ．

瘤产生。该专利已于 2015 年 4 月 7 日到期。

1995 年，Biogen IDEC 公司针对使用 ATCC 69119 的杂交瘤产生的抗 CD20 抗体治疗 B 细胞淋巴瘤的方法递交了专利申请并获得了授权（US5776456A），该专利已于 2015 年 7 月 7 日届满到期。针对治疗 B 细胞淋巴瘤的方法，Biogen IDEC 公司还递交了涉及采用放射性标记的抗 CD20 抗体进行治疗的专利申请，并获得了授权（US5843439A），该专利已于 2015 年 12 月 1 日到期。

1995 年，Biogen IDEC 公司针对使用 ATCC 69119 的杂交瘤产生的抗 CD20 抗体在治疗的宿主中消耗外周 B 细胞的方法递交了专利申请并获得了授权（US6399061B1），该专利已于 2019 年 6 月 4 日到期。

2001 年，Biogen IDEC 公司递交了分别限定该抗体重链和轻链的具体氨基酸序列的专利申请（US7381560B2、US7744877B2）。US7744877B2 已于 2016 年 9 月 9 日到期，US7381560B2 已于 2018 年 7 月 23 日到期。

### （二）中国核心专利布局情况

1993 年，Biogen IDEC 公司递交了保护利妥昔单抗的核心专利申请并获得授权（CN1270774C），具体保护使用抗 CD20 抗体治疗 B 细胞淋巴瘤的用途。随后，Biogen IDEC 公司递交了 CN1270774C 的分案申请，保护编码抗 CD20 抗体的核苷酸序列（CN1912111B），这两件专利均已于 2013 年到期。

针对利妥昔单抗的适应证，Biogen IDEC 公司在中国布局了如下专利：CN100409898C 保护使用抗 CD20 抗体治疗复发性 B 细胞淋巴瘤，该专利已于 2019 年到期；CN1374870B 保护使用利妥昔单抗联合 CHOP 治疗弥散性大细胞瘤的用途，该专利于 2020 年 8 月 2 日到期。

### （三）欧洲核心专利布局情况

1993 年，Biogen IDEC 公司递交了保护利妥昔单抗的核心专利申请 EP06698361，请求保护杂交瘤 ATCC 69119 获得的 CD20 抗体，最终获得授权 EP0669836B1；重链（HC）和轻链（LC）序列限定的嵌合 CD20 抗体（EP2000149B1）；CD20 抗体在 B 细胞淋巴瘤治疗中的治疗应用（EP1005870B1）。

EP1005870B1 授权专利权利要求不限于利妥昔单抗，权利要求保护范围为具有免疫活性的嵌合抗 CD20 抗体在制备用于治疗 B 细胞淋巴瘤的药物中的用途，其中该药物以单次治疗有效剂量的所述抗体 $100\sim500mg/m^2$ 或所述抗体的多种治疗有效每周剂量为 $100\sim500mg/m^2$。

## 四、利妥昔单抗专利期延长情况

在中国，利妥昔单抗的核心同族专利为 CN1270774C、CN1912111B，申请日为

1993 年 11 月 12 日，分别于 2006 年和 2007 年在中国获得授权，由于中国并没有专利期延长制度，该专利已于 2013 年 11 月 13 日专利权届满到期。

在欧洲，Biogen IDEC 公司已提交了两个同族专利（EP0669836、EP2000149）的专利延长申请，EP0669836 保护杂交瘤 ATCC 69119 获得的 CD20 抗体，EP2000149 保护重链（HC）和轻链（LC）序列限定的嵌合 CD20 抗体。15 个欧洲国家批准了 EP0669836 的专利延长申请，延长期限均长达 5 年，直到 2018 年 11 月 11 日。对 EP2000149 的专利期延长请求仅在罗森堡获得了 5 年的专利保护期延长，在其他欧洲国家均被驳回。

在美国，FDA 批准 ZEVALIN（利妥昔单抗与螯合剂的注射液）上市后，Biogen IDEC 公司提交了专利 US5776456B1 的专利延长申请，US5776456B1 保护 CD20 抗体治疗 B 细胞淋巴瘤的方法，USPTO 要求 FDA 确定该专利的专利期延长资格。随后，FDA 告知 USPTO，该药物已经通过法规审查期，并且该药物的批准为首次获得商业销售和使用。最终 USPTO 批准该专利获得了 227 天的专利延长期限。

主要国家/地区利妥昔单抗专利期延长情况如表 10－5 所示。

表 10－5　主要国家/地区利妥昔单抗专利期延长情况

| 授权公告号 | 优先权日 | 申请日 | 授权公告日 | 专利到期日 | 专利期延长 |
|---|---|---|---|---|---|
| CN1094965C | 1992－11－13 | 1993－11－12 | 2006－08－23 | 2013－11－13 | 无 |
| US5776456B1 | 1992－11－13 | 1995－06－07 | 1998－07－07 | 2015－06－08 | 227 天 |
| EP2000149B1 | 1992－11－13 | 1993－11－12 | 2009－05－13 | 2013－11－13 | 5 年（卢森堡） |
| EP0669836B1 | 1992－11－13 | 1993－11－12 | 1996－07－03 | 2013－11－13 | 5 年 |

## 五、利妥昔单抗的生物类似药申报情况

根据中国 NMPA 的定义，生物类似药是指在质量、安全性和有效性方面与已获准注册的参照药具有相似性的治疗用生物制品。实际上生物产物的完全精确复制是不可能的，但是生物类似药被要求设计为尽可能接近原研药。

与化学仿制药相比，生物类似药的仿制难度更高，研发投入更多，研发周期也更长，同时获得利润相对也较高。这是由于生物类似药不仅要求氨基酸一级结构的同一性，而且要求相同的糖基化修饰以确保结合抗原的结构。

利妥昔单抗的全球销售额节节攀升使许多仿制药企业虎视眈眈，争相开始对利妥昔单抗生物类似药的研发。由于印度缺少有效保护，全球首个利妥昔单抗生物类似药 Reditux 于 2007 年在印度上市。

## （一）美国利妥昔单抗的类似药进展情况

2018 年 11 月，韩国生物制药公司 Celltrion 与合作伙伴梯瓦（Teva）开发的生物类似药 Truxima（Rituximab – abbs）获得 FDA 批准，成为美国首个利妥昔单抗生物类似药，作为一种单药疗法或与化疗联合用药，用于 CD20 阳性、非霍奇金淋巴瘤（NHL）成人患者的治疗。

2019 年 7 月，美国 FDA 批准了辉瑞公司的利妥昔单抗生物类似药 Ruxience 上市。摩根士丹利的最新研究报告指出，罗氏公司与辉瑞公司达成了一项保密的美国专利和解协议，涉及 US8329172B2 专利。该专利于 2012 年获得授权，将在 2027 年到期，涉及保护一种在患者中采用利妥昔单抗治疗低度 B 细胞非霍奇金淋巴瘤的方法。

2018 年 11 月，诺华公司旗下山德士宣布放弃该公司所开发的利妥昔单抗生物类似药 Rixathon 的美国市场申请。Rixathon 早在 2017 年 9 月便已获 FDA 受理，但在 2018 年 5 月 FDA 发布完整回应函拒绝批准，要求提供额外的数据。山德士表示，该公司预测在获得 FDA 所要求的数据之前，美国市场的利妥昔单抗生物类似药需求将会迅速得到满足，因此不得不作出这一决定。

如表 10 – 6 所示，美国利妥昔单抗的生物类似药研发进展较快的还有安进、Mabion、默克等大型制药公司。

表 10 – 6  美国利妥昔单抗的生物类似药进展情况

| 类别 | 公司名称 | 通用名 | 适应证 | 报临床 | 临床批件 | Ⅰ期临床 | Ⅱ期临床 | Ⅲ期临床 | 报生产 | 批准 |
|---|---|---|---|---|---|---|---|---|---|---|
| 美国生物类似药 | Celltrion | Truxima | 滤泡性淋巴瘤 | √ | √ | √ | √ | √ | √ | √ |
| | 辉瑞公司 | Ruxience | 滤泡性淋巴瘤 | √ | √ | √ | √ | √ | √ | √ |
| | 山德士 | Rixathon | 滤泡性淋巴瘤 | √ | √ | √ | | √ | 已撤回 | |
| | 安进 | ABP 798 | 非霍奇金淋巴瘤 | √ | √ | √ | √ | | √ | |
| | Mabion | MabionCD20 | 滤泡性淋巴瘤 | √ | √ | √ | √ | | √ | |
| | 默克 | MK – 8808 | 滤泡性淋巴瘤 | √ | √ | √ | √ | | | |

## （二）中国利妥昔单抗的类似药进展情况

2019年2月，中国NMPA批准了上海复宏汉霖研制的利妥昔单抗注射液（商品名为汉利康）上市注册申请，也是国内首个国产生物类似药，对于中国生物类似药产业来说，该药具有特殊的意义。2019年6月，信达生物发布公告NMPA受理利妥昔单抗的候选生物类似药产品IBI-301新药上市申请，这是继上海复宏汉霖的汉利康之后第二款将在中国获批上市的利妥昔单抗类似药。如表10-7所示，中国利妥昔单抗的生物类似药研发进展较快的公司还有海正药业、神州细胞工程等。

表10-7　中国利妥昔单抗的类似药进展情况

| 类别 | 公司名称 | 通用名 | 适应证 | 报临床 | 临床批件 | I期临床 | II期临床 | III期临床 | 报生产 | 批准 |
|---|---|---|---|---|---|---|---|---|---|---|
| 中国主要生物类似药 | 复星医药（复宏汉霖） | 重组人鼠嵌合抗CD20单克隆抗体 | 非霍奇金淋巴瘤 | √ | √ | √ | √ | √ | √ | √ |
| | | 重组人鼠嵌合抗CD20单克隆抗体 | 类风湿性关节炎 | √ | √ | √ | √ | √ | | |
| | 信达生物 | 重组人-鼠嵌合抗CD20单克隆抗体 | 非霍奇金淋巴瘤 | √ | √ | √ | √ | √ | √ | |
| | 海正药业 | 重组人-鼠嵌合抗CD20单克隆抗体 | 非霍奇金淋巴瘤 | √ | √ | √ | √ | √ | | |
| | 神州细胞工程 | 重组人鼠嵌合抗CD20单克隆抗体 | 非霍奇金淋巴瘤 | √ | √ | √ | √ | √ | | |
| | 三生制药 | 重组人鼠嵌合抗CD20单克隆抗体 | 非霍奇金淋巴瘤 | √ | √ | √ | √ | √ | 已撤回 | |

## （三）欧洲利妥昔单抗的类似药进展情况

截至2019年底，EMA共批准52款生物类似药，居全球主要国家和地区第一位，由此可见，欧洲是生物类似药的全球领先者。但由于利妥昔单抗原研药优秀的专利策略，根据表 10-8 所示，直到 2017 年初，韩国制药企业 Celltrion 的利妥昔单抗的生物类似药 Truxima 才成为首个在欧洲获批的利妥昔单抗生物类似药。2017 年 6 月，山德士的利妥昔单抗的生物类似药 Rixathon 也在英国上市。

**表 10-8　欧洲利妥昔单抗的类似药进展情况**

| 类别 | 通用名 | 公司名称 | 获批时间 |
|---|---|---|---|
| 欧洲生物类似药 | Rituzena | Celltrion | 2017 年 7 月 |
| | Truxima | Celltrion | 2017 年 2 月 |
| | Rixathon | 山德士 | 2017 年 6 月 |
| | Riximyo | 山德士 | 2017 年 6 月 |

## 六、利妥昔单抗全球销售情况

利妥昔单抗于 1997 年获得 FDA 批准上市。同年，全球销售额达到 550 万美元。从 1997 年起，批准其适应证的数量在逐步增长，其全球销售额也在快速增长（见图 10-14）。

如图 10-14 所示，随着近几年全球利妥昔单抗生物类似药的陆续上市，2014～2019 年，利妥昔单抗的全球销售额并没有出现断崖式下降，在美国的销售额反而出现了小幅度的上升，欧洲的销售额在 2018 年出现明显下降。在欧洲，涉及保护杂交瘤 ATCC 69119 获得的 CD20 抗体的专利 EP0669836 在 15 个欧洲国家获得了 5 年的专利延长期，专利期延长到 2018 年。2017 年中期，首个利妥昔单抗生物类似药上市，这直接导致欧洲的原研药销售额自 2017 年开始下降，2018 年欧洲的原研药销售额相对于 2017 年下降了多达 47%。

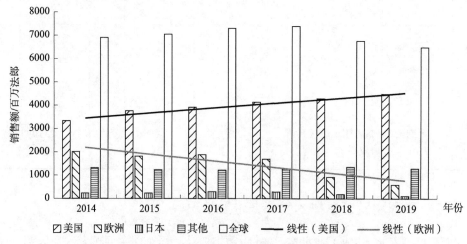

**图 10-14　利妥昔单抗全球年度销售情况对比**

在美国，涉及保护 CD20 抗体治疗 B 细胞淋巴瘤方法的专利 US5776456B1 获得了 227 天的专利延长期，即在 2016 年到期。在美国，利妥昔单抗的核心专利到期后，其生物类似药并没有立即上市，而是出现了将近两年的空窗期，直到 2018 年底，首个利妥昔单抗生物类似药才被 FDA 批准上市。由于美国利妥昔单抗被批准在多个适应证中广泛使用，美国利妥昔单抗原研药的销售额在 2019 年反而出现了小幅上升。

# 第三节　赫赛汀的专利延长

专利权具有排他性，申请专利是广大原研药公司为其投入巨资研发的药物获得市场垄断的必要手段。但由于全球大多数国家专利制度均采用先申请制，各大原研药公司为了抢占先机，在获得初步的实验结果后随即申请专利似乎已经成为一种行业共识。但专利申请后的临床试验到药品注册审批再到上市往往要耗费长达近一半的市场独占期，这给原研药公司造成了巨大的损失。而药品专利期延长制度的出台，给广大原研药公司带来了福音。本节以赫赛汀为例，对药品专利期延长制度对原研药和仿制药公司的影响以及专利申请与药品上市的关系予以阐述。

## 一、赫赛汀简介

曲妥珠单抗（Trastuzumab，商品名为赫赛汀）是由基因泰克公司（罗氏子公司）研发的一种人源化单克隆抗体，其能够与肿瘤细胞表面的人表皮生长因子受体 – 2（HER2）结合并介导抗体依赖的细胞毒作用（ADCC）。该药主要用于治疗 HER2 阳性的转移性乳腺癌、胃癌或食管胃交界部腺癌。

作为上市的首款分子靶向抗癌药物，曲妥珠单抗于 1998 年后陆续在美国、欧洲、日本和中国等市场获批上市（见表 10 – 9），并由罗氏公司在美国、欧洲、日本和中国等市场销售，商品名为赫赛汀（Herceptin）。一经上市，其全球销售额逐年攀升，在 2013 年首次超过了 60 亿瑞士法郎，并在此后的 5 年内持续保持超过 60 亿瑞士法郎的销售额（见图 10 – 15）。可以说，赫赛汀是抗体药物领域的一款超级重磅炸弹药物。

表 10 – 9　赫赛汀在全球范围内的上市获批情况

| 国家/地区 | 首次获批时间 |
| --- | --- |
| 美国 | 1998 – 09 – 25 |
| 欧洲 | 2000 – 08 – 28 |
| 日本 | 2001 – 04 – 22 |
| 中国 | 2002 – 09 – 25 |

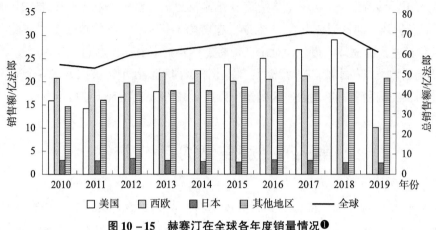

图 10 - 15　赫赛汀在全球各年度销量情况❶

## 二、赫赛汀的研发历程

HER2（ErB2）基因于 1984 年首次由基因泰克公司的德国科学家 Axel Ullrich 克隆出来。1987 年，基因泰克公司的几位科学家发现有 20% ~ 30% 的乳腺癌患者存在 HER2 基因的过表达，上述发现使得 HER2 基因成为乳腺癌治疗的潜在靶点而受到广泛关注和研究。20 世纪 80 年代末，HER2 基因被确认可作为治疗靶点，科学家们开始寻求阻断 HER2 的方法，单克隆抗体（以下简称"单抗"）首次被设计并尝试用于阻断 HER2 与生长因子的结合。

基因泰克公司于 1988 年研发了针对 HER2 的鼠源化单抗 4D5，该抗体能够抑制人乳腺癌细胞的生长，并申请了早期专利 WO8906692。虽然 4D5 的体外试验结果令人满意，但在临床实验上遇到了麻烦。由于该抗体是由鼠源免疫细胞制备而来的，将其应用于人体后诱发了机体的排异反应，既影响疗效，又产生严重的副作用。面对上述问题，在早期专利的基础上，基因泰克公司对鼠源化单抗进行了人源化改造，获得了曲妥珠单抗，并于 1992 年 6 月 15 日申请了核心专利 WO9222653。该专利于 2003 年 11 月 26 日在欧洲获得授权，专利保护期至 2012 年 6 月 15 日；2002 年 6 月 18 日在美国获得授权，专利保护期至 2019 年 6 月 18 日。

从研发历程来看，赫赛汀的研发遵循先申请专利后进行临床试验的生物药常规研发策略，核心专利申请后随即便开展临床。在早期鼠源单抗专利的 3 年后基因泰克公司申请了人源化单抗专利（核心专利 EP0590058/US6407213），当年进行临床试验（见图 10 - 16）。

1999 年 2 月 11 日，基因泰克公司在欧洲提交了赫赛汀首次上市许可申请，2000

---

❶　数据来源：罗氏公司财报。

年 8 月 28 日获得 EMA 批准用于 HER2 阳性转移性乳腺癌，并在随后的几年内先后获批了用于治疗 HER2 阳性早期乳腺癌、胃癌和胃食管交界癌（见表 10 – 10）。从 1992 年核心专利申请到 2000 年在欧洲获得药品上市许可，其间损耗了近 8 年的专利有效期。虽然赫赛汀在美国的上市获批时间较欧洲早了近 2 年，但其专利权减损期同样高达 6 年之久，这对基因泰克公司显然是非常不利的。

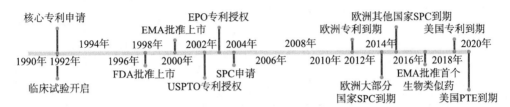

图 10 – 16　赫赛汀的研发历程

表 10 – 10　赫赛汀在 EMA 的审批过程●

| 时间 | 内容 |
|---|---|
| 1999 – 02 – 11 | 提交赫赛汀静脉注射（Ⅳ）剂型申请 |
| 2000 – 08 – 28 | 赫赛汀治疗 HER2 阳性转移性乳腺癌获批 |
| 2005 – 06 – 28 | 赫赛汀联合多西紫杉醇治疗 HER2 阳性转移性乳腺癌获批 |
| 2006 – 05 – 22 | 赫赛汀治疗 HER2 阳性早期乳腺癌获批 |
| 2010 – 01 – 19 | 赫赛汀治疗 HER2 阳性胃癌和胃食管交界癌获批 |
| 2013 – 08 – 26 | 皮下注射（SC）剂型获批 |

## 三、赫赛汀在欧洲的专利延长

欧洲药品 SPC 的适用范围和条件规定，SPC 应当于产品作为药品被批准投放市场之日起 6 个月内提出申请，如果药品投放市场的批准早于专利授权，申请就应当在专利权被授予之日起 6 个月内提出。为了延长产品的生命周期，2004 年，基因泰克公司充分利用欧洲药品审批政策，在核心专利得到授权的 6 个月内，为该项核心专利申请了药品 SPC。

SPC 制度使赫赛汀在欧洲各国获得了 2 ~ 3 年的补充保护期。专利保护期在英国和德国可延长至 2014 年 7 月，在欧洲其他主要国家可延长至 2015 年 8 月（见表 10 – 11）。得益于欧洲对创新原研药的上述鼓励政策，赫赛汀在欧洲能够获得至少 15 年的有效保护，其在欧洲的销售额也在 SPC 保护期到期的当年达到顶峰。

---

● 数据来源：EMA 官网。

表 10 – 11　赫赛汀在欧洲主要国家的 SPC 和在美国的 PTE 获批情况❶

| 国家 | 专利授权 | 专利到期 | 提出延长 | 延长授权 | 延长期 |
|------|---------|---------|---------|---------|--------|
| 德国 | | | 2004 – 03 – 24 | 2005 – 06 – 09 | 2014 – 07 – 29 |
| 丹麦 | | | 2004 – 04 – 01 | 2008 – 07 – 21 | 2015 – 08 – 28 |
| 荷兰 | 2003 – 11 – 26 | 2012 – 06 – 15 | 2004 – 04 – 05 | 2010 – 04 – 28 | 2015 – 08 – 27 |
| 法国 | | | 2004 – 04 – 06 | 2009 – 12 – 18 | 2015 – 08 – 28 |
| 英国 | | | 2004 – 04 – 20 | 2005 – 08 – 09 | 2014 – 07 – 28 |
| 意大利 | | | 2004 – 04 – 22 | 2004 – 05 – 21 | 2015 – 08 – 28 |
| 美国 | 2002 – 06 – 18 | 2019 – 06 – 18 | 2002 – 06 – 18 | 2009 – 11 – 18 | 378 天 |

　　虽然赫赛汀在西欧的销售额在 SPC 保护期到期后的 3 年内出现了略微的下滑，但由于其核心专利在美国的专利权尚未到期，赫赛汀的全球销售额并未受到欧洲市场销售额下滑的影响。西欧市场销售额的下滑也并非源自仿制药的冲击。直至 2017 年 11 月 15 日，EMA 才批准了三星 Bioepi 的首款曲妥珠单抗生物类似药 Ontruzant 用于早期和转移性乳腺癌以及转移性胃癌的治疗（见表 10 – 12）。Ontruzant 适用于赫赛汀的全部适应证，且其价格仅为赫赛汀的 80%。Ontruzant 于 2018 年中期在欧洲各大主要市场上架，导致当年赫赛汀在欧洲的销量下降了 16%。自 Ontruzant 等生物类似药上市后的 2 年内，赫赛汀在西欧的市场占有率和销量受到了不小的冲击。

　　反观赫赛汀在美国市场的表现，赫赛汀的核心专利在美国获得了 378 天的 PTE 专利延长，其销量在 2018 年以前稳步上升且表现强劲，但在 2019 年出现了下跌，而此时赫赛汀仍在 PTE 延长期内。造成销量下跌的原因可能在于继迈兰（Mylan）公司的首款仿制药 Ogivri 在美国获批后陆续上市的仿制药导致赫赛汀市场不断被瓜分，其中尤以 2019 年居多。

表 10 – 12　赫赛汀在全球范围内的首仿药批准时间

| 国家/地区 | 商品名 | 仿制药公司 | 首仿药批准时间 |
|-----------|--------|-----------|---------------|
| 印度 | CANMab | Biocon、Mylan | 2013 – 11 |
| 韩国 | Herzuma | Celltrion | 2014 |
| 欧洲 | Ontruzant | Samsung Bioepis | 2017 – 11 – 15 |
| 美国 | Ogivri | Mylan | 2017 – 12 – 01 |

　　诚然，任何一款药物都不可避免地经历产品成熟期转向产品衰退期，但产品成熟期的长短却往往最终决定一款药物的总利润。纵观赫赛汀在欧洲市场的表现，欧

---

❶　数据来源：EPO 官网、USPTO 官网。

洲药品 SPC 制度的合理利用给赫赛汀赢得了 2 年的产品成熟期延长，并延缓了专利悬崖的到来，该政策能够给予基因泰克公司以巨大的收益。显然，欧洲药品 SPC 制度对基因泰克公司等广大原研药公司是有利的。

## 四、赫赛汀生物类似药

CANMab 是全球首款赫赛汀生物类似药，由印度百康（Biocon）公司与仿制药巨头迈兰（Mylan）公司合作开发，并于 2013 年 11 月获得印度药品监管机构批准，此时，赫赛汀在印度的专利仍在保护期内。印度专利法规定，可以出于公共利益、印度传统、公共健康等原因，对药物专利执行强制许可。印度通过的 2004 年专利法修改还将专利强制许可范围予以进一步扩大，强制许可的药物范围扩大到癌症、慢性病等领域。同时，印度的仿制药公司也可将此类药物的仿制药出口到其他没有生产能力的国家和地区，这为印度仿制药公司在全球市场销售打下了基础。迄今为止，印度实施的专利强制许可屈指可数，而赫赛汀赫然在列，这也正是 CANMab 在赫赛汀专利有效期内上市的原因。

赫赛汀在美国的首款仿制药的上市批准时间为 2017 年 12 月（见表 10 - 12），同样在核心专利保护期内。其原因在于，生物药类似药在美国不属于专利链接制度的框架内，但隶属于生物制品价格竞争与创新法案（BPCIA）规定的"专利舞蹈"程序。该程序与专利链接制度类似，同样能够给予仿制药公司和原研药公司在生物原研药专利到期前解决专利纠纷的机制。

在欧洲，由于没有类似专利纠纷提前解决的机制，首款仿制药的上市批准时间推迟至 2017 年 11 月（见表 10 - 13），此时原研药的 SPC 已到期 2 年有余。可见，专利制度的不同对仿制药公司的影响是巨大的。

在欧洲，自 2015 年赫赛汀的专利补充保护期到期至 2017 年首款生物类似药上市，赫赛汀额外获得了 2 年的生物类似药真空期，其间利润是可观的。实际上，EMA 在进行生物类似药审批时并不考虑原研药的专利情况，即是否存在可能的侵权行为。Bolar 例外制度的存在允许仿制药公司在专利权和 SPC 未到期前便进行仿制药研发，但不能大量生产。然而在赫赛汀 SPC 到期后的 2 年内，欧洲却无任何赫赛汀生物类似药获批。据此，可基本排除生物类似药竞争真空期的出现是由欧洲药品 SPC 制度导致的。赫赛汀在中国国内无产品专利，其制药用途专利将于 2020 年到期，2011 年便开始有国内制药企业的生物类似药进行临床注册和审批，但目前仅有一款获批的生物类似药（见表 10 - 14）。可见，生物类似药的研发难度是生物类似药推迟上市的一个重要原因。此外，通过分析赫赛汀的专利布局，笔者认为，上述生物类似药真空期还得益于基因泰克公司对曲妥珠单抗的外围专利布局以及后续的研发。

尽管赫赛汀在欧洲市场出现了生物类似药真空期，但该现象在美国并未出现，赫赛汀在美国的核心专利 PTE 到期的前 3 年便开始陆续有生物类似药获批上市（见表 10 - 15）。生物类似药的提前获批得益于美国 BPCIA 规定的"专利舞蹈"程序，仿制药公司和原研药公司之间的专利纠纷在专利到期前便得到了解决，对双方均是有益的。可见，生物类似药真空期的存在与专利制度同样息息相关。

表 10 - 13　EMA 批准的赫赛汀生物类似药❶

| 商品名 | 仿制药公司 | 批准时间 | 适应证 |
| --- | --- | --- | --- |
| Ontruzant | Samsung Bioepis | 2017 - 11 - 15 | 乳腺癌、胃癌 |
| Herzuma | Celltrion | 2018 - 02 - 18 | 乳腺癌、胃癌 |
| Kanjinti | Amgen | 2018 - 05 - 16 | 乳腺癌、胃癌 |
| Trazimera | Pfizer | 2018 - 07 - 27 | 乳腺癌、胃癌 |
| Ogivri | Mylan | 2018 - 12 - 12 | 乳腺癌、胃癌 |

表 10 - 14　我国赫赛汀生物类似药研发情况❷

| 药品名称 | 仿制药公司 | Ⅰ期临床时间 | 研发阶段 | CFDA 受理情况 |
| --- | --- | --- | --- | --- |
| HLX02 | 上海复宏汉霖生物制药有限公司 | | 2016 - 11 - 11 Ⅲ期临床 | 2020 - 08 - 12 获批 |
| HL02/WBP257 | 华兰基因工程有限公司 | 2017 - 09 - 21 | 2019 - 09 - 10 Ⅲ期临床 | 2014 - 09 - 12 受理 |
| TQ - B211 | 正大天晴药业集团股份有限公司 | 2017 - 07 - 16 | 2018 - 11 - 26 Ⅲ期临床 | 2014 - 04 - 30 受理 |
| 注射用重组抗 HER2 人源化单克隆抗体 | 齐鲁制药有限公司 | 2014 - 03 - 13 | Ⅰ期临床 | |
| GB221 | 嘉和生物药业有限公司 | | 2018 - 05 - 09 Ⅲ期临床 | |
| WLB301 | 深圳万乐药业有限公司 | 2018 - 12 - 10 | Ⅰ期临床 | |
| SIBP - 01 | 上海生物制品研究所有限责任公司 | 2018 - 12 - 17 | 2019 - 06 - 27 Ⅲ期临床 | |

---

❶ 数据来源：EMA 官网。
❷ 数据来源：CFDA 官网。

| 药品名称 | 仿制药公司 | Ⅰ期临床时间 | 研发阶段 | CFDA 受理情况 |
|---|---|---|---|---|
| SB3 | Samsung Bioepis | | 2019－12－12 Ⅲ期临床 | |
| CMAB809 | 泰州迈博太科药业有限公司 | | Ⅰ期临床未开始 | |

**表 10－15　FDA 批准的赫赛汀生物类似药❶**

| 商品名 | 仿制药公司 | 提交时间 | 批准时间 | 适应证 |
|---|---|---|---|---|
| Ogivri | Mylan | 2016－03－11 | 2017－12－01 | 乳腺癌、胃癌 |
| Herzuma | Celltrion | 2017－05－30 | 2018－12－14 | 乳腺癌 |
| | | | 2019－05－16 | 乳腺癌、胃癌 |
| Ontruzant | Samsung Bioepis | 2017－10－20 | 2019－01－18 | 乳腺癌、胃癌 |
| Trazimera | Pfizer | 2017－06－22 | 2019－03－11 | 乳腺癌、胃癌 |
| Kanjinti | Amgen | 2017－07－28 | 2019－06－13 | 乳腺癌、胃癌 |

## 五、赫赛汀专利申请与药品上市的关系

鉴于医药行业的特殊性，即药品上市前需要进行一系列临床试验，制药企业通常会在获得具有治疗作用的活性成分的初步试验结果后即着手启动专利申请，以抢占先机且通常优先对活性成分的产品进行专利保护，即核心专利布局，并在核心专利的基础之上进行外围专利布局，以构建专利壁垒，延长药物的专利保护期，以弥补临床试验和药品注册审批所损耗的专利期限。

自 1992 年申请曲妥珠单抗核心专利后，基因泰克公司围绕该核心专利进行了"广撒网"式的外围专利布局，包括适应证、抗体药物偶联物（ADC）、抗体性质改进、药物组合物、新剂型、个性化治疗、检测和预后等。在产品核心专利获得专利权后，他人以盈利为目的的使用或销售该产品同样构成侵权。可见，产品权利要求对其用途同样具有一定意义的保护。因此，基因泰克公司采用延迟申请适应证专利即制药用途专利的布局策略，于核心专利申请的 6 年后即 1998 年才首次申请乳腺癌的适应证专利，而同年赫赛汀已在欧洲获得批准上市用于乳腺癌的治疗。上述用途专利的有效期可至 2018 年，如果仿制药公司在 2018 年前将生物类似药应用到乳腺癌治疗中，同样侵犯赫赛汀的专利权。可见，基因泰克公司采用在获得药品上市许

---

❶　数据来源：FDA 官网。

可的当年申请首次适应证专利的策略，理论上有效消除了药物研发和上市许可审批所导致的专利期限损失，对行业内的其他企业具有一定的借鉴意义。但是，获得专利权与获得稳定的专利权之间并不能简单画等号，上述得到授权的重点专利在欧洲后续均遭到无效，并未起到延长赫赛汀专利保护期的作用。

值得一提的是，基因泰克公于 2010 年研发并申请了赫赛汀皮下注射制剂专利，临床结果显示，该皮下注射剂型与赫赛汀静脉注射剂型相比，具有一致的疗效和安全性，同时，皮下注射制剂也大大简化了施用过程。该剂型于 2013 年 8 月在欧洲批准上市。可见，赫赛汀在核心专利到期和仿制药上市后仍能保持一定的市场占有率和销量的主要原因，是依靠其皮下注射新剂型的研发上市和专利保护，该剂型的专利保护能够有效延长产品的生命周期（见表 10 - 16）。

表 10 - 16  曲妥珠单抗重点适应证专利在全球范围内的布局情况

| 专利号 | 申请日 | 优先权日 | 保护范围 | 专利权情况 | | |
|---|---|---|---|---|---|---|
| | | | | 美国 | 欧洲 | 中国 |
| WO9222653 | 1992 - 06 - 15 | 1991 - 06 - 14 | 鼠源化单抗 4D5 的人源化抗体（对乳腺癌细胞具有增强的 ADCC 作用）及其制药和诊断用途 | US6407213 | EP0590058 | 未申请 |
| WO8906692 | 1998 - 09 - 14 | 1998 - 03 - 17 | 抗 HER2 抗体用于 HER2 阳性肿瘤的治疗 | US6399063 | 未申请 | 未申请 |
| WO0044225 | 2000 - 01 - 10 | 1999 - 01 - 27 | 赫赛汀与环氧化酶 - 2 抑制剂联用治疗 HER - 2 阳性患者 | US6403630 | EP1146789 | 未申请 |
| WO0069460 | 2000 - 05 - 09 | 1999 - 05 - 14 | 抗 ErbB2 抗体用于治疗 ErbB2 阳性患者手术前或手术后的化药治疗 | 否 | EP1187632（被无效） | 未申请 |
| WO0115730 | 2000 - 08 - 25 | 1999 - 08 - 27 | 人源化 4D5 单抗用于治疗 ErbB2 阳性患者，涉及制剂、给药剂量、给药周期、给药方式 | US6627196 | EP1210115（被无效） | CN100443118 |

| 专利号 | 申请日 | 优先权日 | 保护范围 | 专利权情况 | | |
|---|---|---|---|---|---|---|
| | | | | 美国 | 欧洲 | 中国 |
| WO0189566 | 2001 – 05 – 18 | 2000 – 05 – 19 | 抗 HER – 2 抗体用于治疗 HER – 2 阳性肿瘤，涉及与紫杉醇联用 | 未授权 | 是 EP1282443（被无效） | 未授权 |
| WO2011012637 | 2010 – 07 – 28 | 2009 – 07 – 31 | HER2 抗体的皮下注射制剂 | US9345661 | EP2459167（无效中） | CN102573789 |

# 附　录

## 附录1　中国药品专利保护立法历程

### 一、1950 年《保障发明权与专利权暂行条例》

新中国成立伊始，我国政务院于 1950 年 8 月 11 日颁布了《保障发明权与专利权暂行条例》，这是我国颁布的第一个有关专利的法规，其中规定，对药品、医疗方法、通过化学方法获得的物质、有关国防的发明，以及全民所有制单位的工作人员完成的发明，不授予专利权。

上述条例从颁布开始，实际上就没有正式开展工作，从 1949 年新中国成立一直到 1985 年，我国实际上并没有真正建立专利制度。不管怎样，该条例是新中国第一次回答了药品是否需要专利制度的保护。

### 二、1984 年《专利法》

1984 年 3 月 12 日，第六届全国人民代表大会常务委员会第四次会议表决通过了《中华人民共和国专利法》，这是新中国第一部真正意义上的专利法，标志着我国正式建立专利制度。1984 年《专利法》规定，对药品、用化学方法获得的物质、食品和调味品不授予专利权。

在我国第一部《专利法》中之所以规定药品不授予专利权，主要理由在于，一是药品关系到人民的健康甚至生命，从政策上考虑，对药品不宜授予专利；二是我国新药的研究、开发能力还比较低，而仿制能力则比较强，为了保护我国人民的健康和医药工业，对药品暂不授予专利是正确的。

### 三、1992 年《专利法》

1992 年 9 月 4 日，第七届全国人民代表大会常务委员会第 27 次会议通过了修正

《专利法》的决定。这次修改《专利法》有一项很重要的内容，就是取消了"对食品、饮料和调味品，药品和用化学方法获得的物质不授予专利权"的限制，扩大了专利保护范围。

此次修改，主要原因有三：

一是为了促进技术水平提高。我国制药整体技术水平仍然较低，对药品的生产一直是以仿制为主，虽然仿制药大大节省了研究开发时间和资金，但也直接导致我国的技术水平长期落后于国外。引入药品的专利保护制度，会提高制药行业的竞争程度，适度的竞争使国内制药行业有动力提高创新水平，鼓励这些领域里科技人员发明创造的积极性，吸引外来先进技术。

二是为了适应相关国际法律。1992 年，制定 TRIPS 的谈判虽然尚在进行之中，但 TRIPS 已经基本成型。因此取消限制，扩大保护范围，可以使我国《专利法》与国际专利保护的趋势、其他大多数国家的做法相一致，有利于提高我国在国际上的地位和影响力。

三是履行中国政府与美国政府签订的《关于保护知识产权的谅解备忘录》。1992 年 1 月 17 日，中国政府与美国政府签订了《关于保护知识产权的谅解备忘录》。在该备忘录中，我国政府承诺在《专利法》中扩大专利权保护客体，即"专利应授予所有化学发明，包括药品和农业化学物质，而不论其是产品还是方法"。

另外，还修改了有关专利实施强制许可的条件，《专利法》第 52 条规定："在国家出现紧急状态或者非常情况时，或者为了公共利益的目的，专利局可以给予实施发明专利或者实用新型专利的强制许可。"其中，"为了公共利益的目的"实施的强制许可，显然主要是针对药品专利而言的，以保持专利权人的利益与公共利益的平衡。

## 四、2008 年《专利法》

2008 年，我国《专利法》进行了第三次修正，增加了 Bolar 例外的规定：为提供行政审批所需要的信息，制造、使用、进口专利药品或者专利医疗器械的，以及专门为其制造、进口专利药品或者专利医疗器械的，不视为侵犯专利权。

Bolar 例外最早产生于美国，旨在克服药品和医疗器械上市审批制度在专利权期限届满之后对仿制药品和仿制医疗器械上市带来的迟延。因为，在药品或者医疗器械专利权的保护期届满后，即使其他公司仿制该药品或者专利医疗器械，按照各国对药品和医疗器械上市审批制度，仍然必须提供其药品或者医疗器械的各种实验资料和数据，证明其产品符合安全性、有效性等要求，才能获得上市许可。如果只有在专利权保护期限届满之后才允许其他公司开始进行相关实验，以获取药品和医疗器械行政管理部门颁布上市许可所需的资料和数据，就会大大延迟仿制药品和医疗器械的上市时间，导致公众难以在专利保护期限届满后及时获得价格较为低廉的仿制药品和医疗器械，这在客观上起到了延长专利权保护期限的效果。

为了解决这一问题，我国在《专利法》中增加有关 Bolar 例外的规定，可使公众在药品和医疗器械专利权保护期限届满之后及时获得价格较为低廉的仿制药品和医疗器械，这对我国解决公共健康问题具有重要意义。

此外，此次修法还新增加一条强制许可条款，即"在特定情况下国务院专利行政部门可以给予制造并出口专利药品的强制许可"，据此授权国家知识产权局在符合规定条件的情况下给予强制许可，允许我国企业制造有关专利药品并将其出口到符合我国参加的有关国际条约规定的国家或地区，帮助解决其面临的公共健康问题。

## 五、2020 年《专利法》

2020 年 10 月 17 日，第十三届全国人民代表大会常务委员会第二十二次会议通过关于修改《中华人民共和国专利法》的决定。

其中，将第 42 条修改为：

"发明专利权的期限为二十年，实用新型专利权的期限为十年，外观设计专利权的期限为十五年，均自申请日起计算。

"自发明专利申请日起满四年，且自实质审查请求之日起满三年后授予发明专利权的，国务院专利行政部门应专利权人的请求，就发明专利在授权过程中的不合理延迟给予专利权期限补偿，但由申请人引起的不合理延迟除外。

"为补偿新药上市审评审批占用的时间，对在中国获得上市许可的新药相关发明专利，国务院专利行政部门应专利权人的请求给予专利权期限补偿。补偿期限不超过五年，新药批准上市后总有效专利权期限不超过十四年。"

新增加了第 76 条：

"药品上市审评审批过程中，药品上市许可申请人与有关专利权人或者利害关系人，因申请注册的药品相关的专利权产生纠纷的，相关当事人可以向人民法院起诉，请求就申请注册的药品相关技术方案是否落入他人药品专利权保护范围作出判决。国务院药品监督管理部门在规定的期限内，可以根据人民法院生效裁判作出是否暂停批准相关药品上市的决定。

"药品上市许可申请人与有关专利权人或者利害关系人也可以就申请注册的药品相关的专利权纠纷，向国务院专利行政部门请求行政裁决。

"国务院药品监督管理部门会同国务院专利行政部门制定药品上市许可审批与药品上市许可申请阶段专利权纠纷解决的具体衔接办法，报国务院同意后实施。"

此次修改《专利法》的决定将于 2021 年 6 月 1 日起实施。

修改后的《专利法》第 42 条正式确立了专利延长制度，并由此分为由专利授权程序引起的专利期限补偿以及由行政审批程序引起的专利期限补偿两种期限。新增加的《专利法》第76条正式确立了专利链接制度。此次专利法的修改，奠定了我国专利延长制度和专利链接制度的法律基础，但实践中的具体操作标准和要求，还需要国务院专利行政部门、国务院药品监督管理部门进一步制定和明确。

# 附录2 中国药品管理中的药品专利保护

2002 年以前，药品管理中未考虑药品专利保护的问题。2002 年 10 月，CFDA 颁布的《药品注册管理办法（试行）》首次对药品注册审批工作中的专利问题作出了规定，包括药品注册申请人对药品专利状态说明、不侵权保证，药品注册中药监局对专利问题的处理态度，以及仿制药在创新药专利到期前的研发等三方面内容。2005 年 2 月、2007 年 7 月，CFDA 两次对《药品注册管理办法（试行）》进行了修改，但主体内容并无较大改动。2013 年开启了新一轮的《药品注册管理办法》修改，经过多次公开征求意见，2017 年 10 月，CFDA 予以公布的《药品注册管理办法（修订稿）》，分别针对上述三方面内容进行了不同程度的修改；此轮修改最终于 2020 年 1 月 15 日经国家市场监督管理总局 2020 年第 1 次局务会议审议通过，自 2020 年 7 月 1 日起施行。但最新修改的《药品注册管理办法》（总局令第 27 号）中并未提及药品注册申请人需要履行上述义务，甚至并未提及任何和专利相关的法律条文。

但通过药监部门对《药品注册管理办法》的几次修订，逐步引入了美国药品专利链接制度中的几个基础元素，如专利声明及对相关专利的专利权人的告知，并根据我国国情，进行调整和完善（见附表 2-1）。

附表 2-1 《药品注册管理办法》关于药品专利链接的历次修改

| 法规名称 | 《药品注册管理办法》（局令第 35 号）【失效】 | 《药品注册管理办法》（局令第 17 号）【失效】 | 《药品注册管理办法》（局令第 28 号） | 《药品注册管理办法》（修订稿）》 |
|---|---|---|---|---|
| 通过时间 | 2002 年 10 月 | 2005 年 2 月 | 2007 年 7 月 | 2017 年 10 月 |
| 药品注册申请人对药品专利的义务 | 第十一条 申请人应当对所申请注册的药物或者使用的处方、工艺等，提供在中国的专利及其权属状态说明，并提交对他人的专利不构成侵权的保证书，承诺对可能的侵权后果负责 | 第十一条 申请人应当对其申请注册的药物或者使用的处方、工艺、用途等，提供申请人或者他人在中国的专利及其权属状态的说明；他人在中国存在专利的，申请人应当提交对他人的专利不构成侵权的声明 | 第十八条 申请人应当对其申请注册的药物或者使用的处方、工艺、用途等，提供申请人或者他人在中国的专利及其权属状态的说明；他人在中国存在专利的，申请人应当提交对他人的专利不构成侵权的声明。对申请人提交的说明或者声明，药品监督管理部门应当在行政机关网站予以公示 | 第九十八条 申请人提交药品上市许可申请时，应明确是否涉及中国政府承认的发明专利、所涉专利权属状态及是否存在侵权，并在规定期限内告知相关专利的专利权人涉及该专利的相应药品正在提交上市申请 |

| 法规名称 | 《药品注册管理办法》（局令第 35 号）【失效】 | 《药品注册管理办法》（局令第 17 号）【失效】 | 《药品注册管理办法》（局令第 28 号） | 《药品注册管理办法（修订稿）》 |
|---|---|---|---|---|
| 药监局对专利问题的处理态度 | 第十二条　药品注册申请批准后发生专利权纠纷的，当事人应当自行协商解决，或者依照有关法律、法规的规定，通过司法机关或者专利行政机关解决 | 第十二条　药品注册申请批准后发生专利权纠纷的，当事人可以自行协商解决，或者依照有关法律、法规的规定，通过管理专利工作的部门或者人民法院解决。专利权人可以依据管理专利工作的部门的最终裁决或者人民法院认定构成侵权的生效判决，向国家食品药品监督管理局申请注销侵权人的药品批准文号。国家食品药品监督管理局据此注销侵权人的药品批准证明文件 | 药品注册过程中发生专利权纠纷的，按照有关专利的法律法规解决 | 药品审评审批与药品专利链接的相关制度另行制定（第九十八条） |
| 仿制药与药品专利的关系 | 第十三条　已获得中国专利的药品，其他申请人在该药品专利期满前 2 年内可以提出注册申请。国家药品监督管理局按照本办法予以审查，符合规定的，在专利期满后批准生产或者进口 | 第十三条　对他人已获得中国专利权的药品，申请人可以在该药品专利期届满前 2 年内提出注册申请。国家食品药品监督管理局按照本办法予以审查，符合规定的，在专利期满后核发药品批准文号、《进口药品注册证》或者《医药产品注册证》 | — | |

2017 年 10 月，CFDA 发布的《药品注册管理办法（修订稿）》中删除了 2007 年 7 月第 28 号局令《药品注册管理办法》中允许仿制药申请人在原研药专利期届满前 2 年提出注册申请的条件，提到药品审评审批制度与药品专利链接的相关制度将另行制定，这为我国建立药品专利链接制度留出了足够的空间。

2020 年 1 月 15 日，经国家市场监督管理总局 2020 年第 1 次局务会议审议，通过了最新修改的《药品注册管理办法》（总局令第 27 号），自 2020 年 7 月 1 日起施行。《药品注册管理办法》（总局令第 27 号）正式建立了《中国上市药品目录集》制度。其中第 18 条规定，国家药品监督管理局建立收载新批准上市以及通过仿制药质量和疗效一致性评价的化学药品目录集，载明药品名称、活性成分、剂型、规格、是否为参比制剂、持有人等相关信息，及时更新并向社会公开。化学药品目录集收载程序和要求，由药品审评中心制定，并向社会公布。

《药品注册管理办法》（总局令第 27 号）中删除了原第 18 条的相关规定。《药品注册管理办法（修订草案征求意见稿）》起草说明中指出：关于专利链接制度，该制度的核心目的是尽量减少仿制药审批中潜在的专利纠纷。专利链接制度涉及药品专利权人和仿制药公司的利益，以及对药品可及性和公共健康产生影响。有关原则需在更高位阶法规中体现，根据立法要求，未在《药品注册管理办法》中体现。

2002 年 10 月、2005 年 2 月、2007 年 7 月、2020 年 1 月历次对《药品注册管理办法》的修订，逐步引入了药品专利链接制度中的几个基础元素，但整体来看，这些制度并未实现真正的"药品专利链接"。

第一，制度本身不够成熟，例如，药品专利信息公开和仿制药申请人声明更像是仿制药申请人和专利权人之间的初步信息互通，对写入《中国上市药品目录集》中专利的要求、修改和删除机制尚无明确规定，根据《药品注册管理办法》第 18 条仿制药申请人声明其不侵犯的"他人专利"的范围尚无明确界定，申请人的声明向专利权人的送达尚无明确程序等。

第二，现有制度在实践中亦未得到有效遵循，例如存在仿制药的申请在原研药专利保护期内获得国家药监部门的受理甚至批准，在国家药监部门网站上未见仿制药企业的不侵权声明的情况。

第三，尚未建立"美国模式"中拟制侵权制度、诉讼期与遏制期制度、首仿药市场独占期制度、药品专利期限补偿制度或类似制度，仿制药申请人和专利权人无法提前交锋。同时，我国药品管理行政部门、专利行政部门、人民法院之间缺乏成熟有效的"链接"。

# 附录 3 中国药品专利保护相关意见

在历次《专利法》和《药品注册管理办法》等法律法规的修改中，中国不断地探索和实践适合中国国情的药品专利保护制度。在此之外，有关部门也在不断推动中国药品专利保护制度的完善。

## 一、《国务院关于改革药品医疗器械审评审批制度的意见》（国发〔2015〕44号）（2015年8月）

《国务院关于改革药品医疗器械审评审批制度的意见》（以下简称"44号文"）主要任务是提高药品审批标准、推进仿制药质量一致性评价、加快创新药审评审批、加快创新药审评审批等，具体内容如下：

（六）提高药品审批标准。将药品分为新药和仿制药。将新药由现行的"未曾在中国境内上市销售的药品"调整为"未在中国境内外上市销售的药品"。根据物质基础的原创性和新颖性，将新药分为创新药和改良型新药。将仿制药由现行的"仿已有国家标准的药品"调整为"仿与原研药品质量和疗效一致的药品"。根据上述原则，调整药品注册分类。仿制药审评审批要以原研药品作为参比制剂，确保新批准的仿制药质量和疗效与原研药品一致。对改革前受理的药品注册申请，继续按照原规定进行审评审批，在质量一致性评价工作中逐步解决与原研药品质量和疗效一致性问题；如企业自愿申请按与原研药品质量和疗效一致的新标准审批，可以设立绿色通道，按新的药品注册申请收费标准收费，加快审评审批。上述改革在依照法定程序取得授权后，在化学药品中进行试点。

（七）推进仿制药质量一致性评价。对已经批准上市的仿制药，按与原研药品质量和疗效一致的原则，分期分批进行质量一致性评价。药品生产企业应将其产品按照规定的方法与参比制剂进行质量一致性评价，并向食品药品监管总局报送评价结果。参比制剂由食品药品监管总局征询专家意见后确定，可以选择原研药品，也可以选择国际公认的同种药品。无参比制剂的，由药品生产企业进行临床有效性试验。在规定期限内未通过质量一致性评价的仿制药，不予再注册；通过质量一致性评价的，允许其在说明书和标签上予以标注，并在临床应用、招标采购、医保报销等方面给予支持。在质量一致性评价工作中，需改变已批准工艺的，应按《药品注册管理办法》的相关规定提出补充申请，食品药品监管总局设立绿色通道，加快审评审批。质量一致性评价工作首先在2007年修订的《药品注册管理办法》施行前批准上市的仿制药中进行。在国家药典中标注药品标准起草企业的名称，激励企业通过技术进步提高上市药品的标准和质量。提高中成药质量水平，积极推进中药注射剂安全性再评价工作。

（八）加快创新药审评审批。对创新药实行特殊审评审批制度。加快审评审批防治艾滋病、恶性肿瘤、重大传染病、罕见病等疾病的创新药，列入国家科技重大专项和国家重点研发计划的药品，转移到境内生产的创新药和儿童用药，以及使用先进制剂技术、创新治疗手段、具有明显治疗优势的创新药。加快临床急需新药的审评审批，申请注册新药的企业需承诺其产品在我国上市销售的价格不高于原产国或我国周边可比市场价格。

（九）开展药品上市许可持有人制度试点。允许药品研发机构和科研人员申请注册新药，在转让给企业生产时，只进行生产企业现场工艺核查和产品检验，不再重复进行药品技术审评。试点工作在依照法定程序取得授权后开展。

44 号文虽然提出仿制药要以原研药的质量和疗效为参照标准，但当时尚未建立记录原研药信息的完整机制。44 号文是药品链接制度的开端，为之后中国药品链接制度奠定了基础，相关标准也开始逐步与国际接轨。

## 二、《关于鼓励药品医疗器械创新保护创新者权益的相关政策 (征求意见稿)》（2017 年 5 月）

2017 年 5 月 12 日，CFDA 发布《关于鼓励药品医疗器械创新保护创新者权益的相关政策（征求意见稿）》（以下简称"《征求意见稿》"），明确提出要建立药品专利链接制度、完善药品试验数据保护制度、落实国家工作人员保密责任、建立上市药品目录集，以促进药品医疗器械产业结构调整和技术创新，提高产业竞争力，满足公众临床需要。《征求意见稿》提出了药品专利链接制度的相关执行细则，对告知药品专利权人的时间、诉讼期、批准等待期均有具体的设置，专利挑战程序完整，但整体流程还需要进一步的考量和细化。

《征求意见稿》指出，专利链接制度流程如下："建立药品专利链接制度。药品注册申请人在提交注册申请时，应提交其知道和应当知道的涉及相关权利的声明。挑战相关药品专利的，申请人需声明不构成对相关药品专利侵权，并在提出注册申请后 20 天内告知相关药品专利权人；相关药品专利权人认为侵犯其专利权的，应在接到申请人告知后 20 天内向司法机关提起专利侵权诉讼，并告知药品审评机构。药品审评机构收到司法机关专利侵权立案相关证明文件后，可设置最长不超过 24 个月的批准等待期；在此期间，不停止已受理药品的技术审评工作。在批准等待期内，如双方达成和解或司法机关作出侵权或不侵权生效判决的，药品审评机构应当根据双方和解或司法机构相关的生效判决不批准或批准药品上市；超过批准等待期，司法机关未作出侵权判决的，药品审评机构可以批准药品上市。受理的药品申请，申请人未声明涉及相关专利，而专利权人提出侵权诉讼的，药品审评机构根据司法机关受理情况将该申请列入批准等待期。药品上市销售引发知识产权诉讼的，以司法机关判决为准。"

这是首次提出建立药品专利链接制度的概念，但只是简单描述了专利链接的流程，并未详细阐述。

## 三、《关于深化审评审批制度改革鼓励药品医疗器械创新的意见》（2017 年 10 月）

2017 年 10 月 8 日，中共中央办公厅、国务院办公厅印发了《关于深化审评审批制度改革鼓励药品医疗器械创新的意见》（以下简称《深化意见》），提出建立上市药品目录集、探索建立药品专利链接制度、开展药品专利期限补偿制度试点、完善和落实药品试验数据保护制度。

（十五）建立上市药品目录集。新批准上市或通过仿制药质量和疗效一致性评价的药品，载入中国上市药品目录集，注明创新药、改良型新药及与原研药品质量和疗效一致的仿制药等属性，以及有效成分、剂型、规格、上市许可持有人、取得的专利权、试验数据保护期等信息。

（十六）探索建立药品专利链接制度。为保护专利权人合法权益，降低仿制药专利侵权风险，鼓励仿制药发展，探索建立药品审评审批与药品专利链接制度。药品注册申请人提交注册申请时，应说明涉及的相关专利及其权属状态，并在规定期限内告知相关药品专利权人。专利权存在纠纷的，当事人可以向法院起诉，期间不停止药品技术审评。对通过技术审评的药品，食品药品监管部门根据法院生效判决、裁定或调解书作出是否批准上市的决定；超过一定期限未取得生效判决、裁定或调解书的，食品药品监管部门可批准上市。

（十七）开展药品专利期限补偿制度试点。选择部分新药开展试点，对因临床试验和审评审批延误上市的时间，给予适当专利期限补偿。

这是首次将专利链接相关制度纳入了正式的政府政策中，是深化药品医疗器械审评审批制度改革的重要的纲领性文件，具有开创性的意义。但《深化意见》依旧只是指导性的文件，并没有具体的专利链接过程。无论如何，《深化意见》对医药行业未来的发展都具有指导意义和推动作用。

## 四、《中国上市药品目录集》（2017 年 12 月）

2017 年 12 月 29 日，CFDA 组织制定了《中国上市药品目录集》（以下简称《目录集》），其收录具有安全性、有效性和质量可控性的药品，并确定参比制剂和标准制剂。《目录集》旨在促进药物研发创新，保护专利权人合法权益；鼓励仿制药发展，提高仿制药质量，明确仿制药的标准，降低仿制药专利侵权风险；明确药品审评审批与创新药专利权人、仿制药申请人的责任与义务，探索建立药品专利链接、专利挑战、专利期限补偿及落实药品数据保护等制度。《目录集》被业界称为中国的"橙皮书"。

未来，仿制药审评审批将以《目录集》中记录的原研药信息作为参比制剂，确保新批准的仿制药质量和疗效与原研药品一致。对已经批准上市的仿制药，也要按照该目录分期分批进行质量一致性评价。

《目录集》由前言、使用指南、药品目录、附录和索引五部分以及品种组成。使用指南主要介绍目录集的使用说明、收录内容及相关术语的具体含义；药品目录则具体列出药品的活性成分、药品名称、规格、剂型、参比制剂、生产厂商等基本信息；附录包含专利和数据保护等信息；索引帮助使用者检索信息。《目录集》实行动态管理，及时将新批准上市的药品纳入《目录集》，将存在安全风险和撤市的药品从《目录集》中调出。

《目录集》第一批收录131个品种，203个品规。其中还包含通过仿制药质量和疗效一致性评价的13个品种，17个品规。

《目录集》由CFDA在其官网以网络版（数据库）形式发布并实时更新；每年末发布电子版以便公众下载查询。这是中国药品专利链接制度中迈出的坚实的第一步，为建立和完善我国药品专利链接制度打下扎实的基础。附表3-1给出了《目录集》收录品种的示例。

附表3-1 《目录集》收录品种示例

| 活性成分 | 对于复方制剂，各活性成分以分号隔开 |
|---|---|
| 活性成分（英文） | |
| 药品名称 | 以批件为准 |
| 药品名称（英文） | |
| 商品名 | |
| 商品名（英文） | |
| 剂型 | 以批件为准 |
| 给药途径 | 参照附录 |
| 规格 | 以批件为准 |
| 参比制剂 | 是/否 |
| 标准制剂 | 是/否 |
| 治疗等效性评价代码 | AX/AB/B |
| 批准文号/注册证号 | 国产药采用批准文号；进口药品采用注册证号。 |

| 活性成分 | 对于复方制剂，各活性成分以分号隔开 |
|---|---|
| 批准日期 | 1. 基于完整规范的安全性和有效性的研究数据获得批准的日期；<br>2. 通过或视为通过质量和疗效一致性评价批准的日期 |
| 上市许可持有人 | 以批件为准 |
| 生产厂商 | 以批件为准 |
| 上市状况 | 批准/撤销 |
| 收录类别 | 1. 创新药；<br>2. 改良型新药；<br>3. 进口原研药品；<br>4. 通过质量和疗效一致性评价的药品；<br>5. 按化学药品新注册分类批准的仿制药 |
| 专利和数据保护信息链接 | |

专利和数据保护所链接信息的具体形式如附表 3 – 2 和附表 3 – 3 所示。

**附表 3 – 2　《目录集》收录品种关联专利信息**

| 专利信息 | | | | | |
|---|---|---|---|---|---|
| 批准文号/注册证号 | 专利号 | 专利类型 | 专利到期日 | 专利撤销 | 专利延长 |
| | | | | | |

**附表 3 – 3　《目录集》收录品种关联数据保护信息**

| 数据保护信息 | | |
|---|---|---|
| 批准文号/注册证号 | 数据保护类型 | 数据保护到期日 |
| | | |

### 五、药品专利侵权解决机制

我国《专利法》建立之初，并未把药品纳入专利保护的范围，直到 1992 年修正《专利法》才对药品专利进行保护。2008 年《专利法》第 60～72 条对专利侵权纠纷的解决流程、专利侵权纠纷的举证、专利侵权的处罚和赔偿等作出了规定。中国目前并没有专门针对药品的专利侵权纠纷解决机制，药品专利侵权纠纷可以参照这些条款进行处理。

《最高人民法院办公厅关于印发〈最高人民法院 2020 年度司法解释立项计划〉的通知》将"关于审理药品专利链接纠纷案件适用法律若干问题的规定"作为立项计划，要求在 2020 年底完成。

## 六、《关于强化知识产权保护的意见》（2019 年 7 月）

2019 年 7 月 24 日，中央全面深化改革委员会第九次会议上，审议通过了《关于强化知识产权保护的意见》（以下简称《保护意见》）。《保护意见》指出，要探索建立药品专利链接制度、药品专利期限补偿制度。2020 年 4 月，国家知识产权局发布《2020—2021 年贯彻落实〈关于强化知识产权保护的意见〉推进计划》，在第 1 条指出：推进专利法修订审议工作，引入侵权惩罚性赔偿制度，推动延长专利有效期，加强药品专利保护等。做好专利审查指南配套修改工作。在第 8 条指出：建立药品专利纠纷早期解决机制（2020 年 10 月底前完成）。

相关意见已经为药品专利纠纷早期解决机制设立时间节点。

## 七、《中华人民共和国政府与美利坚合众国政府经济贸易协定》（2020 年 1 月）

2020 年 1 月 15 日，中美两国签署了第一阶段《中华人民共和国政府与美利坚合众国政府经济贸易协定》（以下简称《中美贸易协定》）。根据双方约定，《中美贸易协定》于 2 月 14 日起正式生效。

其中，"C 节：与药品相关的知识产权"中，对专利链接制度进行了协议：

第 1.11 条专利纠纷早期解决的有效机制

1. 如果中国允许，作为批准销售包括生物制剂在内的药品的条件，除最初提交安全性和有效性信息的人员外，其他人员可以依赖有关产品安全性和有效性的证据或信息事先获得批准（例如中国或其他地区事先批准销售的证据），中国应提供：

（a）规定制度，以通知专利权人、被许可人或上市许可持有人，该另一人正在寻求在声称已批准产品或其批准的使用方法的适用专利有效期内销售该产品；

（b）（c）项中的专利权人有足够的时间和机会在销售涉嫌侵权的产品之前寻求可用的补救措施；

（c）司法或行政诉讼程序和快速补救程序，例如行为保全措施或等效的有效临时措施，以便及时解决与声称已获批准的药品或其批准的使用方法的适用专利的有效性或侵权有关的争议。

2. 中国应在全国范围内建立与上述第一段相符的药品相关制度，包括规定专利权人、被许可人或上市许可持有人有权在被指控侵权的产品获得上市许可前提起诉讼，就可适用专利的有效性或侵权的纠纷解决寻求民事司法程序和快速救济。中国还可提供行政程序解决此类纠纷。

3. 美国申明，美国现有措施所提供的待遇与本条规定的待遇相同。

在"D节：专利第1.12条：专利有效期延长"中，对专利有效期延长制度进行了协议：

1. 双方应规定延长专利有效期以补偿专利授权或药品上市审批过程中的不合理延迟。

2. 中国应规定：

（a）在专利权人的请求下，应延长专利的有效期，以补偿在专利授权过程中并非由申请人引起的不合理延迟。就本条规定而言，不合理延迟应至少包含，自在中国提交申请之日起4年内或要求审查申请后3年内未被授予专利权，以较晚日期为准。

（b）对于在中国获批上市的新药产品及其制造和使用方法的专利，应专利权人的请求，中国应对新药产品专利、其获批使用方法或制造方法的专利有效期或专利权有效期提供调整，以补偿由该产品首次在中国销售的上市审批程序给专利权人造成的专利有效期的不合理缩减。任何此种调整都应在同等的限制和例外条件下，授予原专利中适用于获批产品及使用方法的对产品、其使用方法或制造方法的专利主张的全部专有权。中国可限制这种调整至最多不超过5年，且自在中国上市批准日起专利总有效期不超过14年。

3. 美国申明，美国现有措施所提供的待遇与本条规定的待遇相同。

# 附录4　中国药品专利链接制度及药品专利期延长制度雏形

## 一、专利链接制度雏形

根据 2017 年 5 月 CFDA 公布的《征求意见稿》，中国专利链接制度基本框架如附图 4 - 1 所示。

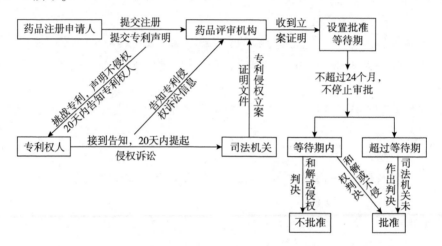

**附图 4 - 1　专利链接制度雏形**

可以看出，我国专利链接制度已初具雏形，但还存在不少尚待解决的问题：

### （一）声明与通知制度

相比于 2007 年 7 月《药品注册管理办法》第 18 条中规定的"对申请人提交的说明或者声明，药品监督管理部门应当在行政机关网站予以公示"，《征求意见稿》设立了通知制度。从某种程度上讲，"通知"是在制度上引起仿制药申请人和专利权人交锋的"积极动作"，更有利于专利权人、被许可人或上市许可持有人及时获悉他人就仿制药寻求上市批准的情况，但并未具体涉及"通知"的内容、通知义务人以及通知方式。

另外，《征求意见稿》也未包含对仿制药申请人作出不侵犯专利权声明的要求。这可能是因为该通知制度的主要目的是约定专利权人可在被控侵权产品上市之前寻求救济。

### （二）药品专利侵权诉讼

**1. 适格原告**

《征求意见稿》中提及"相关药品专利权人认为侵犯其专利权的，应在接到申请人告知后 20 天内向司法机关提起专利侵权诉讼"，即认为"相关药品专利权人"是适格原告。而《中美贸易协定》中又约定"规定专利权人、被许可人或上市许可持有人有权在被指控侵权的产品获得上市许可前提起诉讼"，即认为"专利权人、被许可人或上市许可持有人"是适格原告。而根据《专利法》第 60 条的规定，可以向人民法院起诉的是"专利权人或者利害关系人"。也有观点认为，考虑到药品生产的特殊要求，有权提起专利挑战的适格原告为专利权人和上市许可持有人，而生产商、经销商、被许可人及其他利害关系人是否有权提起专利挑战则有待商榷。

**2. 可被用于提起药品专利链接纠纷案件的专利**

明确可被用于提起药品专利链接纠纷案件的专利范围，不仅是通知"专利权人、被许可人或上市许可持有人"的需要，也是便于仿制药申请人作出有效专利声明的要求，更是讨论药品专利链接制度的基础。如果在仿制药上市申请获批之前允许专利权人发起救济措施（例如提起专利侵权之诉），而不对专利权人可主张的专利权范围加以明确和限制，则将使仿制药企业感到极为不安，并可能不当阻碍仿制药上市。

美国解决这一问题的主要机制是建立和完善橙皮书，2003 年 MMA 法案对在橙皮书上登记的专利质量进行要求，制造方法、外包装、代谢物、中间体等专利不能列入橙皮书，甚至允许仿制药企业在专利侵权诉讼中反诉该专利不应该被列入橙皮书。同时，仿制药企业声明和/或挑战的专利，也限于仿制药企业提出申请前已登载于橙皮书上的专利。显然，我国的药品专利链接制度也应当围绕《目录集》中的专利展开，且下一步应当对其中的专利信息作出更为细致的要求，并建立必要的调整机制。由于这一过程涉及对专利信息一致性、专利权保护范围等进行必要的审查和监管，需要药品监管部门与国家知识产权局的密切配合。

**3. 法律依据**

《征求意见稿》规定，相关药品专利权人认为侵犯其专利权的，应在接到申请人告知后 20 天内向司法机关提起专利侵权诉讼。而《中美贸易协定》中则约定"司法或行政诉讼程序和快速补救程序，例如行为保全措施或等效的有效临时措施，以便及时解决与声称已获批准的药品或其批准的使用方法的适用专利的有效性或侵权有关的争议"。

但在现行法律框架下，"提交仿制药注册申请行为"并不构成专利侵权。根据

《专利法》第 69 条第（5）项规定的 Bolar 例外制度：为提供行政审批所需的信息，制造、使用、进口专利药品或者专利医疗器械的，以及专门为其制造、进口专利药品或者专利医疗器械的，不视为侵犯专利权。因此，《征求意见稿》《中美贸易协定》的相关意见与现行法律存在矛盾，使得其缺乏现行法律依据。

4. 司法判决

我国由人民法院受理专利民事侵权之诉，而由国家知识产权局专利局专利复审和无效审理部受理专利无效宣告请求，人民法院不能直接就专利权效力作出判决。实践中，上述"二元分立体制"带来的主要问题，一是审理周期长，市场主体在被诉专利侵权时，往往会提起专利无效宣告请求，并争取中止民事侵权程序，历经一审、二审程序，专利侵权纠纷从开始到最终盖棺定论可能旷日持久；二是专利权人容易寻求在不同案件中解释权利要求时"两头获利"。

5. 批准等待期设置问题

《征求意见稿》中提及"药品审评机构收到司法机关专利侵权立案相关证明文件后，可设置最长不超过 24 个月的批准等待期"，但批准等待期的长度如何设定，尚未有清楚的标准。如果批准等待期明显长于纠纷解决周期，则对仿制药申请人不够公平；如果等待期过短，则有违在仿制药上市前解决纠纷的初衷。如何设置批准等待期，应当平衡专利侵权纠纷的解决周期、药品监管部门对仿制药申请审批周期以及专利权人和仿制药企业的利益。

## 二、药品专利期延长制度雏形

2017 年 10 月 8 日，《深化意见》中首次提出了开展药品专利期限补偿制度试点工作；2019 年 1 月，《专利法（修正案草案）》第 42 条第 2 款规定：为补偿创新药品上市审评审批时间，对在中国境内与境外同步申请上市的创新药品发明专利，国务院可以决定延长专利权期限，延长期限不超过 5 年，创新药上市后总有效专利权期限不超过 14 年。2019 年 7 月 24 日，《关于强化知识产权保护的意见》中提出要探索建立药品专利期限补偿制度。《中美贸易协定》则约定了两种情形下的专利有效期补偿制度，即由于专利授权程序延迟而进行的专利期限补偿和由于行政审批程序专利有效期缩减而进行的专利期限补偿，并对延长时间进行了约定。

综合来看，其主要框架如附图 4-2 所示。

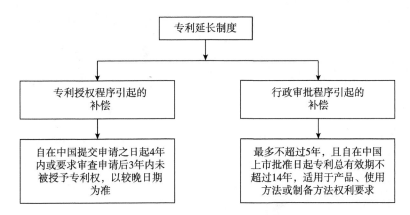

附图 4 - 2 专利期延长制度主要框架

　　但上述意见均未对药品专利期限延长的条件、对象、程序、时间、异议、延长期的权利限制等进行细化规定。这些具体规定的出台需综合平衡药品费用增加、仿制药进入市场时间推迟等，从而整体上实现药品专利在激励创新与维护公共利益之间的平衡。